보고 생각하고 느끼는
우리 명승기행 2
자연 명승 편

보고 생각하고 느끼는
우리 명승기행 2 _ 자연 명승 편

지은이_ 김학범

1판 1쇄 인쇄_ 2014. 5. 2
1판 1쇄 발행_ 2014. 5. 9

발행처_ 김영사
발행인_ 박은주

등록번호_ 제406-2003-036호
등록일자_ 1979. 5. 17.

경기도 파주시 문발로 197(문발동) 우편번호 413-120
마케팅부 031) 955-3100, 편집부 031) 955-3250, 팩시밀리 031) 955-3111

저작권자 ⓒ 김학범, 2014
이 책은 저작권법에 의해 보호를 받는 저작물이므로 저자와 출판사의 허락 없이 내용의 일부를
인용하거나 발췌하는 것을 금합니다. 본문에 사용된 도판 중 일부는 이광춘 명예교수, 문화재연구소,
국립공원관리공단, 문화재청, 각 지방자치단체가 제공하였음을 밝힙니다.

값은 뒤표지에 있습니다.
ISBN 978-89-349-6801-6   03900

독자 의견 전화_ 031) 955-3200
홈페이지_ www.gimmyoung.com
이메일_ bestbook@gimmyoung.com

좋은 독자가 좋은 책을 만듭니다.
김영사는 독자 여러분의 의견에 항상 귀 기울이고 있습니다.

이 도서의 국립중앙도서관 출판시도서목록(CIP)은 e-CIP 홈페이지(http://www.nl.go.kr/kolisnet)에서
이용하실 수 있습니다.(CIP제어번호 : CIP2014012903)

자연
명승 편

김학범 교수와 함께 떠나는 국내 최초 자연유산 순례기

보고 생각하고 느끼는
우리 명승기행
2

김학범

김영사

전통문화는 우리의 미래다

지난해 출간되었던 《보고 생각하고 느끼는 우리 명승기행》의 〈역사문화 명승 편〉에 이어 〈자연 명승 편〉이 나온 것을 진심으로 축하한다. 앞서 발간된 책은 국가 지정 문화재의 한 종목인 명승을 전문가는 물론 일반 국민에게 알리는 데 크게 기여했다. 명승에 담긴 역사적·문화적 상징과 의미들을 인문학적 관점에서 쉽게 서술하여 일반 대중에게 다가감으로써 명승에 친숙하게 접근할 수 있게 했다. 이러한 연유로 2013년 문화체육관광부에서 주관하는 '우수교양도서'에 선정되어 그 가치를 인정받았다.

　명승은 아름다운 경승지를 일컫는다. 이른 아침 새벽이 열릴 때 공중파 TV에서는 애국가와 함께 아름다운 우리 국토에 관한 영상이 소개된다. 동해 끝에 위치한 독도에 시뻘건 아침 해가 솟아오르는 찬란한 풍경을 시작으로 서해 끝에 자리한 홍도가 온통 붉게 물드는 낙조의 풍광, 오색 단풍이 만산홍엽滿山紅葉을 이룬 설악의 비경, 제주의 끝 마라도의 절경에 이르기까지 아름다운 우리나라 금수강산의 모습이 연이어 방영된다. TV를 통해 보는 우리 국토의 신비로운 모습은 실로 감탄을 자아내게 한다.

　대한민국의 국토는 정말 아름다운 금수강산이다. 하지만 우리는 우리나라의 모습이 얼마나 아름다운지, 또 어느 정도의 가치를 지니고 있는지 미처 느끼지 못하고 있는 것 같다. 해방 이후 대한민국은 정부가 수립되었지만 1960년대까지는 경제적으로 매우 낙후된 나라였다. 그러나 20세기 후반기를 지나면서 우리나라는 산업 전반의 발전과 함께 경제적으로 큰 도약을 이루었다. 하지만 이토록 눈부신 성장을 이루는 동안, 우리 국토의 아름다움을 기리고 밝히는 데는 미처 눈길을 돌리지 못했다.

일찍이 제정된 문화재보호법에는 처음부터 문화재를 사적, 천연기념물, 명승 등으로 명확히 분류했다. 그럼에도 불구하고 문화재 분야의 관심은 오로지 사적과 천연기념물에 국한되었다. 문화재 행정이 시작되던 초기부터 명확한 지위를 설정해놓았던 명승이 마치 문화재의 한 종목에 속하지도 않는 것처럼 오랜 세월 방치되어온 것이다. 명승은 21세기에 들어서야 비로소 문화재청의 관심을 받기 시작했다. 2003년까지 단 7건에 불과했던 명승은 불과 10여 년이 흐른 2014년 5월 현재 107건이 지정되는 비약적인 발전을 이루었다. 문화재 업무가 시작되어 40여 년을 지나는 동안 한 자리 숫자의 명승을 보유한 명승 빈국에서 이제 세 자리 수의 명승을 보유한 시대를 맞은 것이다.

'명승'은 국가 지정 문화재의 한 종목으로서, 사적이나 천연기념물과 같이 동등한 법적 위상을 지니고 있는 문화재다. 이러한 사실을 국민이 충분히 이해할 수 있도록 계도하고 홍보하는 일은 현재의 상황에서 매우 중요하다. 학교에서 이루어지는 다양한 프로그램을 통한 교육은 물론, 언론과 공공행정을 통해서 국민 모두에게 전파되도록 모든 노력을 경주해야 한다.

전통문화를 의미하는 문화재는 선진국으로 진입하는 데 매우 중요한 부문이다. 선진국이 곧 융성한 문화를 바탕으로 하기 때문이다. 문화의 융성은 지역문화, 또는 국가문화의 근간이 되는 전통문화로부터 이루어진다. 전통이 미래라는 말이 있다. 또한 가장 한국적인 것이 세계적이라 하였다. 한류1.0 시대가 드라마 시대, 한류2.0 시대가 '케이팝'이 주도했다면 한류3.0 시대는 차별성이다. 각국이 차별성을 가질 수 있는 분야는 말할 것도 없이 그 나라의 고유한 전통문화다. 그래야 한류의 지속력을 갖출 수 있다. 우리 민족은 예로부터 자연과 더불어 호흡하고 조화를 이루는 자연 친화적 문화를 형성해왔다. 교육의 시작은 자연의 이치, 자연의 순리를 배움으로써 인간다운 삶을 영위하는 길을 여는 발판이 된다. 바로 명승은 자연과 인간이 함께 살아 숨 쉬면서 그 속에서 영감을 얻고 영혼의 안식과 내일의 희망을 열어주는 곳이다.

이제 이 책은 앞서 발간된 〈역사문화 명승 편〉에 이어 명승에 대한 국민의 이해를 높이는 데 기여함은 물론 우리나라 국토의 아름다움을 밝히고, 지금까지도 발굴되지 못한 채 잠재해 있는 명승 자원을 발굴하여 지정을 가속화하는 데 큰 역할을 할 것으로 생각된다. 다시 한 번 이 책의 출간을 진심으로 축하한다.

전 이화여자대학교 총장
한국학중앙연구원장
이배용

숨겨진 자연의 보물, 명승을 만나다

"아저씨, 뭐 가지고 오셨어요?"

우리 조사팀에게 마을 아주머니가 급히 달려와 물었다. 무더위가 기승을 부리던 어느 여름 날, 푹푹 찌는 폭염 속에 남도의 한 시골 마을로 트럭을 몰고 들어가 동네 어귀에 높이 자란 정자나무 아래에 차를 대었다. 보통 4명이 한 조를 이루어 진행했던 당시의 답사에는 대개 봉고차를 많이 이용했다. 그런데 그 해에 마련된 답사 차량은 절친한 후배가 빌려준 더블캡이었다. 더블캡은 앞부분에 두 줄로 사람이 타게 되어 있고, 뒤에는 조사장비도 실을 수 있어서 조사에 별 문제가 없었다. 하지만 조사장비가 빗물에 젖지 않도록 하기 위해 둥글고 큰 고무대야에 넣어 트럭 뒤에 싣고, 그 위에 포장 덮개를 씌운 다음 고무끈으로 매어 고정시켰기 때문에 트럭의 모습이 흡사 생선장수의 차로 오인받기 십상이었다. 그래서 아주머니가 우리의 차를 보고 생선을 사기 위해 급히 달려온 것이었다. 20여 년이 훨씬 더 지난 이야기다. 해마다 답사팀을 꾸려 장기간 열심히 마을숲을 조사하러 다니던 시절의 재미있는 일화다.

나는 역마살에 들렸다는 말을 평생 들어왔다. 나는 본시 바쁜 일과에 잠이 모자라 피곤이 겹쳐도 답사 차림으로 집을 나서기만 하면 언제 그랬냐는 듯 정신이 맑아지고 몸도 가벼워지는 체질이다. 그토록 쏘다니길 좋아하는 사람이 문화재청과 인연이 닿는 바람에 신바람을 맞았다. 십수 년에 걸쳐 전국의 천연기념물과 명승을 조사할 수 있는 호사를 누리게 된 것이다. 과거에는 자연 과학적 가치만을 중시하여 이를 규명하고 보존하는 수준에만 집중했던 자연유산에 대해, 오랜 기간 특히 관심사였던 문화와 관련된 인문학적 의미를 규명하는 데 중점을 두어 조사를 진행할 수 있었다. 즉 자연유산의 문화경관적 의미와 상징을 읽어보는 작업에 초점을 두고 조사가 이루어지기 시작한 것이다.

'문화경관'은 경관 속에 문화라는 상징적인 의미가 잠재하고 있음을 뜻하는 어휘다. 문화는 사람의 의해 만들어진 혹은 길러진 모든 것을 의미하는 말로 사전에는 '사회 구성원에 의하여 습득, 공유, 전달되는 행동양식이나 생활양식의 과정 및 그 과정에서 이룩해낸 물질적·정신적 소득을 통틀어 이르는 말이며, 의식주를 비롯하여 언어, 풍습, 종교, 학문, 예술, 제도 따위를 모두 포함한다'고 정의하고 있다. 문화는 문명이라는 물질명사에 대응하는 추상명사다. 문화는 물리적이지 않고 가시적이지 않으며 그 실체가 만져지지 않는 대상이다. 그래서 문화는 '보는 것'이 아니고 '보이는 것'이며, '읽는 것'이 아니고 '읽히는 것'이라고 설명할 수 있다. 따라서 문화경관을 이해하기 위해서는 경관이란 텍스트에 담겨 있는 문화적 기호의 독해, 즉 '경관 읽기'가 필요하다. 경관에 내재된 문화적 기호는 지역에 따라 독특한 지역성을 형성하는 요인이며, 이러한 지역성은 문화의 정체성을 확립하는 주요한 인자기도 하다.

'경관 읽기'는 이제 전문가의 영역만은 아니다. 오늘날 많은 사람들은 다양한 곳을 탐방할 때, 단순한 여행에 만족하지 않는다. 과거에는 여행이라는 것 자체가 대부분 단순하게 보고 즐기는 관광의 형태가 전부였다. 그러나 이제는 다양한 의미를 이해하고 좀 더 깊은 맛을 느끼는 주제가 있는 여행, 또는 더욱 많은 정보를 얻을 수 있는 '경관 읽기'를 통해 대상지의 깊은 의미와 참된 맛을 느끼게 하는 깊이 있는 여행을 원하는 사람들이 많아진 상황이다. 이 책은 문화경관이나 자연경관 속에 깃들어 있는 인문학적 의미를 읽어보는 것에 주안을 두고 쓴 글이다. 문화재청에서 주관하고 있는 〈헤리티지채널〉의 명사칼럼을 비롯해 〈문화재사랑〉에 오랜 기간 동안 게재한 글을 모아 다시 구성하였다.

문화재보호법에 의해 국가 문화재로 지정되는 명승은 크게 자연 명승과 역사문화 명승으로 구분할 수 있다. 역사문화 명승은 고정원古庭園, 누원樓園, 팔경八景과 구곡九曲, 옛길, 전통산업 경관 등으로 대표되는 문화경관을 대상으로 지정되고 있는 명승이다. 자연 명승은 명산名山, 산간계곡, 해안, 도서, 하천, 호소, 폭포 등과 같은 자연 경승을 위주로 지정된다. 그러나 역사문화 명승과 자연 명승의 엄격한 구분은 쉽지 않다. 자연 명승으로 분류되는 명승이라 해도 그 안에 역사, 전설, 기록, 이야기와 같은 인문학적 요소를 지니고 있기 때문이다.

이 책은 2013년 3월까지 지정된 104개소의 명승 중 1차로 출간된 역사문화 명승 49개소를 제외한 55개소의 자연 명승을 대상으로 구성하였다. 자연 명승은 말 그대로 자연적 가치가 우수한 자연유산이다. 따라서 자연적 가치에 대한 기술이 우선시 되어야 한다. 그러나 자연 명승으로 분류되는 명승이라도 그 속에 깃든 인문학적 의미를 밝히는 것은 명승의 활용에 있어서 매우 중요한 사안이라 할 수 있다. 따라서 이 책에서는 자연적 가치는 물론 인문학적 가치와 의미를 밝히는 데 중점을 두었다.

2003년 이전 명승이 7개소에 머물러 있을 때, 그때까지의 명승은 모두 자연 명승이었다. 그중에는 특히 불영사계곡처럼 규모가 커서 한눈에 보이지 않는 경우도 있었다. 그 후 명승 지정이 활발해지면서 이루어진 가장 큰 변화는 점경관spot landscape을 명승으로 지정하게 된 것이다. 쉽게 말해서 점경관이란 한 장의 사진으로 촬영될 수 있는, 한눈에 보이는 아름다운 자연 경승지를 가리킨다. 예를 들면 설악산은 전체가 하나의 큰 명승 구역이라 할 수 있지만, 그 안에 있는 울산바위, 비룡폭포, 용아장성, 공룡능선과 같은 단위 경관은 한눈에 보이는 점경관이다. 이처럼 점경관을 명승으로 지정할 수 있도록 명승의 개념이 확대되면서 명승 지정이 활발해지는 계기를 맞게 되었다.

자연 명승으로 지정되는 대상 중에는 아주 특별한 경관이 있다. 전문적 용어로 일시적 경관, 순간적 경관ephemeral landscape이라 불린다. 간만의 차가 가장 큰 특정한 시기에만 볼 수 있는 '진도의 바닷길'이 대표적이다. 또한 '낙산사 의상대와 홍련암'과 '꽃지 할미·할아비바위'도 일출 및 일몰 경치가 특별히 아름다운 명승으로 이에 해당한다. 옛날 중국에서 경승지의 대표로 꼽았던 '소상팔경' 역시 일시적 경관이다. 즉 소상팔경의 하나인 '평사낙안平沙落雁'은 강변 모래톱에 기러기가 내려 앉은 모습을 일컬은 것으로 순간적 경관을 상징하고 있다. 이처럼 예로부터 명승은 다양한 형태의 경관을 포함한 개념이라 할 수 있다.

현재 명승은 2014년 5월을 기준으로 107개소(109호)에 달한다. 그러나 이이 비해 명승에 대한 국민의 인지도는 매우 낮은 상황이다. 아직도 명승이라는 용어는 그저 아름다운 경승지, 또는 관광 대상지 정도의 개념으로 알려져 있다. 명승이 국가 지정 문화재의 한 종류라는 사실을 알고 있는 이들이 많지 않으며, 방송과 언론도 명승을 다루면서 그곳이 명승이라는 중요한 사실을 간과하는 사례가 빈번하다. 반면 국보, 보물, 사적, 천연기념물은 아주 잘 알려져 있어 대상을 소개하는 과정에 문화재라는 사실이 무엇보다도 강조되고 있는 상황이다.

명승은 다른 문화재에 비해 가장 활용 가능성이 높은 국가 유산이다. 이러한 점을 감안할 때, 명승에 대한 가치를 좀 더 명확히 하고 국민의 인지도를 높이는 것이 중요하다. 명승을 집중적으로 홍보할 수 있는 정책 마련이 시급한 것이다. 2000년대 이전까지 문화재청은 물론 학자, 전문가들에게조차 아무런 관심을 받지 못했던 명승은 21세기 들어 지정 및 연구에 있어 급진적인 발전이 이루어지고 있다. 하지만 문화재청이 가지고 있는 행정조직과 인력, 문화재연구소의 연구조직, 명승 관련 학자 및 전문가 등 여러 가지 여건이 아직은 매우 취약한 것이 현실이다. 명승이 지정된 이후의 보존 및 관리, 명승 자원의 효율적 활용, 대국민 홍보 등의 후속 사업 또한 매우 미진하다. 가장 시급한 것은 명승 관련 법률의 정비라 할 수 있다. 근래 문화재청에서는 문화재보호법을 바탕으로 문화재별 특성에 따라 분법을 진행하고 있다. 매장문화재 관련 법률이 이미 분법되었듯이, 자연유산에 관한 법률도 이제 새로이 제정되어야 한다. 자연유산은 문화유산과 비교할 때, 그 특성이 근본적으로 다르고 보존방식, 관리형태, 활용방법 등이 크게 상이하기 때문에 별도의 법률을 제정해야 한다. 향후 명승 분야 행정력과 연구역량 등의 강화는 물론 학자와 전문가가 적극적으로 참여할 수 있는 개선이 반드시 필요하다.

대한민국은 작지만 산림이 많아 지형의 높낮이와 굴곡의 차가 심하여 곳곳에 높은 산과 깊은 계곡이 자리하고 있다. 표면적으로 보면 평면적보다 훨씬 넓어 만일 평평하게 펼칠 수만 있다면 동해와 남해의 상당한 면적이 육지로 뒤덮일 것이다. 또한 삼면이 바다로 둘러싸여 있어 해안선을 따라 아름다운 해안과 도서의 풍광이 연이어 있다. 따라서 한반도 곳곳에 숨겨져 있어 그 진가를 인정받지 못한 수많은 명소들을 찾아내 명승으로 지정하여 위상을 드높이고, 개발로 인한 훼손을 방지할 수 있도록 해야 한다. 문화재청은 물론 명승 관련 전문가, 국민 모두가 우리 국토의 아름다움을 밝히고 기리는 데 총력을 기울여야 함은 물론 지정된 명승을 아끼고 지속 가능한 상태로 보존하며, 국민을 위해 적극적으로 활용하는 데도 많은 노력을 기울여야 할 것이다.

발전된 국가, 선진 국가의 가장 큰 힘은 국가가 길러온 문화로부터 시작된다. 특히 전통문화는 곧 국력의 바탕을 이루는 가장 중요한 기반이라고 할 수 있다. 근래에 '케이팝'으로 대표되는 공연예술 분야는 세계적인 선풍을 일으키고 있다. 케이팝은 기적의 경제성장을 이루어낸 동방의 작은 나라 대한민국을 세계의 문화국가, 작지만 강한 나라로 인식하게 하는 데 결정적인 역할을 하고 있다. 이러한 열풍과 함께 이제 대한민국은 국가의 참 모습을 세계에 알리는 계기를 마련해야 한다. 이것은 우리나라가 지니고 있는 고유한 전통문화, 전통경관, 그리고 우리 국토의 자연경관을 바탕으로 이루어야 할 과제다. 역사문화 명승, 자연 명승을 아우르는 국가 지정 문화재인 명승은 대한민국의 참모습을 알리는 데 큰 역할을 할 수 있는 자연유산이다. 따라서 현 시점에서 명승의 확대 지정은 물론 대국민 홍보는 매우 중요한 사안이다. 새로이 발간되는 이 책이 우리 국토의 아름다움을 기리고 국민의 인식을 고취하는 데 그 역할의 일익을 담당했으면 하는 바람이다.

2014년 방배동 서재에서

김 학 범

차 례

제1장

명산

제 3 장

해안과
도서

제1장

—

명산

백두대간의 중추에 우뚝 솟아오른 암봉, 조선의 수도 한양의 조종이라 불리는 할아버지 산, 진안
고원에 쫑긋 솟아난 천마의 귀, 남해 한가운데 자리한 영원불멸의 비단 산, 한반도의 땅끝에 솟구
쳐 오른 삼황의 아름다움, 그리고 저 멀리 바다 한가운데 높이 솟아 하얀 잔설을 머리에 이고 있는
영주산까지, 우리나라 방방곡곡에는 명산이 수없이 많다. 명산은 산림이 많은 우리 국토의 대표적
자연 명승이다.

한민족의 정기를 품은 한양의 조종, 삼각산

가노라 삼각산아 다시 보자 한강수야
고국산천을 떠나고자 하랴마는
시절이 하 수상하니 올동말동 하여라

_김상헌, 〈가노라 삼각산아〉

병자호란 당시 예조판서였던 청음 김상헌金尙憲(1570~1652)은 청나라로 잡혀가면서 한양을 떠나는 심경을 이렇게 토로했다. 삼각산은 한강수와 함께 한양의 산수를 대표하는 산이다. 풍수지리상으로도 서울의 조산祖山, 또는 종산宗山으로 알려져 있다. 삼각산은 백두대간에서 갈라져 나온 한북정맥의 끝부분에 솟아오른 명산이다. 조선의 수도 한양은 북악산을 주산主山으로 하고 그 뒤로 연결된 삼각산을 조종祖宗으로 하여 정도를 했기 때문에 삼각산이 한양의 머리가 된 것이다.

백두대간은 큰 줄기가 강원도에서 갈라져 서남 방향으로 굽이돌아 흘러내린 한북정맥이 경기도 양주군 남쪽에 도봉산으로 일어선 후, 다시 우이령에서 등을 낮췄다가 서울 북방에 이르러 높게 솟구쳐 오른다. 한강수를 앞두고 솟아오른 이 오름이 바로 삼각산이다. 조선의 개국과 함께 한양을 수도로 정하는 과정에서 할아버지 산祖山, 또는 마루(머리) 산으로 삼은 곳이다. 풍수의 관점에서 볼 때 한양의 지세 중에서 삼각산은 풍수 형국의 기점이 되는 매우 중요한 의미를 지닌 곳이다.

삼각산은 서울시와 고양시의 행정구역에 걸쳐 있는 북한산의 수십여 산군 중에서 북쪽에 우뚝 솟은 세 개의 산봉우리를 지칭한다. 북한산의 핵심을 이루고 있는 백운대(836m), 인수봉 (810m), 만경대(787m) 삼봉을 가리키는 이름이다. 주봉인 백운대를 중심으로 북쪽의 인수봉과 남쪽의 만경대가 삼각형으로 자리 잡고 있어 삼각산이라 불린다.

삼각산은 조신시대의 인문지리서 《신증동국여지승람新增東國輿地勝覽》과 《북한지北國地》에 나온 명칭으로 고려시대부터 조선시대 말까지 주로 불렸다. 오늘날에는 북한산이라 많이 부르는데, 1711년(숙종 37)에 세운 북한산성이 자리 잡고 있는 산으로 한양의 북쪽에 위치한 큰 산이라는 의미가 담겨 있다. 한양의 남쪽에 위치한 남한산성이 있는 남한산과 대비해 1900년대 초부터 주로 사용한 명칭이다. 삼각산은 다양한 이름으로 불려왔다. 삼국시대에는 부아악負兒岳, 조선 중기에는 화산華山이나 화악華岳이라 일컫기도 했다.

삼각산과 관련한 이름이 처음으로 등장한 것은 백제의 건국 설화로, 여기에 부아악이란 이름으로 기록되어 있다. 《신증동국여지승람》에 따르면 이 설화에는 고구려 동명왕의 왕자인 온조와 비류가 남쪽으로 내려와 도읍을 정하는 과정이 담겨 있다. 온조는 한산에 이르러 부아악에 올라가서 살 만한 곳을 정했으며, 이 기록에서 지칭하는 부아악이 바로 삼각산을 가리킨다.

백두산, 지리산, 금강산, 묘향산과 함께 삼각산은 한국의 오

▲ 삼각산 전망
산 정상에서 남쪽으로
바라본 풍경으로, 북한산
줄기가 이어지고 멀리
서울 시내가 보인다.
문화재연구소 제공.

악五嶽에 속하는 명산이다. 일찍이 그 아름다움과 자연의 소중함을 인정받아 2003년 명승 제10호 및 국립공원으로 지정되었다. 그럼에도 삼각산은 서울 가까이에 붙어 있어 그 빼어남이 상대적으로 덜 인식된 곳이기도 하다. 삼각산의 풍경은 비경을 자랑한다. 특히 서울의 강북구나 도봉구 방향에서 조망하는 삼각산의 풍광은 대단히 아름답다. 이곳에서 바라보면 삼각산의 봉우리는 짙푸른 숲의 산록을 뚫고 거대한 암석 덩어리가 솟아오른 기암절경의 풍경을 이룬다. 이처럼 아름다운 삼각산은 멀리서 바라보면 마치 누워 있는 사람의 얼굴 옆모습처럼 보이기도 한다.

삼각산의 주봉인 백운대에 오르면 발아래로 펼쳐진 서울 시

내의 모습이 한눈에 들어온다. 도봉산, 수락산, 북악산, 남산 그
리고 서울의 남쪽에 자리한 관악산까지 모두 볼 수 있으며 맑은
날에는 서쪽으로 서해와 강화도, 영종도 같은 섬도 보인다. 백
운대의 북쪽으로는 인수봉이 자리 잡고 있다. 인수봉은 산악인
들에게 암벽등반 장소로 이름난 장소다. 봉우리의 북쪽으로 바
위가 튀어나와 있는데, 생김새가 마치 아이를 업고 있는 듯한
모습이어서 부아악이라 불리기도 했다. 백운대의 남쪽에 위치
한 만경대는 이곳에서 바라보는 주변 경관이 매우 아름다워 이
러한 이름을 얻었다. 예로부터 국망봉이라 불린 만경대는 조선
의 수도를 정할 때 무학대사가 이곳에 올라 지세를 살펴보고 도
읍을 정했다는 이야기가 전해지고 있다.

당시 무학은 조선의 수도 후보지를 찾아 전 국토를 순례한 후 백운대에 올랐다. 그는 백운대를 시작으로 산의 맥을 밟아 내려가 만경대에 이르렀다. 가히 수도로서 부족함이 없는 지세였다. 만경대에서 서남 방향으로 가 비봉에 이르니 한 비석이 있었는데, 거기에는 '무학이 길을 잘못 들어 여기에 이른다'는 글이 쓰여 있었다. 그리하여 무학은 길을 다시 바꿔 내려가 경복궁의 터를 정했다고 하며, 그 기점이 된 곳이 바로 삼각산이다.

삼각산의 지질은 쥐라기 말기에 형성된 대보화강암, 즉 흑운모화강암 또는 화강섬록암으로 구성되어 있다. 이러한 화강암은 암석이 단단하기 때문에 지표상에서 거대한 바윗덩어리를 만들어 기암절경을 이루는 경우가 많다. 삼각산의 암석도 지층이 솟아오른 후 오랜 세월 침식이 지속되면서 모양이 달라져 화강암 돔granite dome을 형성한 것이다. 이렇게 이루어진 삼각산은 거대한 화강암 덩어리가 산 정상부에 우뚝 솟아올라 서로 어우러짐으로써 수려한 산악 경관을 보여준다. 삼각산의 돔을 형성하는 바위 사면은 대체로 70도 이상에 달하는 급경사를 이루고 있다. 이처럼 아름다운 비경을 지닌 삼각산은 등반 코스가 다양해 많은 사람이 찾는 명소가 되었다. 백운대 정상에는 약 500㎡ 정도의 돌로 된 평탄한 바닥이 있어 많은 등산객이 쉬어 가기도 한다.

이처럼 많은 사람에게 사랑받고 있는 명산인 삼각산은 현재 여러 가지 문제를 안고 있다. 우리나라에서 가장 많은 인구가 모여 사는 서울에 있어 지나치게 많은 사람이 이용하기 때문에 등산로를 새롭게 내는 등 산림을 훼손할 우려가 큰 것이다. 암석이 많고 경사가 심해 침식할 위험성 또한 높다. 또 서울의 상공으로부터 각종 오염 물질이 날아와 자연에 영향을 미치고 있어 생태계가 불안정하다. 하지만 어떤 어려움이 있더라도 삼각산의 비경은 반드시 지켜야 한다. 서울의 명산, 한양의 할아버지 산인 삼각산의 아름다운 모습을 계속 보전하는 것은 서울의 명운을 유지하는 일이기 때문이다.

주왕의 전설이 깃들다,
청송 주왕산 주왕계곡

청송은 이름처럼 푸른 소나무가 울창한 산골이다. 경상북도 내륙 산간의 오지 청송에는 빼어난 아름다움을 자랑하는 주왕산이 자리하고 있다. 설악산, 월출산과 더불어 3대 암산으로 불리는 바위산이다. 백두대간의 지맥인 낙동정맥의 허리에 위치하며, 경상도의 동해안 지방과 낙동강 유역의 내륙을 가르는 분수령에 우뚝 솟은 산이다.

주왕산에는 아름다운 비경과 함께 수많은 전설이 깃들어 있다. 모두 주왕과 관련한 설화로 주왕은 오늘날 여러 사람으로 풀이된다. 중국과 한국의 역사에서 찾아볼 수 있는 주왕은 대략 세 사람이다. 첫째는 기원전 중국 대륙에 세워진 상商나라의 주왕紂王이며, 둘째는 3세기경 성립된 진晉나라의 후예 주도周鍍라는 인물이다. 마지막으로는 8세기 신라인 김주원金周元이다.

상나라의 주왕이 관련되어 있다는 것은 주왕산 근처에 자리한 달기약수 때문이다. 방탕했던 주왕은 주지육림酒池肉林이라는 고사성어를 낳게 한 인물로, 애첩 이름이 공교롭게도 달기妲己였기 때문에 주왕산의 전설과 연관된 것으로 보인다. 그러나 그는 주왕산의 주왕周王과는 한자가 다르다. 달기약수는 이곳의 옛 지명이 '달이 뜨는 곳'이라 해서 연유되었으며, 약수가 솟아오르며 내는 '꼬륵꼬륵' 소리가 마치 암탉이 알을 낳기 전에 내는 울음소리와 닮았다 해서 '달계'라 불리다 '달기'로 바뀌었다고 한다. 따라서 주왕과 관련한 이야기는 후세에 만든 것으로 보인다.

두 번째 인물인 주도는 주왕산 곳곳에 전설을 남겼다. 그는 799년 당나라 때 진나라를 재건하겠다며 후주천왕後周天王을 자칭하고 난을 일으켰다가 패한 후 요동으로 도망친 사람이다. 그가 군사 1,000명을 이끌고 신라에 들어와 주왕산에 숨어들었다는 데서 설화가 비롯되었다. 주왕산 입구에 위치한 기암에는 주도가 마장군 형제와 전투를 벌였다는 전설이 내려오고, 대전사大典寺에서 나한봉까지 주방산성이라 불리는 12km 길이의 자하성紫霞城은 마장군 형제가 이끄는 신라군을 막기 위해 주도의 군대가 쌓았다고 하며, 주왕굴에는 주도가 신라군의 공격을 피해 숨었다가 마장군의 화살에 맞아 죽었다는 전설이 전해진다.

주왕산에 자리한 대전사와 백련암은 주도의 아들인 대전과 그의 딸 백련에서 유래한 이름이며, 망월대는 이들 남매가 달구경을 한 곳이어서 붙은 명칭이라고 전해진다. 하지만 주도가 당시 당나라와 긴밀한 관계였던 신라로 군사를 이끌고 망명했다는 점은 이해되지 않기 때문에 주도에 관한 전설은 가공된 것으로 받아들여지고 있다.

주왕산 설화의 주인공으로 학자들 사이에서 가장 신뢰받고 있는 인물은 태종 무열왕의 후손인 김주원이다. 785년 선덕왕이 후사 없이 죽은 후 상재上宰였던 김주원이 왕위에 추대되었는데, 경주로 오는 길이 홍수에 막혀 그는 성안으로 들어오지 못했다. 그리하여 이재二宰인 김경신이 왕위(원성왕)에 올랐으며, 후일 김주원은 명주군왕에 봉해진다. 왕위에 오르지 못한 김주

원은 명주에서 살다가 죽어 '주원왕'으로 불렸으며, 그는 젊은 시절 주왕산에 은거해 살았다고 한다. 따라서 주왕산의 명칭과 설화는 주원왕(주왕)이 머무른 곳에서 유래했다는 것이 가장 설득력 있는 주장으로 받아들여지고 있다.

이처럼 많은 전설이 깃든 주왕산은 경상북도 청송군과 영덕군에 걸쳐 자리하고 있다. 한반도 지형의 주요 골격을 이루는 백두대간에서 이어지는 지맥에 위치한 주왕산은 높이가 721m로 그다지 높지는 않다. 그러나 주위에 600m가 넘는 산봉우리가 12개나 솟아 있으며, 수많은 암봉과 깊고 수려한 계곡이 서로 어울려 절경을 이룬다. 주왕산은 암벽으로 둘러싸인 산들이 마치 병풍과 같다 해서 석병산石屛山이라고도 하며, 산세가 대단히 웅장하고 사계절의 경관이 매우 수려하다.

명승으로 지정된 '청송 주왕산 주왕계곡 일원'은 주왕산 권역 중에서 청송군 지역에 해당하는 구역을 대상으로 지정했으며,

▶ 연화봉
둥그렇게 피어오르는
연꽃을 닮았다고 전해지는
연화봉이 초록빛으로
물들었다.

대전사 쪽 진입부에서 주왕계곡을 중심으로 양쪽 산의 능선 부
위까지를 지정 구역으로 하고 있다. 주왕산 일원의 지질은 풍화
와 침식에 저항력이 강한 화산암이 대부분이다.

독특한 바위 경관을 자랑하는 주왕산에는 둥글게 핀 연꽃 모
양을 한 연화봉과 떡을 찌는 시루를 닮은 시루봉, 관세음보살의
모습과 비슷한 관음봉을 비롯해 만화봉, 장군봉, 향로봉, 촛대
봉, 미륵봉, 옥녀봉 등 다양한 형태의 산봉우리가 자리하고 있
다. 특히 대전사의 부속암자인 주왕암 안쪽 협곡에는 주왕굴이
위치하고 있는데, 그 앞에 물이 떨어져 이루어진 소(웅덩이)가
있어 경치를 한층 더 돋보이게 한다. 특히 겨울에는 폭포의 물
줄기가 빙폭을 이뤄 매우 신비스러운 경관을 연출한다. 주왕산
에는 주왕굴 외에도 주도의 군사들이 훈련장으로 사용하고, 그
의 딸 백련이 수행을 거쳐 성불했다는 연화굴과 군사들이 무기
를 숨겨 둔 곳이라는 무장굴이 있다.

▶ **용연폭포**
높이 30m로 주왕산에서
가장 웅장한 폭포다.

　맑고 수량이 풍부한 계류가 흐르는 주왕산의 계곡 경관은 매
우 아름답다. 주왕산 입구에서 계곡으로 올라가면 세 개의 폭포
를 볼 수 있다. 바로 용추폭포, 절구폭포, 용연폭포로 이들은 아
주 신비로운 비경을 연출한다. 용추폭포는 폭포수 아래 쏟아지
는 물줄기가 만들어놓은 소에 용이 살았다 하여 용소龍沼라고도

불린다. 절구폭포는 2단으로 이루어져 있는데, 암반 상부의 사면을 둥그런 모양으로 깎아낸 것 같은 구멍이 1단을 형성하고 이곳에서 다시 한 번 아래로 물줄기가 떨어지는 형태다. 절구폭포에서 다시 돌아와 갈림길에서 주방천을 따라 400m 정도 오르면 용연폭포에 다다른다. 높이 약 30m에 2단으로 구성되어 있으며, 거대한 암반의 낮은 부위를 오랜 세월 흘러내린 물줄기가 바위를 깎아 상단에 소를 만들고 다시 흘러 떨어지는 형태다.

주왕산에는 바위산이라는 이름에 걸맞게 빼어난 형상의 기암괴석이 무수히 많다. 김주원이 짓고 살았다는 대궐 터와 바위 위에서 두레박으로 물을 퍼 올렸다는 급수대가 있고, 석병암, 신선암, 망월대, 기암, 부암, 학소대, 병풍바위 등이 아름다운 경관을 연출한다. 그러나 주왕산의 으뜸가는 조망 경관은 주왕산 입구에 자리한 대전사 앞마당에서 바라보는 산의 모습이다. 대전사 절집과 주왕산이 어우러져 굉장히 아름다운 풍경을 보여준다.

주왕산 입구는 과거에 비해 많이 정비되었다. 계획에 따라 상가와 민박집도 넓게 자리해 잘 구획되었고 건물의 외양과 규모도 일정한 수준으로 알맞게 지었다. 그러나 아직도 과거에 들어선 사하촌寺下村의 모습이 그대로 남아 있어, 주왕산의 신비스러운 느낌을 크게 훼손하는 요소로 작용하고 있다. 우리나라 관광지가 대부분 이런 모습을 하고 있지만, 국가에서 명승으로 지정한 곳이니만큼 방문객들에게 좀 더 아름다운 장소로 기억될 수 있도록 주왕산 주왕계곡 일원의 진입로를 새롭게 조성하는 것이 바람직하다.

명승
제12호

고원에 솟은 천마의 귀,
진안 마이산

▶ **마이산 전경**
소백산맥과 노령산맥의
경계에 말의 귀를 닮은
두 암봉이 자리하고 있다.
소준호 님 제공.

동으로 달리던 천마 이미 지쳤는가
갈 길은 먼데 그만 쓰러지고 말았구나
몸통만 가져가고 두 귀는 남겼는가
두 개의 봉우리 하늘로 솟아 있네

마이산의 위용을 보고 감탄한 조선의 태조 이성계가 지은 시다. 태종 이방원은 부왕의 시를 보고 속금산을 마이산馬耳山이라 개명했다. 마이산은 말의 귀를 빼닮은 두 개의 암봉으로 이루어진 산으로, 동쪽 봉우리가 숫마이봉, 서쪽 봉우리가 암마이봉이다. 진안읍에서 남쪽 방향으로 바라보면 하늘을 향해 말의 두 귀가 쫑긋 서 있는 모습이 눈에 띈다. 그래서 태조는 이 산을 두고 천마가 남긴 두 귀라 칭한 듯하다.

진안은 소백산맥과 노령산맥 사이에 있는 고원에 자리 잡고 있다. 진안, 무주, 장수 지역에 걸쳐 해발 300m에서 500m의 고도를 이루는 진안고원은 호남의 지붕이라 일컫는 곳이다. 이렇게 높은 고도에 마치 평야지대처럼 평평한 지형을 이루는 곳이 바로 진안이다. 마이산은 지붕과 같은 고원지대에서 또다시 솟아오른 매우 특이한 바위산으로 강의 발원지로도 유명하다. 남쪽 사면에서는 남해로 흘러가는 섬진강의 수계가 시작되고, 북

▲ **숫마이봉과 암마이봉**
숫마이봉은 경사가
가파르고 남쪽에서 보면
코끼리의 모습을 닮았다고
한다. 암마이봉은 표면에
풍화혈이 발달했다.

쪽 사면에서는 중부 지방을 휘돌아 서해로 향하는 금강의 수계가 발원한다.

마이산은 멀리서 보는 모습도 기이하지만, 근거리에서 확인할 수 있는 산의 세부가 더욱 신기하다. 마이산은 중생대 말기인 백악기에 지층이 갈라지면서 두 봉우리가 솟아오른 것이다. 모래와 자갈이 섞여서 형성된 사질역암으로 구성되어 있으며, 산의 형태가 우뚝 솟은 탑 모양을 띤다. 가까이 보면 모래와 자갈이 섞여 하나의 커다란 바윗덩어리를 형성하고 있는데, 마치 모래와 자갈을 시멘트로 혼합해 인공적으로 만들어놓은 듯 특이한 형상이다. 마이산은 화강암질 편마암이 주변의 화강암류 분출에 따라 솟아오른 뒤, 전면의 오목한 곳에 쇄설물이 퇴적되어 이루어진 것이다. 따라서 상대적으로 높던 화강암질 편마암 지역이 침식에 의해 진안고원이 되고, 상대적으로 낮고 침식에 강한 마이산 역암 지역이 더 높게 잔존해 지형의 역전 현상이 일어난 것이다.

마이산의 바위 표면에는 마치 커다란 공룡알이 박혀 있던 자국 같은 둥글고 큰 구멍이 숭숭 난 모습을 볼 수 있다. 이것은 타포니tafoni 또는 풍화혈風化穴이라고 하는데, 물이 암석의 틈으로 침투해 부피가 팽창하면서 암석을 뜯어내는 빙정의 쐐기작용을 거쳐 만들어진 것이다. 마이산 산봉우리와 구성이 비슷한 탑이나 돔 같은 모양의 지형은 마이산 동남쪽으로 10여 개소가 약 2km에 걸쳐 분포하고 있다.

마이산은 특이한 생김새만큼이나 인문학적 의미를 풍부하게 지니고 있다. 마이산에 얽힌 전설과 상징은 매우 다양하다. 그

중 가장 두드러진 것은 마이산이 여러 가지 이름을 지니고 있다는 사실이다. 마이산은 금강산처럼 다양한 이름으로 불린다. 계절별로 부르는 이름이 다른데, 봄에는 짙은 안개 속에 뚜렷이 솟아오른 두 봉우리가 바다 위에 떠 있는 돛대와 같다 해서 돛대봉이라 하며, 여름에는 하늘로 우뚝 솟은 것이 용의 뿔과 같다 해서 용각봉이라 한다. 가을에는 단풍으로 치장한 살찐 말의 귀와 같다 해서 마이봉이라 하고, 겨울에는 백설로 덮인 대지에 먹물을 찍는 붓끝과 같다 해서 문필봉이라 일컫는다. 또 마이산은 시대별로 다양한 명칭으로 불렸다. 신라시대에는 서다산 西多山, 고려시대에는 용출산 龍出山이라 했으며, 조선시대에는 태조가 속금산 束金山이라 이름 지었다고 한다. 이후 태종 대부터는 마이산이라 불리고 있다.

마이산에는 이름만큼이나 다양한 전설이 전해진다. 속금산이란 명칭에 대한 전설은 이러하다. 이성계가 고려의 무장으로 운봉에서 왜구를 무찌르고 개선하는 길에 마이산을 보았는데 그 모습이 꿈속에서 받은 금척을 묶어놓은 듯했다. 이에 이성계는 오행의 금행 金行을 묶은 듯 생겼다고 해서 마이산을 속금산으로 명명했고, 그 후 30일 동안 마이산에서 기도하며 건국의 큰 뜻을 품었다고 한다. 이러한 전설은 조선의 창업을 기리는 노래로 궁중의 연회악이나 종묘제례악에 사용하던 〈몽금척〉의 바탕을 이룬다. 〈몽금척〉은 1393년(태조 2) 삼봉 정도전이 지은 가사로 "산의 사면이 모두 돌로 우뚝 솟아 돛대와 같아 아름답기 그지없다"라며 마이산의 모습을 찬미하고 있다. 마이산은 조선의 개국과 인연이 깊은 산이라 할 수 있다.

태조 이성계와 관련한 전설 외에도 다양한 문화적 의미를 지닌 마이산은 이 산을 찾는 사람들에게 또 하나의 특별한 모습으로 기억되고 있다. 그것은 바로 수많은 돌을 이용해 기이한 형태로 돌탑을 쌓아놓은 탑사의 풍경이다. 마이산 남쪽 입구에는 많은 돌탑과 함께 탑사가 건립되어 있다. 돌탑은 접착제를 쓴 것도, 시멘트로 굳힌 것도 아닌데 100여 년이 넘는 동안 쓰러지지 않고 견고하게 유지되고 있다. 이 탑은 이갑룡李甲龍(1860~1957) 처사가 세운 것이다. 이갑룡 처사는 신비한 능력의 소유자로 돌탑을 세우는 데 음양의 이치를 바탕으로 하고, 불교적 의미를 담아 탑군 108기를 구성했으며, 팔진도법의 배열을 적절히 사용했다고 한다. 돌탑이 지닌 상징적 의미 외에도 탑사의 돌탑은 마이산의 암봉과 매우 잘 어울려 특유의 경관을 연출한다.

　　마이산 탑사에는 신비한 현상이 많이 일어난다. 특히 날씨가 추운 한겨울에 탑사의 돌탑 아래 정한수를 떠놓으면 역고드름이 생긴다고 한다. 보통의 고드름처럼 위에서 아래로 물이 흐르는 방향으로 생기지 않고, 물그릇 안의 물이 얼면서 위를 향해 솟아오르는 듯한 모습으로 결빙된다는 것이다. 과학적으로 충분히 설명할 수 있는 현상이라고 하지만, 일반인에게는 신비한 모습일 수밖에 없다. 또 숫마이봉에는 특별한 약수가 있다. 숫마이봉의 중턱에는 화암동굴이 자리 잡고 있는데, 동굴 안에는 사시사철 석간수가 흘러나온다. 이 석간수를 마시고 기도를 드리면 아들을 얻는다는 전설이 있어 많은 여성들이 치성을 드리러 찾아왔다고 한다.

▲ 마이산 탑사
이갑룡 처사가 세웠다는
돌탑이 매우 신기한
모습으로 탑사를 에워싸고
있다. 특이한 형태의
암봉으로 구성된 마이산에
잘 어울리는 돌탑이다.

마이산 부근에는 진안 은수사 청실배나무(천연기념물 제386호)와 진안 마이산 줄사철나무 군락(천연기념물 제380호) 같은 귀중한 식물 자원이 인접해 있다. 은수사, 금당사, 북수사, 이산묘 등도 인근에 자리해 있어 자연유산과 문화유산이 어우려져 마이산의 명승적 가치를 한층 높여주고 있다.

　　말의 귀 형상을 한 마이산은 경사가 매우 가파르다. 숫마이봉은 곧게 서 있어 사람들이 쉽게 등반할 수 없지만, 암마이봉은 조금 완만해 등산이 가능하고 등산로 또한 개설되어 있다. 마이산에는 암마이봉과 숫마이봉 사이로 고갯길이 계단으로 조성되어 있다. 북쪽의 마이산 도립공원 관리사무소 방향에서 올라가면 탑사로 넘어가는 고갯길 정상에 오르기 전 오른쪽으로 등산로가 나 있다. 여기서 암마이봉 정상까지는 거리가 얼마 되지 않아 짧은 시간에 쉽게 접근할 수 있는데 그로 인해 최근 이용객이 지나치게 많아졌다. 그 결과 암석 표면에 얇게 형성된 토양층이 심각하게 훼손되었다. 결국 암마이봉의 빼어난 경관을 지키기 위해 복구 사업을 벌이고 등산로를 폐쇄했다. 복원 공사가 제자리를 잡는 데는 오랜 시간이 필요할 것이다. 그것도 훼손 이전의 상태로 완벽히 되돌린다는 것은 사실상 불가능한 일이다. 훼손된 명승은 계속해서 사람들의 흥미를 불러올 수 없다. 파괴된 자연은 더 이상 이용 대상이 되지 못한다. 이것이 바로 아름다운 명승을 지속 가능하게 보존해야 하는 중요한 이유다.

맑은 바람이 이는 곳, 봉화 청량산

청량산 육육봉을 아는 이 나와 백구白鷗

백구야 훤사喧辭하랴 못 믿을 손 도화桃花로다

도화야 떠나지 마라

어주자漁舟子 알까 하노라

_이황, 〈청량산가淸凉山歌〉

청량산을 즐겨 찾던 퇴계 이황李滉은 그곳의 아름다움을 이렇게 노래했다. "청량산의 빼어난 열두 봉우리 경치를 아는 이는 오직 나와 흰 갈매기뿐이로다. 갈매기야 어디 간들 말하지 않겠지만, 아무래도 저 빨간 복숭아꽃은 미덥지가 않구나. 복숭아꽃이여 여기서 떠나지 마라. 네가 물에 떠 흘러가면 아무래도 이 비경을 어부들이 알까 두렵기만 하구나." 이 시에는 청량산을 아끼고 사랑하는 퇴계의 마음이 고스란히 담겨 있다. 퇴계는 도산서원에서 제자들을 가르치며 학문을 연마하다가 때때로 청량산에 들어가 수행했다고 한다. 퇴계는 자신을 청량산인淸凉山人이라고 부르기도 했으며, 〈청량산록발淸凉山錄跋〉이라는 글을 비롯해 이 산에 관한 시 51편을 남겼다. 또 청량산을 오가산吾家山이라 하여 자기 집처럼 여기기도 했다. 청량산에는 지금도 퇴계가 학문을 연구하던 자리에 후세 사람들이 세운 정자 청량정사淸凉精舍

▲ **청량산 전경**
축융봉 방향에서 바라본
모습으로 주봉인 장인봉이
가장 왼쪽에 있고 선학봉,
자란봉이 나란히 이어져
있다.

가 남아 있다.

경상북도 봉화군에 위치한 청량산은 봉화에서 안동으로 흐르는 낙동강 상류에 자리 잡고 있으며, 자연경관이 수려해 소금강小金剛이라고도 한다. 청량산은 해발고도가 870m로 그다지 높지 않으며, 백두대간에서 분지되어 동해안을 따라 남쪽으로 뻗어 내린 낙동정맥의 북쪽에 위치해 있다. 이름만큼이나 맑고 깨끗한 자연을 간직하고 있으며 아름다운 비경 또한 수없이 많다. 12암봉, 12대, 8굴, 4우물이 모두 청량산을 대표하는 경승景勝이다. 청량산의 12암봉은 육육봉六六峰이라고도 하는데 장인봉, 선학봉, 자란봉, 자소봉, 탁필봉, 연적봉, 연화봉, 향로봉, 경일봉, 탁립봉, 금탑봉, 축융봉을 말한다. 또 수려한 경치를 자랑하는 12대는 바로 어풍대, 밀성대, 풍혈대, 학소대, 금강대,

원효대, 반야대, 만월대, 자비대, 청풍대, 송풍대, 의상대다. 그 중에서도 금탑봉 오른쪽에 위치한 석벽인 어풍대는 청량산 최고의 절승으로 꼽는다.

청량산에는 굴도 많다. 김생굴, 금강굴, 원효굴, 의상굴, 반야굴, 방장굴, 고운굴, 감생굴 등의 굴을 일컬어 청량산 8굴이라 한다. 특히 김생굴은 신라시대의 명필인 김생이 10년간 글씨 공부를 했다고 알려져 있다. 아울러 맑고 시원한 청량산의 계곡에는 수정같이 맑은 약수가 솟아난다. 이 약수는 청량산 4우물로 불리는 총명수, 청량약수, 감로수, 김생폭이다. 봉화의 청량산은 이토록 다양한 암봉과 승경이 어우러져 아름다운 자연경관을 뽐낸다.

천혜의 경관을 자랑하는 청량산 일대의 지질은 크게 변성암류와 퇴적암류로 구분된다. 그러나 지질의 분포상으로는 퇴적암류가 훨씬 더 많은 면적을 차지한다. 지질의 형성 과정을 보면 대부분이 중생대 백악기에 퇴적된 역암, 사암, 이암층으로 이루어졌으며, 이러한 지층이 지상으로 솟아오른 후 풍화와 같은 여러 침식작용을 거쳐 현재의 다양한 지형을 형성한 것이다. 청량산의 산봉우리는 모두 역암으로 이루어져 있으며, 낮은 각도의 수평적 층리 구조를 띤다. 멀리서 바라보면 V자형으로 잘 발달한 계곡이 보이는데, 주변에 작은 구멍(풍화혈)이 형성되어 특별한 경관을 만들어낸다. 이러한 지형은 특이한 볼거리를 제공하기도 하지만 지질학적으로도 매우 중요한 가치를 지닌다.

청량산은 과거에 '수산水山'으로 불렸다. 조선시대에 금탑봉에 자리 잡고 있는 상청량암 上淸凉庵과 하청량암 下淸凉庵이 널리 알려지면서 산 이름이 청량산으로 바뀐 것이다. 청량은 불교에서 사용하는 어휘로 석가여래 부처님이 깨달음을 얻고 쓴 〈오도송悟道頌〉에 나오는 말이다. 세상의 어떤 것에도 얼룩지지 않은 맑고 깨끗한 순수함, 즉 무상의 경지를 일컫는다.

　　나는 모든 것을 이겼고
　　모든 것을 알았다
　　나는 일체의 제법諸法에 물들지 않았고
　　모든 것을 버렸다
　　나는 홀로 모든 것을 바르게 깨달아
　　청량하고 적정한 경지에 이르렀다

　이처럼 맑고 깨끗한 순수의 세계, 청량한 자연을 품은 청량산은 주세붕周世鵬이 이름 지은 열두 봉우리(육육봉)가 주축을 이루며, 태백산에서 발원한 낙동강이 청량산의 웅장한 절벽을 끼고 흘러가고 있어 대단히 수려한 모습을 나타낸다. 조선 후기 실학자 이중환李中桓이 지은 《택리지擇里志》에서는 청량산을 가리켜 백두대간을 벗어난 곳에 위치한 4대 명산 중 하나로 평가하고 있다. 〈복거총론卜居總論〉 산수 편에서는 "안동 청량산은 태백산맥이 들에 내렸다가 예안禮安 강가에서 우뚝하게 맺힌 것이다. 밖에서 바라보면 다만 흙멧부리 두어 송이뿐이다. 그러나 강을 건너 골 안으로 들어가면 사면에 석벽이 둘러 있고 모두 만 길이나 높아서 험하고 기이한 것이 형용할 수가 없다"고 기록하고

▲ 청량사
청량산의 산줄기 아래
포근하게 자리하고 있는
청량사의 전경이다.

있다. 이렇듯 명산으로 이름난 청량산에는 곳곳에 많은 신화와 전설이 깃들어 있다.

고려 말, 공민왕은 홍건적의 난을 피해 안동으로 몽진을 했다. 안동으로 가는 도중 공민왕은 청량산에 머물렀는데, 이때 축조한 청량산성의 유구는 지금까지 남아 있으며, 마을 주민들이 공민왕을 추모하기 위해 만든 사당도 그대로 있다. 이 밖에도 청량산에는 원효, 의상, 김생, 최치원, 이황 등 역사적 인물과 관련한 장소와 설화가 많이 전해지며, 16세기 사림파의 등장 이후 산수 경치를 사랑하고 유교와 퇴계를 숭상한 선비들의 순례지가 된 곳이다.

청량산은 이름에서 알 수 있듯 본래부터 불교의 도량이었다.

신라시대 원효대사가 창건한 청량사가 산 중턱에 자리 잡고 있으며, 의상대사가 지은 청량사 유리보전이 보존되어 있다. 또 청량산에는 암자가 많았다고 한다. 주세붕의 청량산 유람기인 《유청량산록遊清涼山錄》에는 자소봉에 11개, 경일봉에 3개, 금탑봉에 5개 등 19개 암자에 관한 기록이 있고, 1608년 기록인 《영가지永嘉誌》에는 암자가 25개 있다고 썼었다. 1771년 이세택李世澤이 지은 《청량지》에는 암자가 14개 남아 있다고 기록해 25개 암자 중 11개가 없어졌다는 사실을 알 수 있다. 이처럼 청량산은 사찰과 암자가 많아 온통 불교를 상징하는 곳이었다 해도 과언이 아니다. 그러나 조선 중기 이후에는 성리학이 발달하고 불교가 쇠퇴하면서 청량산에도 청량사만 남고 대부분의 암자가 점차 폐사되었다.

청량산 일대의 계곡은 독립적 유역으로 구성되어 있다. 따라서 청량산의 계류는 주변 물길과 합류하지 않고, 북쪽 계곡을 흐르는 북곡천과 남쪽 계곡으로 흐르는 청량천이 명호천으로 유입되는 수계를 형성하고 있다. 또 청량산은 생태 환경이 우수해 다양한 동식물이 살고 있는 곳이다. 이러한 자연경관의 가치와 더불어 장소에 깃든 문화적 의미를 인정받아 2007년 3월 명승 제23호로 지정되었다. 청량산은 지금도 그 이름처럼 맑고 깨끗하며, 시원한 바람이 스치는 곳이다. 순수한 자연의 향기로 가득한 청량산은 우리 모두가 지속적으로 가꿔 나가야 할 귀중한 자연유산이다.

쌍계루와 어울린 한 폭의 그림,
백양사 백학봉

호남 지방에서는 흔히 춘백양추내장春白羊秋內藏, 즉 "봄에는 백양사, 가을에는 내장산"이라고 말한다. 백암산 백양사는 가을 단풍이 매우 아름답다. 그럼에도 이러한 말이 자주 회자되는 이유는 특히 봄철 백양사의 신록이 빼어나게 아름답기 때문이리라. 계곡 입구에 자리한 우거진 숲에는 애기단풍나무와 갈참나무가 많다. 이 나무들이 빚어내는 파릇한 신록의 모습은 풋풋하고 신선한 느낌으로 다가와 백양사를 찾는 이들의 감탄을 절로 자아내게 한다. 봄 풍경이 이토록 아름다운 백양사의 숲길은 '한국의 아름다운 길 100선', '가장 걷고 싶은 길'로 선정되기도 했다. 이 길은 백양사 입구의 주차장을 지나면서 시작해 절집이 위치한 곳까지 이어진다.

큰 나무들이 우거진 숲길을 지나면 백양사에 다다른다. 백양사는 전라북도와 전라남도의 경계를 이루는 백암산 아래에 자리한 유서 깊은 가람이다. "산은 내장산, 절은 백양사"라는 말로 사찰의 격이 높다는 것을 알 수 있는 백양사는 대한불교 조계종 제18교구의 본사며 말사末寺를 40여 개나 거느린 대찰이다. 그로 인해 백양사의 절집은 규모가 매우 크며 그 위용 또한 대단하다. 백양사가 이렇듯 대가람으로서 품위를 드러내는 것은, 물론 절집 자체의 모습에서 그 이유를 찾아볼 수 있지만 절집 뒤

에 힘찬 기상으로 우뚝 솟아 백양사를 품안에 아우르는 백학봉의 위용에서도 느낄 수 있다.

백양사의 주봉인 백암산은 내장산국립공원 지역의 남쪽 구역에 자리 잡고 있다. 해발 741m인 백암산은 백양사 계곡의 좌우로 능선이 뻗어 있다. 백암산에서 이 계곡의 왼쪽으로 이어지는 능선은 백양사의 정북방에서 바위산으로 솟아올라 우뚝한 자태를 한껏 자랑하는데, 이 산이 바로 백학봉이다. 백학이 날개를 펴고 있는 모습을 닮은 학바위는 백학봉을 이루는 거대한 회백색의 바윗덩어리다. 마치 여인의 살갗처럼 하얀 학바위는 백양사에서 바라보는 모습이 그야말로 절경을 이룬다.

이렇듯 아름다운 학바위의 모습은 백양사 대웅전 앞과 쌍계루 지당 앞에서 볼 때 가장 빼어나다. 이곳에서 바라보는 흰 바위와 울창한 수림이 어울린 백학봉의 경관은 예로부터 대한팔경의 하나로 꼽혔을 정도다. 이 중에서도 특히 쌍계루 앞의 계담溪潭에 쌍계루와 함께 거꾸로 투영되는 백학봉의 모습을 실제 백학봉과 하나의 프레임 안에 잡아내는 구도는, 말로 형언할 수 없는 백학봉 절경의 백미를 보여준다. 이곳에는 사시사철 어느 시간에 가도 아름다운 풍광을 사진으로 촬영하려는 사람들을 볼 수 있다. 이곳이 백학봉의 아름다운 모습을 포착하기에 가장 좋은 장소기 때문이다.

백양사와 백학봉은 현재 전라남도 장성군에 속해 있다. 내장사와 함께 내장산국립공원에 포함되지만, 백암산 능선이 중간에 가로질러 뻗어 있어 내장사 권역과는 완전히 나뉘었다. 따라서 내장사 권역은 전라북도 정읍에서 진입이 가능하고, 백양사 권역은 정읍에서 고개를 넘어 전라남도 장성에서 진입할 수 있다. 결국 백양사로 가려면 장성군 북쪽에 조성된 장성호의 상류에 위치한 북하면 소재지에서 북쪽 약수리 방향으로 난 길을 따라 올라가야 한다.

백양사는 631년(무왕 32) 신라의 승려 여환如幻이 창건했다. 창건 당시에는 백암사라 불렀다고 한다. 고려시대인 1034년(덕종 3)에 중연中延스님이 중창을 하고 정토사淨土寺로 개칭했으며, 1574년(선조 7)에 환양喚羊스님이 백양사로 다시 고쳐 오늘에 이른다. 당시 환양선사가 절에서 염불을 외면 흰 양들이 몰려오는 일이 자주 있어, 이를 보고 사찰 이름을 백양사라 부른 것이라고 전해진다. 사찰의 절집은 대부분 근래에 지은 것이다. 주요 건물로는 환양선사가 건립한 극락전이 가장 오래된 건물이며, 대웅전은 1917년에 면암스님이 주지로 있으면서 세웠는데, 그리 오래된 건물은 아니지만 백학봉을 배경으로 서 있는 모습이 대단히 아름답다.

백양사는 오랜 역사와 함께 많은 기록이 전해진다. 정도전의 《백암산 정토사교루기》는 사찰의 창건 역사를 담고 있다. 이러한 기록물과 함께 목은 이색, 포은 정몽주, 면앙정 송순, 하서 김인후, 사암 박순 등 고려 말부터 조선시대까지 유명한 학자와 문인들이 이곳을 찾아 백학봉과 쌍계루의 풍광을 읊은 시와 기문이 다수 전해지고 있다. 백학이 고색창연한 쌍계루 위로 날아오르듯 자리한 아름다운 풍광에 대해, 고려 말 불사이군不事二君의 충절로 알려진 포은 정몽주는 〈기제쌍계루寄題雙溪樓〉라는 시제로 이렇게 노래하고 있다.

시를 청하는 백암사 스님을 만나고 나서 　　　求詩今見白巖僧

붓을 들어 생각에 잠기니 재주 없음이 부끄럽네 　　押筆沈吟愧未能

노을 빛 아득하게 저무는 산이 붉고 　　　　　　　烟光縹紗暮山紫

달빛이 배회하는 가을 물이 정말 맑구나 　　　　　月影徘徊秋水澄

▶ **쌍계루와 백학봉**
단풍으로 짙게 물든 가을철에는 그 모습이 계담에 투영되어 한 폭의 그림 같은 풍경을 연출하고, 겨울에는 눈으로 뒤덮여 순백의 세계를 이룬다.
문화재연구소 제공.

　　아름다운 풍광을 자랑하는 쌍계루는 고려 말 대학자이자 충신으로 유명한 목은 이색이 지은 이름이다. 목은은 백양사 쌍계루를 보고 이곳의 절경에 반해 "두 시냇물이 합류하는 지점에 누각이 있어 왼쪽 물에 걸터앉아 오른쪽 물을 굽어보니 누각의 그림자와 물빛이 위아래로 서로 비치어 참으로 좋은 경치다"라며 찬탄했다고 한다. 이처럼 아름다운 쌍계루는 옛 문헌에도 많이 등장한다. 한 예로《신증동국여지승람》의 장성조에는 "황룡천은 백암산에서 나와 진원현 경내로 들어간다. 정토사가 백암산에 있는데, 이 절에 쌍계루가 있다"고 기록되어 있다.

　　전라도 한가운데에 자리 잡은 대찰 백양사는 고불총림古佛叢林이란 이름으로도 유명하다. 고려시대에 임금의 스승인 국사를 지낸 원오국사(1215~1286), 각진국사(1270~1355) 같은 고승이 주석駐錫을 맡아온 사찰이다. 고불이란 인간 본래의 면목을 뜻한다. 이곳에는 천연기념물 제486호로 지정된 '고불매古佛梅'가 자리하고 있다. 1947년 부처님의 본래 가르침을 기리자는 뜻에서 백양사 고불총림이 결성되었는데, 절을 지키던 매화나무가 고불총림의 기품을 닮았다 하여 '고불매'라고 부른 것이다. 고불매는 매년 3월 말 꽃을 피우는 홍매紅梅로 고고한 고목의 기품과 아름다운 꽃 색깔, 은은한 향기를 지녔다. 호남 지방에는 이처

보고 생각하고 느끼는 우리 명승기행 2

◀ **계담 전경**
쌍계루의 누마루에서
바라본 계담의 풍경이다.
앞에 놓인 디딤돌 다리가
쌍계루와 백학봉을 한눈에
조망할 수 있는 지점이다.

럼 고목으로 된 매화가 많은데, 고불매는 그중에서도 호남 5매의 하나로 꼽힌다.

고불매 외에도 백양사 계곡에는 중요한 자연유산이 다수 분포되어 있다. 백양사 구역에는 10m 높이로 자라는 비자나무 5,000여 그루가 숲을 이루고 있다. 당시 우리나라의 북쪽 한계 지대에 위치한 유일의 비자나무 숲이었기 때문에 1962년 천연기념물 제153호로 지정되었다. 현재 이 숲은 백양사 주변 식생 경관의 중요한 요소를 이룬다. 따라서 이곳 또한 백양사 백학봉의 명승 경관을 비경으로 만드는 데 중요한 존재라 할 수 있다.

명승은 기본적으로 경관이 아름다워야 한다. 백양사 백학봉의 빼어난 자태는 한눈에 들어오는 경승이다. 그러나 아무리 경치가 아름답다 할지라도 경관을 바라보는 각도에 따라 그것이 지닌 수려함의 정도는 차이가 매우 크다. 따라서 명승이 아름다운 절경으로서 품격을 유지하려면 그 비경을 가장 잘 감상할 수 있는 조망 지점을 반드시 찾아야 한다. 백학봉의 가장 좋은 조망 위치로는 쌍계루 앞을 들 수 있다. 예전부터 빼어난 조망 장소로 잘 알려진 이곳 계담 앞에는 물막이 구조물인 디딤돌이 있어 이곳에서 사람들은 자연스럽게 백학봉의 빼어난 풍광을 바라볼 수 있다. 현재 국가 유산으로 지정된 명승 중에는 아직도 사람들이 접근할 수 없는 경우가 많다. 따라서 정비 및 활용 계획을 종합적으로 세워 최고의 조망 위치를 찾아 조성하는 것은 명승을 지정한 뒤 후속 사업으로 진행해야 할 중요한 과제다.

영원불멸의 비단 산, 남해 금산

태조 이성계는 조선을 건국할 무렵, 남해 보광산에 올라 백일기도를 드렸다. 그는 새 나라가 열리면 산을 비단으로 덮어주겠다고 말했다. 그의 소원대로 새 나라 조선이 들어섰지만 비단으로 산 전체를 덮을 수는 없었다. 그래서 산 이름에 비단 금錦 자를 넣어 금산錦山이라 부르게 했다.

남해 금산의 지명에 관한 설화다. 금산은 마치 비단을 두른 듯 고운 자태로 남해의 섬 가운데 교교히 서 있다. 이 설화는 아마도 곱고 아름다운 금산의 모습에서 비롯한 이야기일 것이다. 실제로 태조가 금산이란 이름을 지어 부르게 했다는 기록은 역사서 어디에서도 찾아볼 수 없다. 이것은 비단 '금' 자라는 명칭을 사용하기 시작한 이후에 만들어진 이야기가 아닌가 하는 생각이 든다. 금산이라는 이름은 태조가 이곳에서 기도를 하고 개국한 것에 감사하는 뜻에서 1660년(현종 1)에 이 절을 왕실의 원당으로 삼고 산 이름을 금산이라 지으면서 사용하기 시작했기 때문이다.

금산이라는 이름은 충청남도 금산군의 군명과 아산시 영인면과 음봉면 경계에 위치한 작은 산의 이름으로도 사용하고 있다. 금산군에서는 금산이라는 명칭이 금수강산의 약자라고 말한다.

이처럼 아기자기한 우리나라 국토의 형상을 대표하는 말이 금수강산, 곧 금산이다. 남해의 금산 역시 비단에 수를 놓은 듯 아름다운 산이라는 뜻에서 붙은 명칭으로 여겨진다.

남해 금산은 백두대간의 끝자락인 지리산으로부터 뻗어 나간 낙남정맥의 한 줄기가 바닷물로 잠수한 후 다시 솟아오른 산이다. 발아래 짙푸른 남해가 끝없이 펼쳐지는 섬에 자리 잡고 있어 전망이 매우 아름다운 곳이다. 영남 지방에서는 지리산, 가야산과 자웅을 겨루기도 하며, 중국의 남악南嶽에 비견하기도 하는 산이다. 섬에 자리 잡은 신비한 명산이라 하여 '소금강산' 혹은 '작은 봉래산'이라 부르기도 한다. 작은 봉래산으로 불릴 정도로 금산이 명산으로 유명해진 것은 금산의 풍광이 마치 속세를 떠난 듯한 신비로움을 지니고 있기 때문이다.

　신라시대 원효대사는 이처럼 아름다운 남해의 명산에 보광사
普光寺라는 사찰을 지었다. 보광사가 건립된 후 이 산은 처음으로
보광산이라는 이름이 생겼다. 오랜 세월 보광산이라 불리던 이
산은 조선 현종 대에 와서야 비로소 금산이라는 명칭을 얻었다.
금산의 정상 가까이 남쪽 사면에는 보리암이 위치하고 있다. 깎
아지른 바위 위에 자리한 보리암菩提庵의 모습은 주위의 기암괴
석과 어울려 한 폭의 그림 같은 풍광을 이룬다. 보리암의 절집
은 보광전, 간성각, 산신각, 범종각, 요사채로 구성되며, 절벽
위의 지형을 따라 아담한 모습으로 자리 잡고 있다.

　보리암은 원효대사가 초당을 짓고 수행하다가 관음보살을 친
견한 후 절 이름을 보광사라고 한 데서 유래한 명칭이다. 양양
의 낙산사, 강화의 보문사와 함께 한국의 3대 관음 성지로 알려
져 있다. 보리암에는 그 앞에서 기도를 하면 꼭 소원 한 가지는
들어준다는 관음보살이 있어 기도하러 오는 신도들로 항상 붐
빈다. 또 높은 곳에 위치해 탁 트인 전망을 자랑하며 조망 지점
으로서도 매우 탁월하다. 보리암에서 남쪽으로 바라보면 산 아
래로 경사를 따라 울창한 수림지가 넓게 뻗어 있고, 그 아래로
는 소나무로 빼곡한 해안 숲이 해변을 따라 이어진 상주해수욕
장이 펼쳐진다. 그 너머로는 짙푸른 남해가 한눈에 조망된다.

　보리암에는 조그마한 석탑이 서 있다. 경상남도 유형문화재
제74호로 지정된 보리암전삼층석탑이다. 전설에 따르면 683년
(신문왕 3)에 원효대사가 보광산에 절을 세운 것을 기념하기 위
해 세운 탑이라고 한다. 가야국 김수로왕의 왕비이자 인도 아유
타국의 공주였던 허황후가 인도 월지국에서 배에 싣고 온 파사

석으로 만들었다고 전해진다. 그러나 실제 재질은 화강암인 데다 양식도 고려 초기의 탑파 양식을 띠고 있어 이러한 전설은 누군가 지어낸 설화로 여겨진다.

보리암에서 정상으로 가려면 목재 계단과 바위, 흙으로 된 구간이 이어지는 길을 따라 300m 정도 올라가야 한다. 금산은 해발 681m로 아주 높지는 않지만, 바다에서 바로 솟아올라 경사가 가파르기 때문에 다른 산과 비교하면 상당히 높아 보인다. 금산의 정상에는 큰 바위들이 서로 엉켜 기암절경을 연출한다. 대장봉, 형리암, 삼불암 등 특이하게 생긴 바위가 그곳을 한층 아름답게 만들고 있다. 금산에는 경관 요소가 아주 많다. 곳곳에 쌍홍문, 사선대, 음성굴, 상사암 등의 명소가 자리 잡고 있으며, 이와 함께 망대, 문장암, 대장봉, 형리암, 탑대, 천구암, 이태조기단(이씨기단), 가사굴, 삼불암, 천계암, 천마암, 만장대 등 아름다운 경승이 금산 38경을 이루고 있다.

남해 금산에는 과거 통신 수단이었던 봉수대도 설치되어 있다. 봉수대는 국가와 백성의 안전을 위한 매우 중요한 시설이다. 《세종실록지리지》, 《경상도지리지》, 《신증동국여지승람》 등에 따르면 금산봉화는 북쪽으로 진주의 대방산봉화, 서쪽으로 소흘산봉화와 연락했다고 한다. 돌을 쌓아 만든 이 봉수대는 금산의 주봉인 망대에 자리하고 있으며 높이가 4.5m, 둘레가 26m에 이른다.

금산은 화강암으로 된 커다란 바위가 산의 골격을 형성하고 있다. 그럼에도 흙이 풍부한 토산의 성격이 강하기 때문에 이곳에는 남해안에서 보기 드문 대규모 낙엽수 군락이 형성되어 있

다. 그 덕분에 가을 단풍철에는 원색으로 치장한 거대한 숲이 화강암의 기암괴석과 어울려 대단히 아름다운 풍광을 연출한다. 이렇듯 신비로운 비경을 간직한 금산에는 신라의 고승인 원효와 의상이 이곳에서 수도를 했다는 이야기가 전해진다. 또한 중국의 진시황이 불로초를 구하려고 보냈다는 서불의 이야기가 담긴 '서불과차徐市過此'의 전설도 전해 내려온다.

　이처럼 아름다운 금산의 절경은 많은 탐방객을 부르고 있다.

▲ **남해 전경**
금산 정상부에서 바라본
작은 섬들로 이루어진
다도해의 풍광이다.
문화재연구소 제공.

특히 정상이나 보리암에서 맞이하는 일출은 그야말로 장관을 이룬다. 사실 보리암은 금산의 높은 곳에 위치한 탓에 과거에는 오르기 쉽지 않았다. 그러나 요즈음에는 신전리 방향에서 복골 저수지를 지나 오르는 산길을 차도로 조성해 보리암 근처까지 차로 올라갈 수 있다. 금산은 사시사철 어느 때에 올라도 아름다운 경관을 보여주며 탐방객들을 반긴다. 가슴이 답답하거나 속세를 벗어나고자 할 때, 한 번쯤 올라가보면 어떨까. 바다와 어우러진 창송의 절경이 가슴속까지 시원하게 만들어 줄 것이다.

▶ **보리암과 기암**
금산의 수림 사이로
보리암 근처에 위치한
기암괴석이 보인다.

땅끝 삼황의 아름다움, 달마산 미황사

달마산에는 삼황三黃의 아름다움이 있다고 한다. 황의 아름다움, 곧 미황美黃이다. 삼황이란 불상과 바위, 그리고 석양빛을 말한다. 달마산에서는 이 세 가지가 조화를 이뤄 아름다움을 빚어낸다. 달마산은 해남의 땅끝에서 솟아올라 서남해에 맞닿은 산봉우리다. 석양의 저녁노을이 비치기 시작하면, 미황사의 대웅보전과 주변 전각은 황금빛으로 곱게 물든다. 또 미황사 뒤로 뽀족한 암석이 이어져 마치 공룡의 등줄기처럼 보이는 달마산 능선의 바위들도 저녁 햇살에 노란 황금색으로 변한다. 이처럼 달마산과 미황사 전각을 온통 주황의 물결로 뒤덮는 석양의 저녁놀은 그야말로 눈부신 황금색이다. 산 전체를 모두 황금으로 입혀놓은 달마산의 모습이 바로 삼황이다.

달마산은 백두대간에서 분지된 호남정맥의 한 가지가 서남해로 향하면서 두륜산을 지나 마지막으로 우뚝 솟은 산이다. 산역은 전라남도 해남군 현산면과 북평면, 송지면에 걸쳐 있다. 현산이 머리라면 북평은 등, 송지는 가슴에 해당하고, 산자락은 땅끝의 사자봉으로 이어진다. 해남의 땅끝으로 향하는 산줄기의 마지막 용틀임인 달마산은 바위가 아주 많다. 산줄기의 능선을 따라 줄지어 있는 암석단애(낭떠러지)는 달마산 북서쪽 바람재부터 달마산, 귀래봉(471m), 도솔봉(421m) 일대에 걸쳐 나타

나는데, 약 6~7km에 달한다.

달마산 정상의 암석단애를 구성하는 기반 지질은 변성퇴적암이다. 퇴적암이 지각 내부에서 다른 광물 조합이나 구조를 띤 암석으로 변해 형성된 것을 변성퇴적암이라 한다. 이러한 변성퇴적암이 기반암이 되어 암석단애를 이룬 곳은 우리나라의 지질에서 매우 드문 사례다. 따라서 이와 같은 암석단애 지형의 아름다움과 희소성은 이곳 지형 자원이 지닌 중요한 특성이라 할 수 있다. 달마산 능선부를 형성하는 변성퇴적암 계통의 규암질 암석단애는 풍화와 침식에 강해 급경사의 암봉을 이루는데, 마치 공룡의 등줄기를 방불케 할 정도로 신비스러운 바위산 경관을 나타낸다. 이러한 달마산의 암봉은 짙은 암색과 흰 빛을

띠고 있어 매우 수려하고 기묘한 풍광을 연출한다.

산세가 아름답기로 소문난 달마산은 천년 고찰 미황사를 품 안에 두고 있다. 미황사 뒤로 병풍처럼 둘러쳐진 바위산은 마치 미황사를 에워싸고 있는 듯한 느낌을 준다. 특히 미황사에서 바라보는 달마산 능선의 조망 경관은 대단히 빼어난데, 달마산의 아름다움을 가장 잘 감상할 수 있는 장소가 바로 미황사 앞마당 이다. 미황사는 경사가 완만한 달마산 서사면 중간에 대지를 조 성했기 때문에 사찰의 구역이 여러 단의 축대로 이루어져 있다. 따라서 다른 사찰과 달리 전면이 완전히 개방되어 시야가 시원 하게 열려 있다. 이렇게 앞이 열려 있는 것과는 반대로 미황사 는 절 뒤에 자리한 달마산에 온전히 기대어 있다.

미황사 뒤쪽으로 난 길을 따라 가파른 경사를 오르면, 달마산 정상에 다다른다. 이곳에서는 발아래로 미황사뿐만 아니라 남 해와 점점이 떠 있는 다도해의 풍광이 파노라마처럼 펼쳐진다. 특히 달마산 능선에서 바라보는 서해 낙조는 마치 숨이 멎을 듯 감탄을 자아낸다. 또 달마산 정상에 있는 봉수대의 높은 곳에서 는 저 멀리 노화도, 보길도, 추자도 등이 보여 땅끝 풍경의 백미 를 보여준다. 달마산 정상의 봉수대는 완도의 숙승봉과 북일 좌 일산에서 서로 봉화를 주고받던 곳이다. 이 봉수대는 현재 잔해 만이 있으며, 예전에 가뭄이 극심할 때면 이곳 달마산 산봉우리 에서 기우제를 지내기도 했다고 한다.

미황사는 과거 크고 작은 절집이 20여 동이나 있던 거찰巨刹 로서 역사가 깊은 곳이다. 우리나라의 모든 고을과 사찰이 초토 화된 임진왜란을 잘 견뎌냈지만 1597년(선조 30) 정유재란 때 사

▲ **달마산 정상**
돌부처들이 서 있는 듯한
달마산 정상과 그 너머로
멀리 남해가 펼쳐져 있다.
문화재연구소 제공.

찰의 일부가 소실되었으며, 그 후 여러 차례 중수를 거듭해왔다. 오랫동안 절집이 훼손된 채로 퇴락한 사찰의 모습을 띠던 이곳은 최근 많은 중창불사를 거쳐 지금은 사찰의 면모를 제대로 갖춘 가람이 되었다.

미황사는 대한불교 조계종 제22교구 본사인 대흥사의 말사다. 이곳에는 불교 전래에 관한 전설이 전해지고 있다. 신라 경덕왕 때, 인도의 우전국이라는 나라에서 온 배 한 척이 달마산 아래 포구에 도착했다. 불경과 불상을 실은 이 배는 금인金人이 노를 잡고 있었다. 금함金函 속에는 탱화를 비롯해 《화엄경華嚴經》과 《법화경法華經》이 들어 있었다. 그날 밤 의조화상의 꿈에 금인이 나타났는데 그는 자신이 인도의 국왕이라 말하며, 바로 이곳이 인연토因緣土라는 것을 알고 멈췄다고 했다. 그는 경전과 불상을 싣고 가다가 소가 멈추는 곳에 절을 짓고 모시면 국운과 함께 불교가 흥왕興旺할 것이라고 가르쳐주었다. 의조화상이 소가 멈춘 이곳에 불경과 불상을 봉안하기 위해 미황사를 지었다는 이야기다.

이러한 이야기는 한국 불교의 해로유입설을 입증하는 설화이자, 일찍이 바다를 이용해 많은 외국인이 이곳을 왕래했다는 것을 증명하는 단서다. 불교 유입에 관한 설화 이외에도 달마산 미황사에는 외국인이 종종 오고 간 사실이 전해진다. 13세기 후반에 중국 남송의 학자와 관리들이 내왕한 것으로 알려져 있다. 이처럼 미황사는 오랜 옛날부터 외국인이 많이 왕래하던 사찰로 국제 교류의 장이 된 곳이었다.

미황사에는 현재 대웅보전, 달마전, 응진당, 명부전, 세심당,

요사채 등의 당우堂宇가 들어서 있다. 또 석조, 당간지주, 부도군, 사적비 등의 문화재가 남아 있다. 이 중에서 응진당은 보물 제1183호로서 1754년 정면 3칸, 측면 2칸의 팔작지붕으로 지은 건물이다. 대웅전 역시 정면 3칸, 측면 3칸의 팔작지붕 건물로 보물 제947호로 지정되었다.

한반도의 지맥이 흘러 마지막으로 솟구쳤다가 서남해 바닷속으로 흘러들어 가는 땅끝에 위치한 달마산 미황사. 달마산 산세의 아름다움과 천년 고찰의 고즈넉한 풍광, 저녁놀에 비친 삼황의 미. 이 모두의 가치를 인정해 국가에서는 2009년 9월 달마산 미황사 일원을 명승 제59호로 지정했다. 낙하落霞의 풍광이 특히 아름다운 미황사 뒷산에는 '토말土末'이라고 표시한 비석이 서 있다. 달마산 미황사가 지닌 상징성의 으뜸은 무엇보다 토말, 즉 땅끝이라는 이미지일 것이다.

명승
제67호

청계천의 발원지, 백악산 일원

도성 북쪽에 있는데 평지에 우뚝 솟아났으며

그 아래 경복궁이 있다

한성을 에워싼 여러 산 중에

북쪽의 이 산이 가장 뛰어나니

조선 왕조 국초에 이 산으로 주산을 삼고

궁궐을 지어 왕도를 연 것이다

《한경지략漢京識略》에 나오는 백악산에 관한 설명이다. 백악산은 조선의 수도 한양의 주산이다. 백악(북악)은 북한산에서 흘러내린 산줄기가 크게 뭉쳐 오른 산으로, 한양의 현무玄武에 해당한다. 현무는 풍수 형국에서 주산 또는 진산이라 하여 지세를 판단하는 기점 중 하나다. 따라서 한양의 지세는 백악을 기준으로 풍수 형국이 이루어진다. 이 산으로부터 동쪽으로는 낙산 줄기가 뻗어 내리고, 서쪽으로는 인왕의 산줄기가 오른쪽 방향으로 한양의 터전을 감싸고 돌아 내려간다. 바로 한양의 좌청룡, 우백호를 이루는 산줄기다. 또 맞은편 남쪽으로는 목멱산(남산)이 백악을 마주하고 있는데, 이 산이 바로 한양의 주작朱雀으로 안산案山을 이룬다.

이처럼 일정한 터전의 둘레에 좌청룡(동청룡), 우백호(서백호), 전주작(남주작), 후현무(북현무)로 상징하는 산세를 갖췄을 때, 풍수지리에서는 이러한 지형을 사신사四神砂라고 한다. 사신사의 형태가 뚜렷할수록 그 터전은 좋은 땅이 된다. 한양의 지세는 명당의 형국이라 한다. 백악에서 시작된 산줄기는 둥그렇게 형성되어 그 안에 자리한 한양의 터전을 아늑한 장소로 만든다. 주산인 백악산 아래에는 혈처를 잡아 지은 조선의 정궁(법궁)인 경복궁이 자리 잡고 있다. 또 좌묘우사左廟右社의 원칙에 따라 경복궁을 중심으로 왼쪽에는 종묘, 오른쪽에는 사직을 두어 한양은 조선의 왕도로서 궁제宮制를 완성하고 있다. 이것이 바로 백악을 기준으로 명당 지세를 이뤘다는 한양의 풍수 형국이다.

백악산은 경복궁이나 광화문 방향에서 보면 그 모습이 아주 뚜렷하고 우뚝 솟아 있다. 청와대가 자리하고 있는 경복궁 뒤쪽으로 갈수록 그 모습은 더욱 위용을 뽐낸다. 경복궁의 배후에 자리한 배산背山으로서, 백악산은 조선의 수도 한양의 주산이라는 위상을 뚜렷이 보여주고 있다. 낙산과 인왕, 목멱의 지세를 굳이 거론하지 않더라도 궁궐의 뒤로 보이는 북악의 모습만 봐도 왜 한양을 조선의 수도로 삼고 경복궁을 이곳에 지었는지 충분히 이해할 수 있다.

백악산은 서울시 종로구와 성북구에 걸쳐 자리하고 있다. 목멱산을 한양의 남쪽에 있다고 해서 남산으로 바꿔 부르면서, 남산에 대칭해 북쪽에 자리한 백악산을 북악산으로 일컫기 시작했다. 다른 이름으로는 면악面岳 또는 공극산拱極山이라 부르기도 했다. 백악白岳이라는 이름은 《한경지략》에 "1395년(태조 4) 한성의 북악인 백악산신白岳山神을 진국백鎭國伯으로 삼아 국가에서 제사를 받들게 하니 그 사당을 백악신사라 하고, 이 신사가 있는 산을 백악이라 한 것에서 유래했다"고 적혀 있다. 또 백악의 위치와 형상에 대해서는 《신증동국여지승람》에서 "한성부 도성 안, 궁성 북쪽에 있다. 앞에는 남산이 뾰족하게 솟았고, 뒤에는 북악산이 높다"라고 언급하고 있어 그 모습을 짐작하게 한다.

백악산은 해발 342m로 그다지 높지 않다. 그러나 남쪽으로 형성된 사면이 매우 가파르기 때문에 경복궁 방향에서 보는 산의 모습은 매우 우뚝 솟은 느낌을 준다. 대부분 기반암이 화강암으로 조성되어 있으며, 그 모습이 남성적이면서도 매우 아름다워 수많은 시인과 화가의 시화 주제가 되었다. 특히 조선 후기 진경산수화의 대가인 겸재 정선은 실제 한양의 모습을 세밀하게 묘사한 《한양진경漢陽眞景》에서 백악산의 모습을 〈백악부아암도白岳負兒岩圖〉로 그려 전하고 있다.

주산인 백악(현무)을 중심으로 낙산(청룡), 인왕(백호), 목멱(주작)이 이루는 사신사는 안쪽에 형성된 사신이라 해서 내사산內四山이라 한다. 한양에는 이 내사산의 산등성이를 따라 성곽을 쌓아 만든 도성이 축조되었다. 조선이 개국된 후, 한양 천도를 위해 경복궁과 종묘, 그리고 사직을 건설한 태조는 1395년 수도 한양의 건설 책임자였던 정도전에게 도성을 축조하라고 명한다. 정도전은 성곽의 기점이 되는 백악으로부터 인왕, 목멱, 낙산을 연결하는 6만여 척의 도성을 축조하는데, 이 성은 일제강점기를 거쳐 현대에 이르기까지 크게 훼손되었다가 근래 들어 그 모습을 많이 되찾고 있다. 이러한 한양 도성(서울 성곽) 중 그나마

가장 잘 남아 있던 구간이 바로 북악산 지역이다.

백악산의 수림은 울창하다. 국가 지도자의 관저가 위치한 곳이니만큼 최근까지 일반인의 접근을 통제해온 까닭이다. 따라서 백악의 자연환경도 잘 보호되어왔지만, 산의 능선부에 위치한 성곽 또한 다른 지역의 한양 도성보다 비교적 원형이 잘 보존된 곳이다. 2012년에는 서울 성곽 복원 사업을 시행해 이 구간은 체성 위에 설치하는 여장女牆(적의 화살이나 총알로부터 몸을 보호하기 위해 낮게 쌓은 담장)의 모습도 모두 복원되었다. 백악산 지역의 서울 성곽에는 4대문 중 북대문인 숙정문이 산의 동쪽 능선에 위치하고, 4소문 중 북소문인 창의문이 서쪽 능선 안부에 자리하고 있다. 백악산과 이 지역의 서울 성곽을 중심으로 한 산림 지역은 현재 '서울 백악산 일원'이라는 이름으로 명승 제67호로 지정되었다.

▶ 〈백악부아암도〉
겸재 정선의 그림이다.
백악산 정상 부근에
자리한 바위 부아암은
아이를 업고 있는 듯한
모습이라 해서 붙여진
이름이다.

　백악산에서는 한양의 명당수인 청계천이 발원한다. 백악의
서쪽 자하문 고개에 위치한 약수터가 발원지라 하기도 하고, 산
의 동쪽에 자리한 촛대바위 부근을 발원지라 하기도 한다. 어느
곳이든 간에 청계천의 발원은 백악으로부터 이루어지는 것이
분명하다. 이처럼 청계천의 맑은 계류가 시작되는 백악산은 예
전에는 삶의 터전으로 각광받던 곳이다. 특히 조선시대 백악산
의 기슭에는 왕족과 사대부들이 많이 거주했으며, 수려한 골짜
기에 별서別墅를 짓기도 했다. 왕궁과 관청이 가까운 이유도 있
었지만, 사대부들이 백악산 기슭을 선호한 것은 특히 경치가
아름다웠기 때문이다. 많은 문사와 화백이 이 일대의 아름다운
경치를 다수의 시문과 그림으로 남긴 연유도 여기에 있다.

　현재 백악산의 남쪽 기슭에는 청와대가 자리하고 있다. 청와
대는 일제강점기에 조선 총독의 관저로 사용하던 곳이다. 일본

은 조선을 차지한 이후 조선의 왕도인 한양을 조직적으로 훼손했다. 경복궁의 수많은 전각을 훼손한 것은 물론 궁궐의 정문인 광화문과 흥례문을 모두 없애고 그 자리에 조선총독부(구 중앙청)를 지었으며, 경복궁 뒤쪽의 혈맥이 이루는 곳에 조선 총독의 관저를 건설한 것이다. 정부 수립 이후에는 관저가 경무대가 되었다가 오늘날 청와대로 바뀌었다. 이러한 역사적 사실로 볼 때, 청와대 터는 시작부터 대통령 관저로 바람직하지 않은 곳이라는 생각이 든다.

백악산 일원에 일반인의 출입을 금지한 것은 1968년 1월 21일 발생한 북한 공작원 침투 사건 때문이었다. 이때부터 이곳을 군사보호구역으로 지정해 시민들의 접근을 통제했는데, 2006년 4월 1일부터 다시 열려 백악산은 숙정문과 함께 삼청터널 북쪽 홍련사에서 도성을 따라 창의문까지 가는 성곽 길이 개방되었다. 이 길을 따라 백악산의 정상에 오르면, 현대 도시로 번창한 서울의 풍광 속에서 조선시대의 수도 한양이 정도한 모습을 찾아볼 수 있다. 서울 백악산 일원의 개방은 명승의 활용 방법과 관련해 중요한 방향을 제시하는 좋은 사례. 국가 유산으로 지정된 소중한 자원은 그대로 묻어두는 것만이 좋은 보존 방안이라고 할 수 없다. 국민이 우리 유산을 더 많이 이해하고 더욱 깊이 향유할 수 있도록 훼손을 최소화하며 이용을 활성화하는 것이 바람직한 국가 유산의 보전 방향이라 할 것이다.

종 모양의 화산체, 서귀포 산방산

한 사냥꾼이 한라산으로 사슴 사냥을 떠났다. 그런데 그날따라 한라산에 사슴이 한 마리도 보이지 않아 정상까지 오르게 되었다. 드디어 그곳에서 사슴 한 마리를 발견했다. 사냥꾼은 급한 마음에 활을 치켜들다가 그만 실수로 옥황상제의 엉덩이를 건드렸다. 화가 난 옥황상제는 한라산 봉우리를 뽑아 서쪽으로 던져버렸다. 이것이 날아가 바닷가에 박혔는데, 이것이 바로 산방산이다. 한라산 정상의 파인 자리는 백록담이 되었다.

산방산은 실제로 백록담 안에 쏙 들어앉을 수 있을 정도의 크기와 모양을 지니고 있다. 마치 한라산 꼭대기의 봉우리를 뽑아다 놓은 것 같은 모습이어서 사냥꾼과 옥황상제에 관련한 이 전설은 특히나 흥미롭다. 이러한 전설은 공교롭게도 백록담의 분화구와 산방산을 잘 맞춰볼 수 있을 것 같다는 상상에서 탄생한 것이라고 여겨진다. 그러나 지질의 생성 과정을 살펴보면, 이것은 전혀 순서가 맞지 않는 이야기다. 산방산은 제주도 초기의 화산활동으로 생긴 산이며, 한라산 백록담은 제주 화산체 형성의 마지막 단계에서 만들어졌기 때문이다.

　산방산은 제주 서남쪽 안덕면 사계리의 평지에 위치하고 있는 종 모양으로 된 화산체, 즉 종상화산이다. 한라산, 성산일출봉과 함께 제주의 3대 산으로 불리며, 구름이 산 주위를 감싸면 꼭 비가 내린다는 신비스러운 영산이기도 하다. 한라산과 성산 일출봉에는 커다란 분화구가 있는데, 유독 산방산에는 분화구가 없고 정상이 둥글게 구형을 이룬다. 이것은 화산활동이 진행될 때, 분출된 용암이 멀리 이동하지 못하고 화구를 채우거나 화구 안에서 그대로 굳었기 때문이다. 즉 분화구가 없는 것이 아니라 그대로 메워진 것이다. 산방산은 평지에서 높이 솟아올라 주변 어느 곳에서도 잘 보인다. 특히 남쪽의 바닷가 용머리 해안 방향에서 조망하는 모습이 매우 빼어나다.

　산방산의 '산방山房'이란 산속의 굴을 뜻한다. 산방산 남쪽 200m 정도 높이에 위치한 천연 굴에서 유래한 이름으로, 이 굴

▲ **주상절리**
바위기둥을 다발로
세워놓은 듯한 산방산
주상절리의 모습이다.

이 바로 산속에 위치한 방, 즉 산방이다. 산방산은 높이가 395m에 이른다. 그리 높지는 않지만, 바닷가 가까이 있고 평지에 솟아 있기 때문에 산 앞에서 바라보면 아주 높게 느껴진다.

산방산은 지름이 1,200m 정도며, 돔처럼 둥그렇게 생긴 산봉우리의 측면은 지형이 매우 가파르다. 수직으로 깎아지른 측면은 마치 바위기둥을 큰 다발로 묶어놓은 듯한 모습이다. 이러한 기둥 절벽은 '조면암주粗面巖柱'라는 주상절리柱狀節理(뜨거운 액체 용암이 식어 굳을 때 부피가 수축하면서 돌기둥을 나란히 세워놓은 모양으로 발달한 절리)로, 산방산의 수직면은 이러한 주상절리가 풍화되어 이룬 경관이다. 또 산방산의 200m 이상 되는 높은 지역에는 오랜 시간 풍화작용을 거쳐 형성된 '타포니'라는 둥그런 구멍이

나 있어 아주 신비스러운 모습을 나타낸다.

산방굴은 산방산 중턱에 자리 잡은 해식동굴이다. 바닷물의 침식을 거쳐 형성되었는데, 과거에 산방굴이 자리한 해발 150m 높이까지 해수면이 위치했다는 것을 의미한다. 산방굴은 산방산 앞 도로에 접하고 있는 주차장에서 산방사와 보문사 적멸보궁 사이로 난 길을 따라 15분 정도 계단을 오르면 도달한다. 굴은 높이 5m에 길이가 10m 정도 되는데, 이곳에는 부처를 모셔놓은 절이 있다. 이 절은 굴 안에 만들어놓은 절이라 해서 '산방굴사'라고 부른다. 산방굴사는 산방산의 수직 암벽 부분에 뚫려 있는 굴속에 자리해 매우 신비스러운 분위기를 자아낸다.

산방굴 내에는 아주 특별한 것이 하나 있다. 굴속 천장의 바위 틈에서 깨끗한 물이 계속 떨어지는데, 이 물은 아무리 갈수기라 해도 마르는 법이 없다. 1년 내내 떨어지는 이 물에는 특별한 전설이 깃들어 있다. 이 물은 안타깝게 죽은 여인 산방덕이 하염없이 흘리는 눈물이라고 한다. 탐욕스러운 고을 사또에게서 절개를 지키고자 산방산에 오른 산방덕이, 떠나온 인간 세상을 내려다보며 끊임없이 흘리는 눈물이 바로 이 굴의 천장에서 떨어지는 물방울이라는 전설이다. 억울하게 죽은 산방덕은 산방산의 암벽을 지키는 여신이 되어 지금도 변함없이 눈물을 흘리고 있다. 영험한 약수라는 이 물방울은 산방굴의 분위기를 한층 더 신성하게 만드는 정화수다.

산방굴 내에서는 굴 밖으로 아주 특별한 경관이 보인다. 이곳에서는 프레임을 둥그렇게 형성하는 굴의 입구를 통해 멀리 펼쳐지는 경관을 감상할 수 있다. 또 그 너머로는 저 멀리 대정읍의 너른 들판과 제주 남쪽의 푸른 바다가 파노라마처럼 전개되어 마치 한 폭의 그림 같은 경관을 연출한다. 이처럼 산방굴에서 내려다보는 제주 남부의 풍광은 매우 아름답다.

신비한 형상으로 해안에 솟아 있는 산방산은 표면이 거친 안산암으로 구성되어 있으며, 사방이 절벽을 이룬다. 웅장한 모습으로 자리한 산방산에는 바다에서 몰려온 구름이 산을 넘지 못하고 허리를 휘돌아가는 광경을 자주 볼 수 있다. 이러한 기후현상은 식생 구조에도 영향을 미쳐 바위 암벽에는 지네발란, 섬회양목 같은 소중한 식물 자원이 자라는 터전을 만들었으며, 산 정상에는 울창한 상록수림이 자라는 특이한 식물 군락을 형성하도록 했다.

이처럼 특이한 형태를 띤 산방산에는 수많은 옛 기록이 전해지고 있다. 《신증동국여지승람》에는 산방산山房山이라 적혀 있고, 《탐라지耽羅志》 대정조에는 산방이라는 표기와 함께 "한라산의 봉우리가 무너져 이곳에 우뚝 섰다"라고 기록하고 있다. 《조선강역총도朝鮮疆域摠圖》에도 산방산이라 수록하고 있으며, 오늘날 '산방굴이라 부르는 굴이 있는 바위'라는 의미로 굴암窟岩이란 표기도 있다. 《영주산대총도瀛洲山大總圖》에서는 산방이라 기재하고 독특한 산의 모습을 실제 지형대로 묘사하고 있으며, 《조선지형도朝鮮地形圖》에서도 산방산으로 수록하고 있다. 이와 같이 산방산은 특별한 형상을 지닌 지형지물인 데다 제주도의 상징적 표지로 여겨져 많은 고문헌과 고지도에 나타나고 있는 것이다.

제주도의 식물 자원과 지질·지형 자원은 내륙의 자원과는 아주 다르다. 따라서 이들은 일찍이 천연기념물로 다수가 지정되

▶ 산방산의 풍경
평지에 우뚝 솟은
산방산은 계절에 따라
다양한 자태를 보여준다.
서귀포시 제공.

었다. 산방산도 암벽 식물지대를 비롯해 희귀 식물인 지네발란, 섬회양목 등이 이미 오래전에 모두 천연기념물로 지정되어 가치를 인정받았다. 그러나 이러한 천연기념물 자원 이외에도 제주는 육지에서 볼 수 없는 수많은 경관 자원을 품고 있는 섬이다. 이러한 경승으로서의 자원 가치는 최근에서야 비로소 인식되기 시작했다. 서귀포의 정방폭포가 2008년 8월에 명승 제43호로 지정되면서 제주에서는 처음으로 국가 지정 명승이 탄생한 것이다.

산방산은 2011년 6월에야 비로소 그 빼어난 아름다움을 인정받아 명승 제77호로 지정되었다. 언뜻 보기만 해도 누구나 이해할 수 있는 산방산의 명승으로서의 가치가 이제야 제대로 평가된 것이다. 곳곳에 산수화를 연상케 하는 수려함이 산재해 있는 산방산. 이곳을 찾는 사람은 누구라도 그 빼어난 모습에 반하고 말 것이다. 종의 모습을 닮은 전경, 운무가 산허리를 두르고 있는 풍광, 따뜻한 봄날 유채꽃이 활짝 핀 절경, 주상절리대가 휘감은 모습은 산방산의 진정한 아름다움이다.

흰 사슴이 목놓아 우는 곳, 백록담

해발 1,950m, 이수里數로는 60리가 넘는 산. 꼭대기에 천고의 신
비를 감추고 있는 백록담. 푸르고 맑은 물을 고삐도 없이 유유
자적하는 목우牧牛들과 함께 마신다. (…) 산행 120리에 과도히
피로한 탓이나 아닐지 내려와서 하룻밤을 잘도 잤건마는 한낮
에 축항築港 부두로 돌아다닐 적에도 여태껏 풍란의 향기가 코
에 아른거리는 것이요. 고산식물 암고란巖高蘭 열매(시로미)의 달
고 신맛에 다시 입안에 침이 고인다.

_정지용, 《정지용전집》

해방 전 정지용이 한라산 백록담白鹿潭에 오른 후의 감상을 적은
글이다. 어린 시절 고향의 모습을 서정적으로 표현한 시 〈향수〉
로 유명한 정지용鄭芝溶(1902~1950). 1930년대 한국 현대시의 새
로운 시대를 개척한 선구자라는 평가를 받는 그는 1941년 시집
《백록담》을 발간한다. 산꼭대기에 가까울수록 키가 작아지는
뻐꾹채(국화과 식물)를 보고 그는 "산정에 가까울수록 뻐꾹채 꽃
키는 점점 작아진다. 한마루 오르면 허리가 쓰러지고, 다시 한
마루 위에서 모가지가 없어지고, 나중에는 얼굴만 갸웃 내다본
다"고 자신의 시 〈백록담〉에 한라산 정상의 모습을 표현했다.

한라산 백록담은 남한 지역에서 가장 높은 산봉우리다. 한겨

울에 쌓인 눈이 초여름까지 남아 있어 멀리서 바라보면 산꼭대기가 늘 하얀색을 띠고 있다. 이렇게 머리에 하얀 눈을 이고 있는 상봉의 모습을 보고 옛사람들은 '녹담만설鹿潭晚雪'이라 했다. 흰 눈으로 온통 뒤덮인 백록담의 한 점 티 없이 깨끗하고 순수한 순백의 풍광, 녹담만설은 제주의 아름다운 경승지를 일컫는 '영주십경'과 '영주십이경'의 하나로 꼽힌다.

한라산 정상의 산봉우리는 한가운데가 움푹 파여 호수가 형성되어 있다. 화산활동으로 만들어진 화구로 그 안에 빗물이 모여 호수를 이룬다. 조선 말의 문신 이원진李元鎭(1594~1665)은 자신이 저술한 《탐라지》에서 한라산을 두고 "물을 저장하는 그릇과 비슷해 부악이라고도 한다"라고 쓰고 있다. 부악은 솥처럼 생긴 산이라는 의미로 백록담의 분화구 형태를 나타내는 이름이다.

한편, 백록담이란 명칭은 흰 사슴白鹿이 이곳에서 떼를 지어 물을 마시며 놀았다는 데서 유래했다고 한다. 흰 사슴과 관련한 백록담의 전설은 이러하다. 하늘의 선녀들은 여름철 복날이 되면 한라산 정상에 있는 호수에 내려와 목욕을 했다. 어느 날 방선문(명승 제92호)에 와서 놀던 산신령이 그 광경을 몰래 훔쳐보았다. 이를 안 선녀들이 옥황상제께 그 사실을 이야기하자, 상제는 산신령을 흰 사슴으로 만들어버렸다. 그 후로 매년 복날이면 흰 사슴이 이곳에 나타나 슬피 운다고 해서 호수의 이름을 백록담이라 했다고 전해진다. 흰 사슴은 매우 희귀한 동물이니만큼 심성이 어질고 착한 사람에게만 보이는 영물이라고 한다.

제주도는 약 200만 년 전부터 여러 번의 용암 분출로 형성되

▶ **백록담 원경**

한라산 정상부에 형성된
백록담과 주변 지형을
하늘에서 내려다본
풍경이다. 서귀포시 제공.

었다. 처음에는 해수면 아래의 기저부를 이루는 분출이 있었으며, 그다음 용암 대지를 형성한 분출이 일어났고, 이후 중앙 부분이 분화되어 한라산의 순상 화산체가 생겨났으며, 마지막으로 제주도 전역의 소형 화산체를 형성하는 분출이 있었다고 한다. 이렇게 섬의 모습을 갖춘 후, 약 16만 년 전 한라산 정상에서 조면암이 분출되면서 용암원정구lava dome가 만들어졌고, 2만 5,000년 전에는 용암원정구의 동쪽 사면에서 다시 현무암이 분출되면서 정상에 백록담 분화구가 형성된 것이다. 그 결과 한라산 정상부는 조면암으로 구성된 서쪽 사면이 급경사면을, 현무암으로 이루어진 동쪽 사면은 완경사면을 형성하게 되었다.

백록담은 대표적인 '화구호火口湖'다. 화구호는 화산의 일반적인 분화구에 물이 괴어 호수를 만든 것으로, 지름 1km 이하의 작은 호수를 말한다. 이에 비해 칼데라호는 보통 지름이 3km 이상 되는 호수로, 화산 분출이 강하게 일어나서 꼭대기가 폭발로 없어지거나 꺼져서 생긴 호수를 가리킨다. '칼데라'는 냄비를 의미하며, 백두산 천지가 우리나라에서 유일한 칼데라호다. 한라산 백록담은 백두산 천지와 달리 1년 내내 물이 고여 있지 않고 자주 말라 바닥을 드러낸다. 화구의 규모가 작아 수심이 깊지 않고 위도상 낮게 위치하고 있어서 기온이 높고 증발량이 많기 때문이다. 하지만 태풍으로 비가 많이 올 때는 백록담 분화구에 물이 가득 차 장관을 이루기도 한다.

한라산은 예로부터 부악釜嶽, 원산圓山, 진산鎭山, 선산仙山, 두무악頭無嶽, 영주산瀛洲山, 부라산浮羅山, 혈망봉穴望峰 등 다양한 이름으로 불렸다. 한라산의 '한漢'은 은하수를 뜻하며 '라拏'는 붙잡을 나 혹은 맞당길 나 자로, 풀이하면 산이 매우 높아 산정에 서면 은하수를 잡아당길 수 있다는 뜻이다. 한라산의 정상에 오르면 우리나라에서는 매우 보기 힘든 노인성을 볼 수 있는데, 이 별을 본 사람은 장수한다는 전설이 있어 이를 보러 한라산에 오르기도 했다고 한다. 또 한라산은 신령스러운 산으로 과거 조정에서는 해마다 한라산의 정상에서 국태민안을 비는 산제山祭를 지내기도 했다. 1469년(예종 1)에는 이약동李約東 제주목사가 지금의 산천단에 산신묘를 세우고 산제를 지내도록 했는데, 그 석단이 지금까지 남아 있다.

한라산은 2,000m 가까이 되는 높은 산이기 때문에 고도와 경사에 따라 매우 다양한 면모를 나타낸다. 한라산의 사면은 크게 네 부분으로 구분된다. 해발고도로 볼 때 200m 이하는 해안 저지대며 경사도가 4도 이하로 매우 완만하다. 200~600m 지역은 경사도 4~10도의 중산간 지대로, 이곳까지는 사람들이 살고 있다. 600~1,200m에 이르는 지대는 경사가 10~20도로 다소 가파른 지형을 형성한다. 1,200m 이상은 정상부의 고산지대로 대부분 경사도가 20도 이상 되는 급경사지를 이룬다.

한라산은 높이와 경사에 따라 식물 또한 다양한 구조를 나타낸다. 난대림에서 온대림, 한대림에 이르기까지 매우 복잡한 식물상을 지닌 자연 생태의 보고다. 300여 종의 특산 식물과 희귀 식물을 포함해 1,800여 종에 달하는 육상식물이 한라산의 높이에 따라 다양하게 분포한다. 특히 287종으로 알려진 수목 중에서 31%(89종)나 되는 수종이 상록수인데 남한 지역에서 상록수의 비율이 가장 높은 곳이다. 상록수는 대부분 해안에 가까운 계곡과 평지, 산기슭에서 자생한다.

한라산의 중간 지대는 온대림 지역으로 서어나무, 졸참나무, 단풍나무, 산벚나무처럼 한반도 육지에서나 볼 수 있는 식물이 자란다. 1,200m 이상 고지대에 이르면 철쭉류를 비롯한 고산식물과 큰 나무가 자라지 않는 고원지대가 형성되어 있다. 식생 환경이 우수한 한라산에는 서식하는 동물도 매우 다양하다. 맹수는 존재하지 않지만 큰 동물로는 사슴이 가장 많으며 곤충류, 양서류, 파충류, 조류, 포유류 등 다수의 동물 종이 서식하는 건강한 자연환경을 유지하고 있다.

제주는 육지와 매우 다른 풍광을 지닌 섬이다. 중앙에 우뚝 솟은 한라산은 육지의 어느 산과도 비교할 수 없는 색다른 모습을 보여준다. 따라서 제주는 예로부터 우리 국민 모두에게 특별한 의미로 각인되어왔다. 고전문학을 비롯해 그림, 기록 등에서 한라산은 매우 인상 깊게 묘사되곤 했다. 조선 중기의 문신 김상헌金尙憲(1570~1652)은 《남사록南槎錄》에서 "금강산과 묘향산은 이름만 높을 뿐, 한라산의 기이함과 수려함은 따라오지 못하리라"고 기록해 한라산이 빼어난 명산이라는 점을 강조했다. 또흰 사슴에 관한 글도 적혀 있다. "한라산에는 곰, 호랑이, 이리 같은 짐승은 없고 소나 말이 잘 자라며, 사슴이 놀라울 정도로 번식하고 있다"는 것이다. 요즘에도 백록담에 오르면 사슴을 자주 볼 수 있다. 최근 들어 한라산에 사슴이 지나치게 많아져 농작물을 훼손하는 등 문제를 일으킨다고 한다. 한라산에는 백록담 명칭의 기원이 된 사슴이 예나 지금이나 많기는 한 모양이다.

진달래와 철쭉이 화원을 이루는,
선작지왓

한라산을 오르는 길은 여러 가지다. 제주시 방향의 관음사에서 남쪽으로 난 등산로를 따라 오르는 코스를 비롯해 동쪽 능선에서 시작하는 성판악 코스, 남쪽의 서귀포 방향에서 북쪽으로 난 등산로를 따라 오르는 돈내코 코스, 그리고 서북쪽 방향으로 난 어리목 코스와 남서쪽 가장 높은 곳에서 시작하는 영실 코스 등 다양하다. 한라산을 오르는 길은 모두 그 나름대로의 아름다움을 지니고 있지만, 그중에서도 영실에서 오르는 등산로는 한라산의 특별하고 신비스러운 모습을 가장 잘 보여주는 코스다.

영실 코스는 해발 1,280m라고 쓰인 표석이 있는 영실휴게소의 광장에서 등산로가 시작된다. 영실계곡을 흐르는 도순천을 건너 가파른 산길을 오르면 오른쪽으로 깎아지른 절벽이 낭떠러지를 이루는데, 그 모습이 마치 병풍처럼 둘러져 있다고 해서 병풍바위라 부르는 영실기암이다. 영실기암은 한라산의 풍광 중에서도 특히 아름다워 '영주십경'의 하나로 꼽히는 절경이다. 날이 맑거나 흐리거나, 눈이 오거나 비가 오거나 상관없이 사시사철 영실의 풍광은 비경을 이루지 않는 때가 없다. 이토록 아름다운 영실의 암벽 위로 난 등산로에 오르면 늘 푸른 상록수인 구상나무 숲을 마주하게 된다. 나지막한 키의 구상나무 숲을 지나면 파노라마처럼 시원하게 펼쳐지는 평원지대가 나타난다. 이곳이 바로 한라산의 고산 평원, 선작지왓이다.

선작지왓은 육지 사람들은 쉽게 이해하기 어려운 제주 고유의 방언이다. '작지'란 작은 바위를 뜻하고, '왓'은 벌판을 의미한다. 따라서 선작지왓은 '바위들이 서 있는 널따란 벌판'이라는 뜻이다. 바윗돌이 널려 있는 선작지왓은 국내에서 흔하지 않은 높은 지대에 위치한다. 동쪽의 방애오름부터 서쪽의 영실기암 능선에 이르기까지 1,600m에서 1,700m 고도로 넓게 펼쳐져 있다. 완만한 경사로 이어지는 선작지왓은 벌판 저 끝으로 백록담 산봉우리의 서북 벽이 우뚝 솟아 있고, 왼쪽으로는 큰 오름, 중간 오름, 작은 오름 이 세 개의 오름을 의미하는 윗세오름이 나란히 자리하고 있다.

영실 코스의 등산로는 선작지왓의 서쪽 가장자리로 이어져 윗세오름 대피소로 연결된다. 이 길에서는 계속해서 왼쪽으로 평원지대가 조망된다. 대피소에 가까워지면 이 고산의 평원지대도 거의 끝나는데, 이곳에는 해발 1,670m로 남한 지역에서 가장 높은 곳에 있다는 노루샘이 자리해 있다. 노루샘에서 흘러내리는 맑은 물은 선작지왓의 넓은 벌판을 적셔 많은 생명을 자라게 한다.

선작지왓은 고원지대가 지닌 특징을 아주 잘 보여준다. 높은 산의 낮은 지역에는 키가 큰 나무들이 자라기 때문에 크고 울창한 숲이 형성된다. 그러나 고도가 높아지면 숲은 차츰 키가 작은 나무로 바뀐다. 선작지왓은 키 작은 나무를 대표하는 진달래와 철쭉으로 뒤덮인 고원이다. 온대 지방에서 자라는 대표 관목

▶ **선작지왓**
불꽃이 타오르듯 붉은색
철쭉이 만발한 선작지왓의
풍광이다. 서귀포시 제공.

인 진달래와 철쭉이 피는 봄철의 선작지왓은 온 벌판이 붉은 꽃으로 만발한 풍광을 보여준다.

눈이 덮이거나 녹음으로 가득 찬 선작지왓의 모습도 아름답지만, 빨간 꽃으로 치장한 풍광에는 비길 수는 없다. 5월 초순에서 중순까지 선작지왓은 첫 번째 꽃의 향연장이 된다. 이때 피는 꽃은 진달래다. 진달래 중에서도 선작지왓의 진달래는 바닷가와 높은 산에서 흔히 자라는 털진달래라고 한다. 진달래는 대부분 꽃이 먼저 피고 잎이 나중에 돋아나기 때문에 꽃이 지고 나면 선작지왓의 벌판은 신록으로 우거진다.

진달래가 한바탕 잔치를 베풀고 난 후 그 향기가 시들해질 때쯤 다시 이 벌판에 새로운 주인이 등장한다. 5월 하순에서 6월 중순까지 선작지왓은 철쭉의 바다가 된다. 붉은색으로 짙게 피어나는 철쭉은 산철쭉으로, 선작지왓의 너른 벌판에 마치 불을 지른 듯이 활활 타오르는 장관을 연출한다. 산철쭉이 만발한 선작지왓은 1년 중에서 가장 화려하고 아름다운 모습이라 할 수 있다. 분홍빛 진달래가 마치 어린 새색시처럼 청아하고 순박한 아름다움을 나타낸다면, 붉은빛 철쭉은 곱디고운 화장으로 세련되고 농익은 여인의 아름다움을 지녔다고 해도 좋을 것이다. 그러나 순수한 빛을 지닌 진달래는 참꽃이라 하여 떡도 하고 화전도 붙이고 한라산의 노루도 즐겨 먹지만, 짙고 화려한 철쭉은 독성을 지녀 먹을 수 없다. 철쭉이 만개하는 5월 말, 한라산에서는 철쭉제가 열린다. 선작지왓을 온통 붉은빛 바다로 만드는 철쭉은 늦은 봄의 대미를 장식하는 꽃 잔치의 주인이다. 선작지왓에 만개한 철쭉은 꽃 사진을 찍으려는 사진가들에게 최고의 풍광이라는 찬사를 받고 있다.

한라산은 별칭이 아주 많다. 영주산, 두무악, 진산, 단산丹山 등 10여 개에 이른다. 이 중에서 단산은 철쭉으로 만개한 한라산을 이르는 명칭이다. 만개한 철쭉의 아름다움은 한라산을 대표하는 명칭이 되기도 한 풍광이다. 털진달래와 산철쭉이 산상의 화원을 이루는 한라산 선작지왓은 경이로운 장관을 연출하는 비경이라 하여 2012년 12월 명승 제91호로 지정되었다.

선작지왓은 꽃으로 온 벌판이 뒤덮인 봄의 풍광이 가장 압권이다. 하지만 한겨울 눈 덮인 고원에 펼쳐지는 순백의 풍광 또한 대단히 아름답다. 특히 잔설이 있는 한라산 산봉우리를 배경으로 선작지왓에 진달래가 피어오르는 모습은 정말 신비롭다. 영실기암의 가파른 등산로를 힘겹게 오른 후, 바라보는 너른 고원의 탁 트인 풍경, 철마다 다른 파노라마적인 선작지왓의 전망은 언제나 답답한 가슴을 시원하게 만드는 한라산 경승 중의 경승이다.

장엄한 설악의 큰 바위, 울산바위

설악산 가는 길에 개골산에서 오는 중을 만나
중에게 묻는 말이, 풍악산의 경치가 어떻던가
요즈음 계속하여 서리가 치니 때가 알맞다고 하더라

_조명리, 〈설악산 가는 길에〉

조선 후기의 문신 조명리趙明履(1697~1756)는 설악산을 지나며 단풍이 든 금강산의 풍광이 어떠한지를 스님에게 묻고 있다. 서로 지척에 있는 설악과 금강은 늘 비교되는 산이다. 설악이 금강의 명성에 가려졌다고 하지만, 설악을 찾은 많은 이들은 금강보다 설악의 풍광을 더 높게 평가하기도 했다. 설악은 명악名岳, 영악靈嶽, 선경仙境, 화경畵境으로 비유된다. 금강산과 설악산 그리고 오대산은 예로부터 삼형제로 불렸다. 금강산과 설악산은 골격은 비슷하지만 깊은 산의 정취는 세 산 중에 설악이 으뜸이라 말하기도 한다.

육당 최남선崔南善은 "설악산은 절세미인이 그윽한 골짜기 속에 있으되 고운 자태는 물속의 고기를 놀라게 하고 맑은 소리는 하늘의 구름을 멈추게 하는 듯해, 참으로 산수 풍경의 지극한 취미를 사랑하는 사람이라면 금강보다도 설악에서 그 구하는 바를 만족할 수 있을 것이다"라고 설악을 칭송했다. 또 설악의 아름다운 풍광을 이렇게 비교하기도 했다. "금강산은 수려하지만 웅장하지 않고, 지리산은 웅장하지만 수려하지 못하다. 그러나 설악산은 수려하면서도 웅장하다." 백두대간 중추에 위치한 삼형제 산 중에서 설악은 이렇게 높이 평가받고 있다. 그러나 대체로 설악산은 금강산의 명성에 가려졌다고 표현하는 것이 옳을 듯하다.

설악은 '옷을 입은 금강'이라 한다. 바위로 된 몸체를 드러낸 금강에 비해 조금 더 긴 옷으로 치장한 산이라는 뜻이다. 이는 설악산보다 금강산의 암봉이 더 많은 바위로 구성되어 있다는 의미다. 1만 2,000봉이라는 금강산의 암봉을 이야기할 때 항상 회자되는 설악산의 바위가 있다. 바로 울산바위다. 울산바위에는 재미있는 전설이 전해진다. 울산바위는 원래 울산에 있는 바위였다. 조물주가 금강산에 1만 2,000봉을 만들기 위해 전국에 방을 붙였는데, 이를 보고 울산에 있던 이 바위도 금강산을 향해 출발했다. 금강산으로 가는 도중에 너무 힘이 들어 잠깐 설악산에서 쉬고 있는데 이미 금강산은 1만 2,000봉으로 가득 찼다는 소식이 들렸다. 설악산도 금강산 못지않게 아름다운 곳이어서 그냥 설악산에 자리를 잡았는데, 이 바위가 바로 울산에서 온 바위라서 그 이름을 울산바위라 부르게 되었다는 희화적인 이야기다. 울산바위라는 명칭 때문에 생긴 이야기라고 생각되지만 이제는 남과 북으로 분단되어 설악산과 금강산은 쉽게 왕래할 수 없는 산하가 되었으니, 아무리 울산바위가 금강산으로 다시 가려고 해도 함부로 갈 수 없는 상황이 되었다.

속초에서 인제로 넘어가는 고갯길인 미시령은 내륙을 연결하는 가장 가까운 길이다. 2006년부터는 터널이 뚫리면서 많은 차량이 통행하는 길이 되었다. 미시령 고갯길에서 또는 미시령 터널로 진입하는 길목에서 남쪽의 설악을 보면, 눈앞에 펼쳐지는 장엄하기 그지없는 풍광에 감탄이 절로 나온다. 능선을 따라 마치 병풍처럼 길게 솟아 있는 거대한 바위가 기이한 형상으로 주변의 산림을 배경 삼아 우뚝 서서 그 위용을 뽐내고 있기 때문이다. 이 바위가 바로 울산바위다. 미시령터널 진입로에서 보는 울산바위의 모습이 더할 수 없이 장엄하고 수려해서 지금은 이 도로변에 울산바위를 촬영할 수 있는 포토존을 조성해놓았다. 이곳에서 바라보면 울산바위는 계절에 따라 눈 덮인 설경으로, 빨갛게 물든 가을 단풍의 풍경으로, 짙푸른 녹음으로 우거진 여름 풍광으로, 날씨와 시간에 따라 운무에 휩싸인 거대한 암산으로, 찬란한 아침 햇살을 받은 휘황한 바위의 풍광으로 수려함을 뽐내고 있다.

울산바위에 오르려면 외설악의 등산로를 이용해야 한다. 이 길은 일반인들이 가는 탐방길 중에서는 비교적 힘들고 시간이 많이 소요되지만 가장 잘 알려진 코스다. 울산바위 탐방로는 설악동 매표소를 지나 신흥사神興寺로 향하는 길에서 시작된다. 많은 건물과 시설이 조성된 소공원 지역을 통과해 신흥사를 지나면 비로소 설악의 자연을 만날 수 있다.

여기서부터는 곧게 뻗은 소나무, 넓은 갈잎을 달고 있는 참나무와 빛깔 고운 단풍나무들이 우거진 숲 속 길이 계속 이어진다. 봄에는 진달래와 철쭉이 만발하고, 여름에는 푸른 숲이 시원한 모습으로 펼쳐지고, 가을에는 빨간 단풍이 온 산을 화사하

게 단장하고, 겨울에는 눈부시게 하얀 눈으로 온통 뒤덮이는 숲
길이다. 이 숲길을 따라 한 시간 정도 올라가면 바위에 세운 암
자인 계조암繼祖庵에 다다른다. 그 유명한 흔들바위가 있는 곳이
기도 하다. 계조암을 지나면 경사는 더욱 가팔라진다. 가쁜 숨
을 참으며 잠시 올라가면 바위 틈으로 설치해놓은 철제 계단을
만나는데, 이 계단을 오르면 비로소 울산바위의 정상에 이르게
된다.

울산바위의 정상은 또 다른 감상을 불러오는 곳이다. 높은 바
위의 정상에서 일망무제로 내려다보는 속초의 풍경은 파노라마
처럼 한 폭의 그림을 만들어낸다. 울산바위는 대단히 우수한 조
망 지점이다. 여기서 바라보는 조망 대상은 한결같이 빼어나며,

▲ 울산바위 설경
미시령 방향에서 바라본
울산바위의 빼어난 풍경.
국립공원관리공단 제공.

바위 아래로 펼쳐지는 풍광은 정말 아름다운 경관을 형성한다. 울산바위 정상에서는 설악산 기암괴석의 풍경은 물론 멀리 대청봉도 볼 수 있으며, 외설악의 전경도 한눈에 들어온다. 또 동쪽으로 내려다보면 속초 시내의 모습과 멀리 동해의 푸른 물결까지 끝없이 펼쳐진다.

남한 지역에서 가장 멋진 바위가 울산바위라고 한다. 울타리처럼 생긴 바위라는 데서 그 이름이 유래했다고도 한다. 미시령을 오르며 바라보면 이 바위는 속초시를 병풍처럼 감싸고 있는 능선에 길게 울타리 모양을 하고 있다. 마치 산 위에 성벽을 쌓아 요새를 구축한 것 같은 느낌이 들기도 한다. 길게 쌓은 성벽,

즉 울타리 바위라는 의미의 이름이 바로 울산바위의 연원이라는 주장도 그런 이유에서 나온 것이다. 또 울산바위의 이름에는 이러한 주장도 있다. 울산바위가 자리하고 있는 산은 비가 올 때 천둥이 치면 하늘이 울린다고 해서 이 산을 천후산天吼山이라고 했다. 이러한 울산바위의 모습은 천후지동天候地動이라 해서 설악팔기 중 하나로 꼽고 있다. 여름철 폭우 속에 뇌성이 일어나고 번갯불이 번쩍거리며, 하늘이 온통 찢어질 듯 울부짖고 지축이 흔들리는 울림이 있는 기이한 울산바위의 모습을 나타내는 문구이다. 바위의 크기가 장엄할 정도로 크듯이 큰 바위에 부딪혀 일어나는 울음소리도 그만큼 거대한 굉음을 만들어내는 것 같다. 아마도 울산바위의 이름은 울음을 우는 바위에서 유래한 것이 더 이유 있는 설명인 듯하다.

울산바위는 속초에 가면 언제나 볼 수 있는 아름다운 설악의 대표 경관이다. 누구나 한눈에 보아도 명승이라 하지 않을 수 없는 울산바위의 모습을 볼 때마다, 이렇게 아름다운 경승이 천연보호구역 안에 있다는 이유로 명승으로 지정되지 못한 것이 항상 안타까웠다. 이제 울산바위는 명승 제100호로 지정되었다. 울산바위를 찾는 탐방객은 국가 지정 명승에서 기념사진을 찍을 수 있게 되었다. 울산바위가 명승으로서의 가치를 비로소 인정받은 것이다. 속초를 병풍처럼 감싼 빼어난 비경의 울산바위. 수많은 시간을 견뎌낸 장엄한 대자연의 신비를 이곳을 오르며 오롯이 느낄 수 있을 것이다.

날카롭게 선 공룡의 등줄기,
용아장성과 공룡능선

명승
제102호
제103호

▶ **용아장성**
석양으로 붉게 물든
용아장성에 구름바다가
펼쳐진 아름다운
풍경이다. 인제군 제공.

창파를 잡아 다려 발밑에 깔고
내로라 빼어 오른 설악산 청봉
매월이 놀던 데가 어디메던고

노산 이은상李殷相의 시집 《조국강산》에 실린 설악산에 대한 묘
사다. 동해의 푸른 파도를 발아래 두고 기암괴석으로 솟아오른
설악의 장엄한 자태, 그 비경에 일찍이 심취한 매월당 김시습
金時習(1435~1493)의 설악 풍류를 통해 노산은 아름다운 설악의
선경을 이렇게 그리고 있다. 이처럼 빼어난 풍광을 자랑하는 설
악은 사시사철 신비스러운 경관을 연출한다. 신비의 설악, 그중
에서도 산봉우리의 정상에서 발아래로 굽어보는 운해雲海가 드
리운 모습은 비경 중의 비경이다.

　구름바다는 참 아름답다. 비쭉비쭉 연이어 솟아오른 공룡의
등줄기 같은, 날카롭게 줄지어 선 공룡의 이빨 같은 험준한 바
위들이 날을 세운 산 능선 아래에 구름바다가 넘실댄다. 운해가
자욱하게 깔려 빚어내는 이 비경은 설악의 정상에서 볼 수 있는
신비의 풍광이다. 세상에 신선이 존재한다면 아마도 그는 분명
설악에서 살 것이다. 강인하고 웅장한 산줄기, 설악의 공룡능선
과 용아장성에는 이렇듯 신비스러운 운해의 비경이 장엄한 모

▼ 공룡능선
암봉 아래에 깔린 운해가
공룡능선의 경관을 한층
신비롭게 만든다.
국립공원관리공단 제공.

습으로 펼쳐진다. 이처럼 설악의 능선을 감싸고 골짜기를 가득 메운 구름바다의 풍경을 운악무해雲嶽霧海라 하여 설악팔경의 하나로 꼽는다. 공룡능선이나 용아장성 같은 산봉우리가 구름에 덮이고 안개에 차인 비경을 일컫는 말이다.

설악의 너른 품안에는 수없이 많은 경승이 자리하고 있다. 그중에서도 최고의 비경을 꼽으라면, 아마도 설악을 조금이라도 알고 있는 사람은 주저 없이 공룡능선과 용아장성을 들 것이다. 공룡능선은 능선을 따라 솟아오른 바위가 마치 공룡의 등줄기 같다고 해서 붙은 이름이다. 백두대간의 설악산 산역을 지나는 내설악과 외설악을 가르는 주 능선에 위치해 있다. 이곳에서는 바로 아래 남쪽을 파고든 가야동계곡과 계곡 너머로 흘러내린 용아장성이 한눈에 보이고 외설악의 천불동계곡부터 멀리 동해의 푸른 바다까지 조망할 수 있는, 설악산 최고의 전망 장소기도 하다.

용아장성은 뾰족하게 솟아오른 암봉들이 공룡의 이빨처럼 줄지어 솟아 마치 긴 성곽 같은 모습을 하고 있다고 해서 붙은 이름이다. 이곳의 풍경은 내설악에서 가장 아름답기로 손꼽힌다. 내설악 계곡의 본류를 이루는 수렴동계곡은 영시암을 거슬러 오르며 두 개의 계곡으로 갈라지는데, 북쪽으로 이어지는 계곡이 가야동계곡이며, 남쪽으로 난 계곡이 구곡담계곡이다. 용아장성은 가야동계곡과 구곡담계곡 사이로 뻗어 내린 능선을 일컫는다. 산줄기를 기준으로 보면 설악의 주봉인 대청봉에서 북쪽으로 이어지는 서북주릉의 능선상에 공룡능선이 자리해 있으며, 용아장성은 그 아래 소청봉에서 갈라져 서북 방향으로 연결되는 능선에 위치한다. 용아장성 길은 칼날 같은 바위로 이어져 있어 암벽을 위주로 산을 타야 하는 리지(암릉) 등반 코스다.

용아장성은 814m 높이의 옥녀봉부터 1,200m 고지에 위치한 사리탑까지 이어지는데, 이곳을 지나면 설악산의 산역에서 가장 높은 곳에 자리한 봉정암鳳頂庵에 이르게 된다. 뾰족한 입석이 바위 병풍을 두르고 있는 높은 곳에 자리를 잡아 용아장성 같은 험한 설악의 산릉과 기묘하게 어울리는 절집이다. 이곳은 부처님의 뇌사리를 봉안하고 있어 설악의 성지를 순례하고자 하는 불자들이 즐겨 찾으며, 용아장성을 산행하는 등산객이 머물다 가기도 한다.

공룡능선은 마등령에서 시작된다. 해발 1,220m의 마등령은 백두대간의 중추를 이루고 있는 고갯마루다. 마등령의 정상에는 두 갈래 길이 있는데, 서쪽 방향으로 가면 오세암을 지나 백담사로 이어지고, 남쪽으로 가면 공룡능선으로 연결된다. 이 분기점에서 남쪽으로 난 산길을 오르면 아라한(여래가 되기 바로 전 경지에 오른 성자)의 모습 같다는 나한봉(1,298m)에 이른다. 나한봉을 지나 1.5km 정도 가면 천화대로 이어지며, 이곳에서 다시 1.5km 정도 더 산행을 하면 신선대에 다다른다. 공룡능선은 영동 지방과 영서 지방을 가르는 분수령으로 운무가 자주 끼고 기상 변화가 매우 심한 곳이다. 길 또한 가파르고 평탄한 곳이 없어 등산하기가 힘들며, 안전사고도 자주 발생한다.

용아장성과 공룡능선은 험준한 설악산의 산릉을 대표하는 곳이다. 산의 능선이 험하다는 말은 그만큼 골짜기가 깊다는 것을 의미한다. 산줄기가 가파르게 솟아 있고 골짜기의 깊이가 깊고 너른 설악의 험준한 산역은 희귀한 동물을 비롯해 다양한 식물이 그 품 안에 깃들어 있다. 예전의 설악산은 호랑이, 곰, 사향노루, 늑대, 여우, 표범 같은 희귀한 야생동물이 많이 서식하던 곳이다. 지금은 대부분이 멸종되었지만 아직도 깊고 험한 지역에는 산양을 비롯해 숲 속을 날아다니는 하늘다람쥐 같은 멸종위기에 처한 희귀 동물이 서식하고 있다. 물론 이러한 희귀 동물을 직접 만나기는 어렵다. 사람이 다니지 않고 자연 그대로 보존되어 있는 설악의 깊은 산골짜기에 주로 살기 때문이다. 그러나 최근 설악을 찾는 등산객이 지나치게 많아지면서 이러한 야생동물이 편히 살 수 있는 환경은 점점 사라져가는 상황이다.

설악산에는 고산에서만 서식하는 고산식물을 비롯해 희귀한 야생초화 또한 많이 자라고 있다. 금강초롱, 금낭화 등 이름이 예쁜 산야초를 비롯해 솜다리도 암벽지대에서 많이 볼 수 있는 귀한 식물이다. 솜다리는 알프스 고산지대의 풍광이 아름답게 펼쳐지는 영화 〈사운드 오브 뮤직〉의 영화음악으로 유명한 에델바이스라는 이름으로 더 잘 알려진 야생화다. 노란 꽃이 한여름에 피는 작은 식물인 솜다리는 바위가 많은 고산지대에서 잘 자라는 다년생 초본인데, 잎의 뒷면에 흰색 솜털이 나 있다고 해서 붙은 이름이다. 솜다리는 과거에 케이블카가 올라가는 권금성 바위 주변에서 많이 자랐지만 이곳을 찾는 사람들이 많아지면서 오랫동안 이어진 지형의 침식과 함께 현재는 거의 찾아볼 수 없게 되었다. 2013년 10월경 배양한 개체를 다시 옮겨 심는 복원 사업을 대대적으로 시행하기도 했다.

최근 많은 사람이 찾는 탓에 침식과 훼손 문제로 논란이 되고

있지만, 설악산 대부분의 지역은 아직도 자연의 모습을 온전히 보존하고 있다. 설악산은 천지수天地水 삼원三元과 도교적 팔채지 경색八采之景色, 즉 원경元景, 시경始景, 현경玄景, 영경靈景, 진경眞景, 명경明景, 통경洞景, 청경淸景의 경지를 모두 갖추고 있는 산이라 한다. 정녕 신선이 살 만한 곳이다. 기암괴석과 암봉, 수려한 계곡과 폭포, 구름안개가 감싸안은 용아장성과 공룡능선의 모습은 가히 선계仙界를 상징하고도 남는 비경이다.

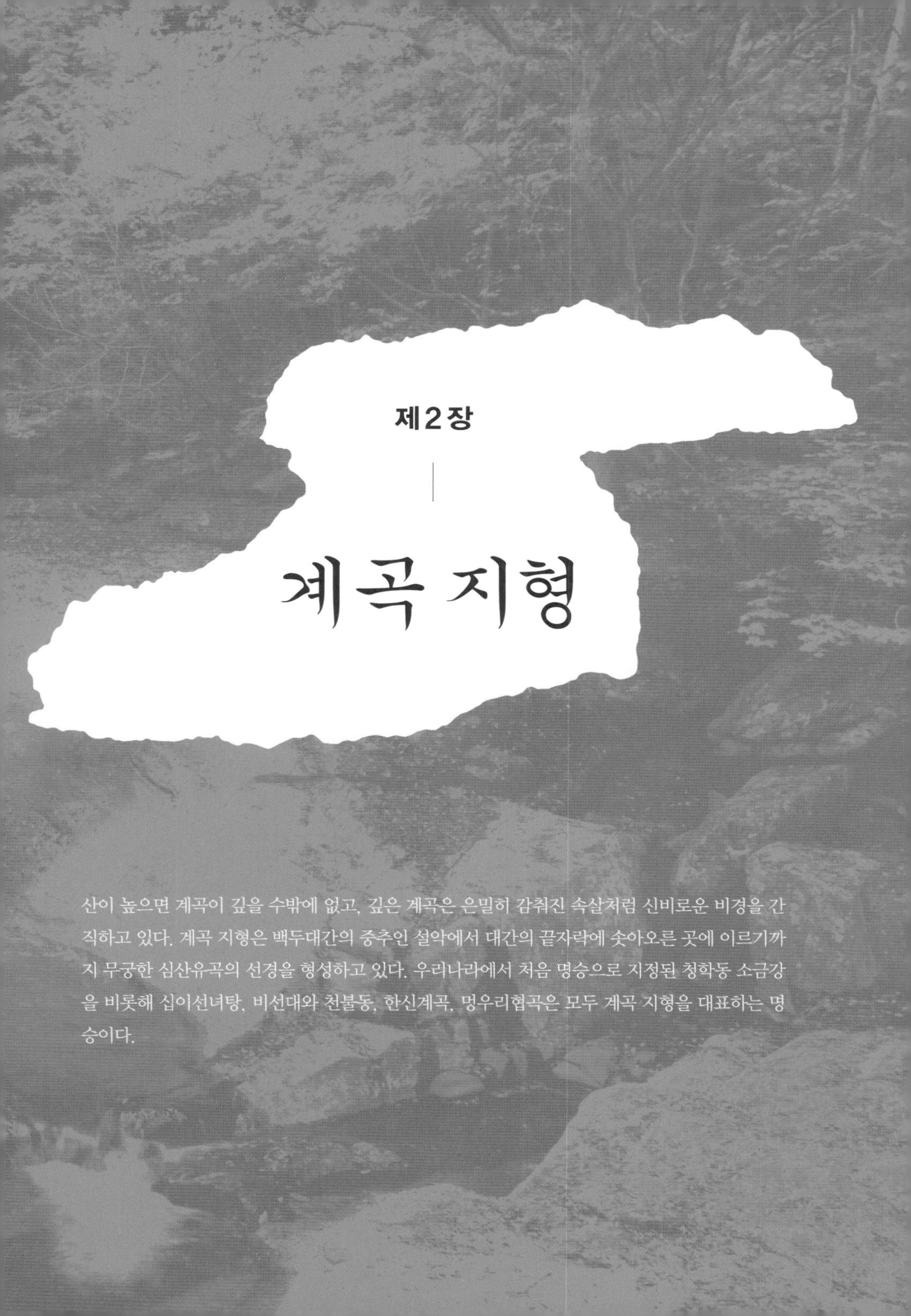

제 2 장

———

계곡 지형

산이 높으면 계곡이 깊을 수밖에 없고, 깊은 계곡은 은밀히 감춰진 속살처럼 신비로운 비경을 간직하고 있다. 계곡 지형은 백두대간의 중추인 설악에서 대간의 끝자락에 솟아오른 곳에 이르기까지 무궁한 심산유곡의 선경을 형성하고 있다. 우리나라에서 처음 명승으로 지정된 청학동 소금강을 비롯해 십이선녀탕, 비선대와 천불동, 한신계곡, 멍우리협곡은 모두 계곡 지형을 대표하는 명승이다.

명승
제1호

천상의 새가 깃든 곳, 청학동 소금강

▼ **구룡폭포**
단단한 화강암을 깎고
흘러 떨어지는 하얀
물줄기와 거대한 화강암
석벽이 아름다운 모습을
형성한다. 강릉시 제공.

'청학靑鶴'은 상상의 새다. 날개가 여덟 개에 다리가 하나며, 사람의 얼굴에 새의 부리를 지닌 천상의 새다. 이 상서로운 하늘나라의 새가 울면 천하가 태평해진다고 한다. 소금강은 이와 같은 신비의 새, 곧 청학이 깃들어 있는 곳이다. 천상의 새가 살고 있다는 청학동은 본래 인간 세상이 아니다. 사람들이 사는 이 세상에는 존재하지 않는 이상향의 세계다. 하지만 강원도 오대

산의 동쪽 계곡에는 이와 같은 유토피아의 세상이 있다. 바로 청학동 소금강이다.

소금강은 금강산의 풍광에 비견할 정도로 경치가 매우 아름다운 곳이라고 해서 붙은 이름이다. 높은 산줄기 속에 숨은 깊은 계곡에는 거대한 암반과 기암괴석이 곳곳에 자리해 있고, 맑은 폭포와 시원한 계류가 내리쳐 흐르며, 울창한 숲과 숲 속으로 난 청량한 길이 계곡을 따라 이어진다. 특히 소금강 계곡은 집채만큼이나 큰 바위들이 계곡을 구르다 멈춰 있고, 단단한 바위도 파고 흐르는 물줄기가 굽이돌아 내리치며 다양한 계곡 경관을 형성하고 있다. 소금강계곡은 오르면 오를수록 감탄을 자아내는 곳이다. 이처럼 아름다운 소금강은 우리나라에서 최초로 지정된 명승이다. 1970년 11월 23일 명주 청학동 소금강이 국가 지정 명승 제1호로 지정된 것이다.

소금강은 강원도 강릉시 연곡면 백두대간이 뻗어 내려 중추를 이루는 곳에 자리한 경승이다. 백두대간은 한반도 동쪽으로 흘러내려 강원도 지방을 지나면서 능선을 중심으로 동쪽 사면은 경사가 급하고 계곡이 깊은 험준한 지형을 이룬다. 설악산과 오대산으로 흘러내린 백두대간의 능선은 노인봉(1,338m), 황병산(1,407m), 매봉(1,173m)으로 이어진다. 북쪽에 자리한 노인봉을 정상으로 하여 동쪽으로 갈라져 나간 산줄기가 백마봉(1,094m)을 거쳐 연곡면 장천리 방향으로 흘러내리고, 남쪽의 매봉에서 다시 갈라진 산줄기가 천마봉(1,015m)을 지나 연곡면 유동리 방향으로 이어져, 아래 위에서 동쪽으로 흘러내린 능선은 서로 맞닿을 듯 좁아든다. 이 두 개의 능선 사이에 자리한 계곡에는 연곡천의 상류인 청학천이 흐르는데 이 능선 안쪽의 지역이 바로 청학동 소금강이다.

소금강계곡의 청학천은 노인봉 동쪽에서 발원해 흘러내리다 연곡천과 합류해 동해로 들어간다. 소금강에는 청학천을 따라 여러 개의 경관 요소가 존재한다. 이곳에는 용수폭포, 삼폭포, 광폭포, 이련폭포, 천폭포, 낙영폭포 등의 아름다운 폭포가 자리하며 용소, 십자소, 선녀탕, 오작담 같은 계담도 위치하고 있다. 또 소금강은 금강문, 연자대, 무릉계, 청심대, 옥류동, 식당암, 만물상, 백운대, 왕관대, 망군대, 학소대, 희암대, 천도대, 비룡대 같은 빼어난 조망 경관을 수없이 간직하고 있다.

강릉에서 7번 국도를 따라 양양 방향으로 올라가다 연곡교를 지나면 이 도로는 6번 국도와 갈라진다. 이곳에서 61번 국도를 타고 오대산을 향해 오르다가 삼산1리 삼거리에서 왼쪽으로 들어가면 소금강에 이른다. 국립공원 관리사무소를 지나면 이제부터 소금강이라는 것을 알리는 표지석이 나타난다. 그 왼쪽에는 벚꽃이 필 때 무릉도원 같다는 무릉계가 자리 잡고 있으며, 입구부터 이어지는 오솔길을 따라 올라가면 청학산장이 나타난다. 이 산장을 지나면 수직의 암벽 아래에 자리한 십자소를 볼 수 있으며, 소를 지난 후로는 시원한 계곡이 계속 이어진다. 맑은 계류가 암반 위를 미끄러지듯 타고 넘기도 하고, 급한 경사를 만나면 폭포를 이루기도 하는 깨끗한 계곡이다.

이 계곡은 연화담蓮花潭으로 연결된다. 옛날에 관음사의 스님들이 계곡물에 연꽃을 띄우며 놀았다고 해서 붙은 이름이다. 이곳에서 조금 더 올라가면 소금강 내에 있는 유일한 사찰인 금강

사에 이른다. 산사에 자리한 약수터에서 잠시 쉬고 난 후 계곡
을 보면 바위에 새겨진 '소금강小金剛'이라는 율곡 이이의 글씨를
볼 수 있다. 1569년(선조 2) 율곡은 벼슬을 그만두고 강릉 외가
에 내려와 있었다. 당시 그는 산세가 아름다운 청학산을 찾는
다. 청학산의 빼어난 경치에 매료된 율곡은 기행문《청학산기
靑鶴山記》를 저술한다. 청학산의 많은 명소에 대한 해설과 소감이
담겨 있다. 소금강이라는 이름도 바로 이 책에서 유래한 것이
다. 본래 이 산의 이름은 청학산이었는데, 율곡이 이곳에 글자
를 새겨놓은 후 소금강이라 불리기 시작했다고 한다.

  이곳에서 조금 더 오르면 식당암에 다다른다. 넓이가 165m²

▶ **식당암**
동시에 100여 명이 앉을
수 있는 너럭바위로
마의태자와 율곡이 밥을
지어 먹었다는 전설이
있다. 강릉시 제공.

나 되어 한 번에 100여 명이 앉을 수 있는 평평하게 생긴 너럭
바위다. 이 바위에는 통일신라의 마지막 왕자인 마의태자가 군
사를 조련하면서 밥을 지어 먹은 곳이라는 전설이 있다. 소금강
에는 현재 마의태자가 생활했다는 아미산성을 비롯해 고구려
축성 방식의 성인 금강산성이 거의 완전한 형태로 남아 있고 수
양대, 대궐터, 연병장, 망군대 등 문화경관 요소가 위치하고 있
다. 다른 설화로는 율곡과 관련한 이야기다. 율곡은 소금강에서
공부를 하고 지냈는데, 그도 이 바위에서 밥을 지어 먹었다고
한다. 이러한 연유에서 식당암이라는 이름이 유래했다는 이야
기도 있다. 모두 정확한 근거가 없지만 식당암의 생긴 모양에서
비롯한 전설로 여겨진다.

식당암에서 한참을 더 오르면 구룡폭포를 만나게 된다. 너른
바위를 깎고 단을 이루어 흐르는 폭포의 모습이 매우 아름답다.
구룡폭포에서 다시 계곡을 한참 오르면 바위의 형상이 만 가지
기묘한 모습을 하고 있다는 만물상에 이른다. 귀면암, 거인상,
촛대석, 이월암 같은 여러 이름으로 불리는 만물상의 풍광은 우
리나라 산수의 전형적인 아름다움을 보여준다. 소금강계곡에는
이 위로도 한참을 올라야 볼 수 있는 낙영폭포가 자리 잡고 있
으며, 이곳으로부터 계곡은 계속 연결되어 노인봉 정상까지 두
어 시간 걸리는 산행길로 이어진다. 이렇듯 청학동 소금강은 아
름다운 경관 요소가 줄지어 연계 경관을 이루고 있는 빼어난 명
승이다.

지리적으로 보면, 소금강의 산계는 북북동·남남서 방향으로
형성되어 있다. 산의 사면은 대체로 곧게 뻗어 내려 경사가 급

한 지세를 이룬 곳이 많으며 만장년기에 속하는 지형이다. 지질은 선캄브리아기의 편암류 및 편마암류와 쥐라기의 화강암류로 구성된다. 소금강의 지형은 주로 화강암으로 이루어진 기암괴석으로, 유로流路 낙차가 1,200m나 되는 급경사의 험준한 협곡을 형성하고 있어 경관이 매우 빼어나다.

청학동의 산림 경관은 소금강의 풍치를 더욱 아름답게 한다. 이 지역에는 현재 소나무, 굴참나무, 자작나무, 철쭉나무를 포함한 식물 129종이 자생하고 있는데, 특히 '좀고사리'라는 희귀한 양치식물도 자라고 있다. 또 깊은 산에 사는 산양을 비롯해 멸종 위기에 놓인 동물과 새, 민물고기도 이곳에 서식하고 있다. 흔히 보기 힘든 까막딱따구리도 간혹 찾아볼 수 있는 양호한 생태 환경을 지닌 곳이기도 하다.

청학동 소금강은 일찍이 국가에서 경관의 가치를 인정한 곳이다. 전국의 수많은 명소 중에서 국가 문화재인 명승으로 가장 먼저 지정했다는 사실은 소금강의 경관이 얼마나 아름다운지를 짐작하게 한다. 명승은 어휘 자체가 바로 관광의 대상이라는 의미다. 물론 국가 유산은 모두 현재의 상태를 유지하면서 이용해야 하는 문화재다. 그러나 지속 가능한 상태를 유지하면서 이용을 효과적으로 증대할 수 있도록 활용하는 것은 얼마든지 가능한 일이다. 하지만 청학동 소금강은 명승으로 지정된 후 40년이 지났지만 아직까지도 효율적으로 활용하지 못하고 있는 실정이다. 이제 많은 사람들이 즐겨 찾고 사랑하는 명소로 만들어 국가 지정 명승 제1호로서의 위상을 뚜렷하게 찾아줘야 할 때가 아닐까.

부처의 그림자가 드리우다,
울진 불영사계곡

▶ **불영사계곡**
맑은 계류가 굽이치며
소와 담을 만들어 빼어난
경관을 형성하고 있다.

서라벌을 떠난 의상은 동쪽 해안을 따라 북으로 향했다. 그는 울진에 이르러 왕피천을 거슬러 올라갔다. 그리고 백암산의 단하동丹霞洞으로 들어가 해운봉海運峰에 올랐다. 북쪽을 바라보니 마치 서역의 천축산天竺山을 옮겨놓은 것과 같은 산세가 있었다. 의상은 산속의 계곡으로 발길을 옮겼다. 수정같이 맑은 냇물 위에 다섯 부처님의 영상이 떠올랐다. 참으로 기이한 일이었다. 자세히 살펴보니 큰 폭포에 독룡毒龍이 살고 있었다. 의상은 독룡에게 불법을 설하고 그곳에 절을 지으려 했다. 하지만 독룡은 그의 설법을 듣지 않았다. 의상이 신비로운 주문을 외워 독룡을 쫓은 후 용지龍池를 메워 그곳에 절을 지었다. 동쪽으로 청연전靑蓮殿을 짓고 무영탑無影塔을 세워 '천축산 불영사'라 이름 지었다.

_유백유柳伯儒, 《천축산불영사기天竺山佛影寺記》

울진 불영사계곡 일원은 경상북도 울진군 서면 하원리부터 근남면 행곡리에 이르는 동서 15km의 계곡 일대를 지칭한다. 동해로 흐르는 왕피천을 거슬러 오르면 행곡리 입구에서 하천이 갈라지는데, 북쪽의 봉화 방향으로 난 깊은 계곡이 바로 불영사계곡이다. 가파른 경사지에 깊은 골을 이루는 불영사계곡은 오랜 세월 흙과 바위가 비바람에 깎여 아주 기묘한 지형을 형성하

고 있다. 그 근처에는 신라시대 진성여왕 때 창건한 것으로 알려진 불영사도 위치해 있다.

불영사계곡과 주변 산지의 지형은 오랜 세월을 거쳐 지반이 융기되고 토양과 암반이 침식되며, 해수면의 높이가 바뀌는 다양한 영향으로 장년기나 노년기에 나타나는 지형적 특징이 잘 발달한 모습을 보여준다. 따라서 심한 감입곡류를 형성해 S자형으로 사행蛇行하는 하천 지형을 이루고 있다. 계곡의 바닥 부분과 양측 사면 부위의 절벽은 대부분 백색화강암으로 구성되어 매우 순수하고 깨끗한 계곡의 모습을 띤다. 이러한 기암괴석은 암석의 절리와 단층의 형태가 표면에 드러나는 매우 아름다운 지질 구조를 보여주며, 하천 바닥을 형성하고 있는 암반은 표면이 깊게 파여 구혈甌穴이 형성된 곳이 많아 매우 신비스러운 경관을 연출한다.

기암괴석으로 절경을 이루는 불영사계곡에는 창옥벽, 의상대, 산태극, 수태극, 조계등, 부처바위, 중바위, 거북돌, 소라산 등 기묘한 형태의 자연 경승이 다수 자리해 있다. 불영사계곡을 따라 놓인 아름다운 경승지들은 줄지어 연계 경관을 형성하고 있다. 이러한 경승지의 대부분은 산 중턱으로 난 36번 국도를 따라 위치해 있기 때문에 도로에서 아래로 내려다보면 불영사계곡의 경승지들을 한눈에 조망할 수 있다.

불영사계곡은 물줄기가 크게 굽이져 감돌아 나가는 지세를 이루고 있다. 이러한 S자 모양의 지형을 지리학적으로는 감입곡류라 하고, 동양의 우주론적 철학이라 할 수 있는 《주역周易》을 바탕으로 설명할 때는 산태극山太極, 수태극水太極이라 한다. 물길이 굽이져 휘돌아 흘러감에 따라 산과 계곡의 형상이 태극의 모양을 형성하고 있음을 의미하는 어휘다. 《주역》에 따르면 "태극은 우주의 궁극적 원리며 이를 통해 음양오행과 만물이 창조된다"고 한다. 동양학의 우주론적 관점에서 보면 이러한 지형은 길지吉地를 의미한다. 그러나 길지론과 관련짓지 않는다 해도 불영사계곡과 같이 산태극, 수태극을 이루며 크게 굽이져 흐르는 사행천은 매우 아름다운 경관을 곳곳에 형성한다.

불영사계곡은 하원리의 천축산에 위치한 불영사에서 이름이 유래한 계곡이다. 불영사는 구룡폭포 근처의 송림이 우거진 소나무 숲 속에 자리해 있다. 이곳의 소나무는 금강송이라는 형질이 매우 우수한 소나무로, 거북등과 같은 무늬가 표면을 장식하고 있다. 이러한 금강송이 우거진 소나무 숲 속에 자리하고 있는 불영사는 역사가 매우 오래된 절이다. 651년(진덕여왕 5)에 의상대사가 건립한 불영사는 처음에 구룡사라 불렀으나 부처의 그림자가 절 안에 있는 못에 비친다고 해서 불영사로 개명했다.

이렇게 부처의 그림자가 비치는 못을 불교에서는 영지影池라고 한다. 영지란 말 그대로 '그림자 못'을 의미한다. 사찰에 조성하는 못은 크게 두 가지로 나뉜다. 하나는 못 안에 연꽃을 심어 연꽃의 불교적 의미를 나타내는 연지蓮池다. 연꽃은 처염상정處染常淨이라 하여 더러운 곳에 있어도 항상 밝은 본성을 간직하는 속성이 있고 인과동시因果同時, 즉 꽃因이 피는 것과 열매果를 맺는 것이 동시에 진행된다는 꽃이다. 연지는 이러한 부처님의 가르침을 상징하는 연꽃의 의미를 담고 있는 못을 이르는 말이다. 경주 불국사의 구품연지(현재는 범영루 앞에 터만 남아 있다)

◀ **불영사와 부처바위**
불영사의 절집과 능선에
자리한 부처바위의 모습.
이 바위가 불영사의 못에
거꾸로 비친다고 하여
불영사와 불영사계곡의
이름이 유래했다.

를 비롯해 실제로 많은 사찰에 이와 같은 연지가 조성되었다.

또 다른 못은 영지다. 영지는 아무런 식물도 심지 않고 수면
을 고요하게 유지함으로써 그림자를 투영하는 못을 말한다. 하동
화개면의 칠불사에는 영지가 있는데, 이 못은 일곱 부처(칠불)의
그림자가 비쳤다고 해서 칠불사 영지라 부른다. 또 불국사의 다
보탑과 석가탑을 세운 아사달 설화에 나오는 무영탑(그림자가 없
는 탑)의 이야기도 영지와 관련한 전설이다. 그림자의 못인 이러
한 영지를 갖춘 절은 양산 통도사, 춘천 청평사가 있으며, 울진
불영사도 그중 하나다. 불영사의 영지는 부처바위를 비추는 못
이다. 불영사 서쪽 산 능선부의 바위는 그 모습이 꼭 부처의 형
상을 하고 있다. 불영사의 절집 방향에서 못을 바라보면, 이 바
위의 그림자가 못에 거꾸로 투영되는 것을 알 수 있다.

불영사계곡은 사람들의 간섭을 비교적 덜 받아온 천연 그대
로의 자연 지역이다. 아울러 곧게 뻗은 금강소나무 군락이 국내
에서 가장 큰 규모를 이루는 곳이기도 하다. 이 소나무 군락은
조선시대부터 소중한 자원으로 여겨 금표를 세워 보존하기도
했다. 이처럼 순수한 자연을 잘 보존하고 있는 불영사계곡 주변
산림에는 다양한 동식물 또한 많다. 이곳은 남방계와 북방계 동
식물이 공존하는 곳으로 흔히 보기 드문 꼬리진달래와 백리향
을 비롯해 식물 641종이 자라고 있으며, 북쪽 지역의 산양이 백
두대간을 타고 내려와 살고 있는 지역이기도 하다. 임상 구조
로 보면 소나무 군락이 가장 크게 형성되었으며, 부분적으로 굴
참나무, 졸참나무 등이 소나무와 경쟁 관계를 유지하고 있다.
동물상으로는 조류 75종, 어류 42종, 포유류 28종, 나비 30종,

◀ 불영사계곡
오랜 세월 하천의
침식으로 아름다운
계곡이 형성되었다.

거미류 94종이 서식하고 있다.

불영사계곡 일원은 일찍부터 그 아름다움을 인정받아 1979년에 명승 제6호로 지정되었다. 17.8km²에 이르는 넓은 지역을 대상으로 하고 있는데, 지정 초기에는 몇몇 마을이 명승 구역에 포함되어 있었다. 그로 인해 마을 주민들은 농가 주택을 건설하거나 생업인 농업 관련 시설을 고쳐 짓는 데 많은 어려움을 겪어야 했다. 이처럼 과거의 문화재 행정은 많은 부작용을 낳았다. 물론 이러한 규제 덕분에 문화재가 잘 보존될 수 있었다는 점은 부정할 수 없다. 그러나 규제가 다소 지나쳤다는 점도 부인할 수 없는 사실이며, 그 결과 문화재는 국민에게 생활을 불편하게 하는 존재라는 부정적 인식을 확산시키기도 했다.

최근 몇 년 동안 이러한 국민의 불편 사항을 해소하고자 문화재 주변 경관 관리와 관련해 많은 제도를 개선해 시행했으며, 불영사계곡 일원의 경우도 지정 구역 내 마을을 지정 구역에서 해제해 주민 생활에 대한 규제를 크게 완화했다. 보존과 개발은 서로 상반된 가치를 지닌 개념이므로, 동일한 공간 내에서 조화를 이루며 공존하기란 사실 쉽지 않다. 그러나 분명한 것은 한번 훼손된 자연은 절대로 완전히 복구될 수 없다는 점이다. 그러므로 어려운 일이지만, 지속 가능한 상태를 최대한 유지하면서 개발을 적절히 유도하거나 효율적으로 활용하는 것이 문화재 관리에 있어 최대의 명제라고 할 수 있다.

신선의 땅을 닮은 두타산의 비경, 동해 무릉계곡

▶ 무릉계곡 전경
계류, 암반, 입석, 수림이
어울려 아름다운 비경을
자랑한다.

신선이 노닐던 세상의 별천지	武陵仙源
물과 돌이 부둥켜 이룬 이 대자연	中臺泉石
탐욕을 버린 두타행의 동천이로다	頭陀洞天

무릉계곡에 자리한 무릉반석에는 이런 글이 새겨 있다. 무릉계곡은 현세 사람들이 동경하는 유토피아의 세계다. 도교에서 일컫는 신선의 땅, 곧 무릉도원이자 무릉선원이다. 다른 말로는 신선이 사는 곳을 뜻하는 동천洞天을 사용해 두타동천이라고도 한다. 사람의 마음을 어지럽히는 온갖 번뇌와 세상을 더럽히는 모든 티끌을 없애며, 물질에 탐착하지 않고 오직 청정한 수행에만 매진하는 청옥 같은 나라, 불국 정토가 바로 무릉계곡이다.

무릉계곡은 동해시의 백두대간 줄기에 위치한 두타산과 청옥산을 배경으로 동쪽 사면에 위치해 있다. 계곡 입구에 자리한 호암소에서 시작해 용추폭포가 있는 곳까지 약 4km에 달하는 계곡으로 맑고 깨끗한 계류와 소, 기암괴석과 울창한 수림, 병풍처럼 두른 산줄기가 어우러져 절경을 이루는 경승지다.

동해안을 따라 남북으로 난 7번 국도가 동해시에서 삼척 방향으로 향하는 길목에서 오른쪽으로 갈라지는 42번 도로를 따라 가다가 삼화동에서 남서쪽으로 5km 정도 들어가면 무릉계

곡이 시작된다. 무릉계곡은 무릉반석을 비롯해 호암소, 선녀탕, 장군바위, 쌍폭포, 용추폭포 등 다양한 계곡 지형이 연계 경관으로 이어지는 곳이다. '동해안 제일의 산수'라는 말이 있을 정도로 아름다운 자연경관의 백미를 보여준다.

이처럼 아름다운 무릉계곡에 들어서면 가장 먼저 무릉반석을 만날 수 있다. 석장 또는 석장암石場巖이라 불리는 이 바위는 넓이가 약 5,000㎡에 달하는 거대한 반석이다. 평평한 암반이 계곡의 바닥에 넓게 펼쳐져 수백 명이 함께 앉을 수 있다. 이 반석 위에는 무릉계곡에 관한 경승으로서의 가치와 문화적 의미를 나타내는 글자가 새겨 있다. 많은 문사가 다녀가며 남긴 글과 결사를 조직한 사람들의 이름으로, 반석의 한 부분을 가득 메우고 있다.

그중에서도 가장 주목받는 글은 앞서 등장했던 '무릉선원 중대천석 두타동천武陵仙源 中臺泉石 頭陀洞天'이라는 각자다. 조선 전기의 문인이자 서예가로 이름난 양사언楊士彦(1517~1584)의 글씨로 알려져 있다. 양사언은 "태산이 높다 하되 하늘 아래 뫼이로다"라는 〈태산가〉를 지은 인물이다. 안평대군 이용, 석봉 한호, 자암 김구 등과 함께 조선의 4대 명필이라 불리는 그는 특히 초서에 능했다. 무릉반석 위에 새겨진 이 글은 반석의 동남쪽, 금란정의 북쪽에 자리하고 있다. 이 글은 무릉계곡을 찾은 양사언이 계곡의 아름다운 풍광에 감탄해 이곳을 신선이 사는 동천의 세계로 규정하는 내용이 담겨 있다. 양사언은 자연과 함께하는 것을 즐겨 회양군수로 부임해 있을 때 금강산을 유람하고, 만폭동 바위에 '봉래풍악원화동천蓬萊楓嶽元化洞天'이라는 글을 남기기도 했다. 하지만 최근 무릉계곡의 글은 양사언의 글씨가 아니라 다른 사람의 것이라는 주장도 있다.

　무릉반석 옆 삼화사三和寺로 오르는 길에는 금란정金蘭亭이라는 사각 정자가 자리해 있다. 삼척 지방의 유림들이 금란계라는 조직을 만들고 이를 기념하기 위해 지은 정자다. 1910년 한일병합조약이 체결되고 난 후, 일제의 강압으로 향교가 폐교되자 이에 분개한 유생들이 결사한 조직이 바로 금란계이다. 그들은 이를 기념하기 위해 무릉계곡에 정자를 지으려 했으나, 일본 관헌들의 방해로 인해 그 뜻을 실행하지 못했다. 금란정은 해방 후 1947년에 북평(지금의 동해시)에 건립했다가 이곳으로 다시 옮겨 지은 것이다.

　금란정을 지나 계곡에 놓인 다리를 건너면 삼화사에 이른다. 642년(선덕여왕 11) 신라의 지장스님이 중국에서 귀국해 지은 사찰이다. 두타산의 아름다운 기암절벽과 울창한 수림이 배경을 이루는 삼화사는 규모는 그다지 크지 않지만 안온하고 포근한 분위기를 풍기는 가람이다. 대웅전에는 통일신라 때 만들었다는 철조노사나불좌상(보물 제1292호)을 모시고 있다.

　이곳 삼화사를 지나면 깊은 계곡이 시작된다. 참나무가 빼곡히 자리 잡은 울창한 활엽수림 사이로 난 작은 길이 계곡을 따라 이어지는데, 이 길에서는 기이한 암석들이 즐비하게 깔려 있는 무릉계곡의 모습이 나뭇가지 사이로 언뜻언뜻 보인다. 계곡을 따라 난 소슬한 이 길은 두타산을 향해 위로 계속된다. 깎아지른 듯 수직의 절벽으로 둘러쳐진 병풍바위와 장수의 모습을 닮았다는 장군바위를 지나 산길을 계속 오르면 선녀탕에 다다른다. 마치 두부를 잘라 세워놓은 듯, 수직으로 잘린 바위가 양쪽으로 조금씩 물러나 벌어진 긴 틈 사이에 형성된 못이다.

선녀탕을 조금 지나면 석벽의 양쪽에서 물줄기가 떨어지는 쌍폭포가 모습을 드러낸다. 쌍폭포는 바른골계곡에서 내려오는 계류와 박달계곡에서 흘러내린 물줄기가 만나는 곳으로, 기묘하게도 두 개의 계류가 합류하는 지점이 암벽으로 되어 있어 쌍폭을 이룬다. 마주 보는 위치에 서로 빗겨 쏟아지는 쌍폭포는 규모는 작지만 석벽을 타고 내려오는 하얀 물줄기가 마치 명주 실타래를 늘어놓은 듯이 청정한 비경을 연출한다.

쌍폭포에서 오른쪽으로 난 계곡을 힘겹게 돌아 오르면 무릉계곡의 절정을 이루는 제일의 명소, 용추폭포에 다다른다. 청옥산에서 흘러내린 물이 기암석벽을 만나 이루어진 3단 폭포다. 폭포 아래로는 마치 항아리를 닮은 못이 상중하 3개의 깊은 용소를 만들고, 오랜 세월 쏟아져 내린 폭포수가 깎아지른 절벽의 수로를 이루고 있다. 이 절벽을 따라 비단 같은 물줄기가 쏟아져 내리는 용추폭포는 그야말로 무릉계곡을 선경으로 만들어, 신선의 세계로 승화시키는 신비로운 풍경을 연출한다. 삼척부사로 부임한 유한준俞漢雋(1732~1811)은 이처럼 아름다운 폭포를 찾아 폭포 오른쪽 아래의 암벽에 '용추龍湫'라는 이름을 지어 각자를 해놓았다. 그 후 이 폭포는 용추폭포로 불리고 있다.

이토록 신비스러운 비경으로 이루어진 무릉계곡은 조선 선조 때 삼척부사를 지낸 김효원金孝元(1542~1590)이 이름을 지은 곳이다. 또 고려 말 문장가인 이승휴李承休(1224~1300)가 즐겨 찾던 곳이기도 하다. 고려 후기 원나라의 패권 정책으로 고려의 운명이

풍전등화의 처지에 놓여 있을 때, 이승휴는 나라의 앞날을 걱정하며 우리 민족의 역사서이자 대서사시로 평가받는 《제왕운기 帝王韻紀》를 저술했다. 이 밖에도 무릉계곡은 매월당 김시습을 비롯해 많은 문사와 화가가 찾았던 곳이다.

무릉계곡은 아름다운 동해의 명소다. 동해의 명산인 청옥산과 두타산이 함께 만들어내는 이 계곡은 바다에 가까운 곳에 위치한 최고의 절경이다. 또한 무릉도원이라는 고대 중국의 유토피아적 이상향을 상징하는 이름에서 유래한 것처럼 신선의 땅을 닮은 비경을 간직하고 있는 경승이다. 무더운 여름날 무릉계곡에 들어가면 세상의 근심을 모두 날려버리고 신선이 된 듯한 황홀한 느낌을 받을 수 있을 것이다. 이곳에서 소쇄하면서도 청아한 자연의 정취를 마음껏 누려보는 것은 어떨까.

명승
제54호

빨간 동백꽃이 흐드러지는,
선운산 도솔계곡

선운산은 전라북도 고창에 위치해 있다. 고창에서도 서해 가까이에 우뚝 솟은 산이다. 산자락 아래 자리한 선운사禪雲寺 뒤에는 동백나무가 크게 군락을 이루고 있어 이른 봄에 빨간 동백꽃이 탐스럽게 무리 지어 피는 곳이다. 선운산은 호남의 내금강이라 불리는 명산이다. 해발 336m로 그다지 높진 않지만 서해안 가까이에 솟아 있기 때문에 산의 규모가 그리 작은 것은 아니다.

선운산 도솔계곡 일원의 명승 지역은 선운사를 지나 마애불이 자리한 계곡을 중심으로 지정되어 있다. 선운산에서 이어지는 천왕봉과 천마봉 사이의 계곡을 둘러싸고 있는 지역으로 도솔암, 내원궁, 마애불, 진흥굴, 낙조대, 천마봉 등과 같은 아름다운 경관 요소가 자리해 있다. 그중에서도 특히 천마봉 주변은 다양한 기암괴석과 울창한 숲이 어우러져 그림 같은 풍경을 연출한다. 또 천마봉 정상은 주변 지역을 멀리 내려다볼 수 있는 가장 좋은 조망 지점이기 때문에 도솔계곡과 내원궁이 조화를 이룬 한 폭의 아름다운 풍광을 감상할 수 있다.

선운사에서 이어진 산길을 따라 한참을 오르면 가장 먼저 다다르는 곳이 도솔암兜率庵이다. 가파른 경사지에 설치해놓은 계단을 올라야 하는 내원궁은 험준한 바위 위에 세운 법당으로 상도솔암이라고도 부른다. 내원궁은 그 자체만으로도 아름답지만

▲ 도솔계곡
마애불이 부조된 바위와
그 위에 자리한 내원궁이
단풍으로 곱게 물들었다.
문화재연구소 제공.

이곳에서 계곡 건너로 보이는 낙조대와 천마봉 주변의 경관은
더욱 장관을 이룬다. 내원궁에서 다시 계단을 내려가 오른쪽으
로 연결되는 계곡을 따라가면 거대한 수직 암벽에 부조된 40m
높이의 마애불을 볼 수 있다. 정식 이름은 미륵장육마애불彌勒丈
六磨崖佛이며 좌상으로 부조되어 있다. 조각의 형식으로 보아 고
려 초기에 조성한 것으로 알려졌다.

마애불에서 계곡을 따라 더 올라가면 경사지 암벽에 자리한
길이 10m, 높이 4m의 진흥굴을 만날 수 있다. 신라 진흥왕이
왕위를 버리고 중생을 제도하기 위해 도솔왕비와 중애공주를
데리고 입산해 수도한 곳이다. 진흥굴에서 계속 이어지는 길을
따라 산을 오르면 능선 위에 자리한 낙조대에 이른다. 커다란
바위로 형성된 낙조대에서는 산 아래로 펼쳐지는 낮은 산줄기

▲ 내원궁과 천마봉
내원궁과 그 뒤편에
위치한 바위에서 바라본
천마봉이 우뚝하다.
이광춘 교수 제공.

와 그 너머로 이어지는 들판, 그리고 그 끝으로 서해가 한눈에
조망된다. 낙조대에서 바라보는 서해의 해넘이는 매우 빼어나
다. 붉은 해가 온 천지를 빨간 노을로 물들이며, 저 멀리 수평선
으로 떨어지는 일몰 풍광은 정말 아름답다. 낙조대에서 다시 능
선을 따라 끝까지 돌아가면 천마봉으로 연결된다. 천마봉은 도
솔계곡 남쪽 지형 중에서 가장 우뚝해서 내원궁과 마애불을 조
망하기에 아주 좋은 장소다. 이곳에서는 절벽 위에 지은 내원궁
과 마애불이 부조된 거대한 수직 암벽의 모습이 마주 보이며,
도솔계곡의 전경도 감상할 수 있다.

도솔계곡 일원은 선운산 일대 경관의 백미를 보여준다. 화산
작용으로 인해 암석들이 거대한 수직 암벽을 형성한 뒤 오랜 세
월 풍화되어 수려한 자연경관을 지닌 것이다. 도솔계곡에는 소

나무를 비롯해 산벚나무, 팥배나무, 졸참나무, 갈참나무, 물푸레나무, 고로쇠나무, 생강나무, 쇠물푸레, 산초나무, 작살나무, 예덕나무, 차나무, 고사리삼, 실맥문동, 원추리 등이 자라고 암벽 위에는 희귀 식물인 석곡도 곳곳에 무리 지어 있다. 도솔계곡으로 들어오는 입구에 위치한 선운사에는 4월 초에 꽃이 피기 시작해 4월 말쯤에 절정을 이루는 선운사의 동백나무 숲(천연기념물 제184호)이 있고, 선운사 입구의 암벽에는 송악(천연기념물 제367호)이 고목이 되어 바위를 덮고 있으며, 도솔암 근처에는 수형이 아름다운 장사송(천연기념물 제354호)이 자리해 있다. 이 모두가 선운산 도솔계곡의 가치를 한층 높여주는 중요한 자원이다.

선운산은 도솔산이라고도 부른다. 조선 후기 선운사가 번창할 무렵 선운산에는 89개의 암자와 189채에 이르는 요사가 곳곳에 흩어져 있어 장엄한 불국토를 이루기도 했다. 선운이란 구름 속에서 참선한다는 의미를 지닌 말이며, 도솔이란 미륵불이 있는 도솔천궁을 뜻하는 불교 용어다. 따라서 선운산과 도솔산 모두 불도佛道를 닦는 산이라는 뜻이 담겨 있다. 오랜 역사를 지닌 선운사는 신라 진흥왕이 창건했다는 설과 577년(백제 위덕왕 24)에 고승 검단선사가 창건했다는 두 가지 설이 전해진다.

도솔암 역시 선운사와 함께 백제시대에 창건했다는 기록이 전해지는 오래된 암자다. 조선 후기에 도솔암은 상도솔암, 하도솔암, 북도솔암 이렇게 세 암자로 나뉘었으며, 상도솔암은 지금의 도솔천 내원궁으로 불리게 되었다. 바위 암벽에 새겨 있는 미륵장육마애불은 미륵신앙과 매우 관련이 깊다. 특히 이 불상

의 배꼽에는 신비한 비결秘訣이 숨어 있다는 전설이 있어, 동학
농민운동 때에 이 비결을 꺼냈다고 전하기도 한다.

　미륵불은 미래를 관장하는 부처다. 대승불교의 대표적 부처
가운데 하나로, 석가모니를 이어 다가오는 미래에 중생을 구제
한다는 미래의 부처다. 우리나라 역사를 보면, 국가가 위태롭고
민중의 삶이 어려워지는 시기엔 항상 미륵신앙이 번창하곤 했
다. 신라가 멸망하고 고려가 창건되던 때에도 그러했고, 고려와
조선이 쇠망하던 시기에도 미륵신앙은 널리 퍼졌다. 고달프고
험한 현세의 삶에서 벗어나 고통 없는 세상에 살고자 하는 민중
의 열망에서 생겨난 신앙이기 때문이다. 조선시대 말 풍전등화
에 처한 나라의 운명과 함께 새로운 시대를 꿈꾸던 민중이 구국
을 염원하며 일으킨 동학농민운동, 그 동학의 접주가 사람들을
규합하고자 미륵불에게서 비기祕器를 구했다고 전해지는 부처가
바로 이 마애불이다.

이처럼 아름다운 계곡 경관과 더불어 경관 속에 깃든 다양한 문화적 의미, 그리고 곳곳에 밴 옛사람들의 흔적이 가득한 선운산 도솔계곡은 근래에 많은 탐방객이 찾는 명소가 되고 있다. 가을이 깊어 단풍이 짙어질 때, 한겨울 하얀 눈이 소복이 쌓일 때, 그리고 동백꽃이 흐드러지게 피어 뚝뚝 꽃망울을 떨어뜨릴 무렵 선운산 도솔계곡은 꼭 한 번 찾고 싶은 명승이다.

명승
제72호

한여름에도 서늘한 골짜기,
지리산 한신계곡

지리산의 주 능선은 주봉인 천왕봉부터 서쪽으로 제석봉, 연하봉, 촛대봉, 칠선봉, 덕평봉, 벽소령, 형제봉, 명선봉, 토끼봉, 임걸령을 지나 노고단으로 이어진다. 이 능선은 다시 성삼재를 지나면서 북쪽으로 방향을 바꿔 고리봉, 만복대, 큰고리봉, 세걸산, 바래봉, 덕두산으로 뻗어 나간다. 이렇듯 말굽처럼 굽이진 지리산의 긴 능선은 경상남도에서 전라남도, 전라북도로 이어지며 북쪽 지역에 가장 큰 계곡을 그 품에 아우른다. 지리산에서도 가장 깊은 골짜기에 자리 잡은 심원마을에서 흘러내리는 계류는 뱀사골 계곡물과 합쳐져 달궁계곡을 이루며, 남원시 운봉고원에서 흘러오는 광천과 산내면 소재지에서 다시 합류한 후 임천이라는 이름으로 바뀌어 동쪽으로 흘러간다. 이곳까지가 전라북도 남원 땅이다. 임천은 도계를 지나 경상남도 함양군 마천면으로 향한다. 마천면 소재지에 이르면 임천은 다시 지리산의 큰 계곡을 이루는 백무동에서 흘러드는 물줄기와 합류해 유림을 지나 생초에서 경호강을 형성한다. 이 백무동계곡으로 흘러드는 물줄기가 바로 한신계곡이다.

한신계곡은 계곡이 매우 깊고 넓어 물이 많이 흐르며, 입구가 해발 500m에서 시작하기 때문에 한여름에도 한기를 느낄 수 있어 한신이라는 이름이 붙었다. 한편으로는 계곡의 물이 차고 험하며 굽이치는 곳이 많아 한산하기 때문에 한산한 계곡이라 부르던 것에서 이름이 유래했다고도 한다. 또 다소 허망한 이야 기기는 하지만 옛날에 한신이라는 사람이 농악대를 이끌고 세 석으로 가다가 급류에 휩쓸려 죽었다고 해서 한신계곡이라 이름 지은 것이라고도 한다.

한신계곡은 백무동에서 세석고원까지 약 10km에 걸쳐 형성 되었으며, 이 계곡을 따라 흐르는 계류는 여러 개의 폭포를 이 루며 신비스러운 풍광을 연출한다. 한신계곡은 본류와 함께 덕 평봉 북쪽에서 발원하는 바른재골, 칠선봉 부근에서 시작해 내 려오는 곧은재골, 장터목 방향에서 흘러내리는 한신지계곡까지 모두 네 갈래의 물줄기가 합류해 이루어져 있다. 이렇게 하나로 합류된 한신계곡의 물은 임천으로 향한다.

한신계곡에는 웅장한 규모는 아니지만 아름다운 자태를 지닌 폭포가 많다. 첫나들이폭포, 가내소폭포, 오층폭포, 한신폭포, 천령폭포, 내림폭포 등 다양한 폭포가 계곡 곳곳에 위치해 있 다. 한신계곡의 본류는 촛대봉과 영산봉 사이의 협곡을 지나는 데, 이 계곡은 가내소폭포에서 한신지계곡과 합류된다. 한신계 곡은 지리산 계곡 가운데 폭포가 가장 많은 곳이어서 지리산 등 반 코스 중에서도 유달리 더 아름답다고 알려져 있다.

지리산의 수많은 산행 코스 중에서도 단거리로 정상에 오를 수 있는 함양 백무동 코스는 백무동 야영장에서 시작된다. 서울 에서 함양 백무동까지 버스가 정기적으로 운행하기 때문에 서 울에서도 많은 사람이 찾는 지리산 산행길이다. 백무동 야영장 에서 넓은 계곡을 옆으로 하고 울창하게 우거진 숲을 2km 정도

오르면 여러 개의 물줄기가 흐르는 첫나들이폭포에 이른다. 바람폭포라고도 불리는 이곳을 지나 다시 1km를 더 올라가면 폭포수와 넓은 반석, 울창한 숲이 한데 어울려 비경을 이루는 가내소폭포를 만나게 된다. 15m 정도 높이의 가내소폭포는 울창한 숲으로 둘러싸인 계곡의 암벽 위로 하얀 비단과 같은 물줄기가 포말을 일으키며 떨어진다. 폭포 아래에는 깊이를 알 수 없는 검푸른 소가 형성되어 폭포와 함께 아름다운 풍광을 보여준다. 가내소폭포의 소는 가뭄이 극심할 때, 마을 사람들이 기우제를 지내던 곳이기도 하다.

가내소폭포 부근에서 한신계곡은 두 갈래로 갈라진다. 세석고원 방향으로 올라가는 계곡이 한신계곡의 본류다. 경사가 가파른 이 계곡에는 오층폭포와 한신폭포가 위치해 있으며, 이 폭포를 지나는 본류 계곡은 능선까지 올라가면 세석고원에 자리한 세석대피소로 이어진다. 가내소폭포에서 또 하나의 계곡은 동쪽으로 분지되는데, 바로 한신지계곡으로 천령폭포와 내림폭포가 자리 잡고 있다. 한신지계곡은 장군대를 지나 천왕봉에서 가장 가까운 곳에 자리한 장터목산장 근처의 능선부로 연결된다.

한신계곡이 자리한 지리산은 정말 그 품이 너른 산이다. 전라북도 남원시, 전라남도 구례군, 경상남도 함양군·산청군·하동군 등 3개 도, 5개 시군에 걸쳐 있다. 전국에 분포한 16여 개소의 산악형 국립공원 중에서 가장 큰 국립공원으로 알려져 있다.

지리산은 해발 1,915m로 1,500m가 넘는 수많은 산의 무리로 이루어져 있으며, 둘레가 약 320km이고 전체 면적이 483km²에 이른다. 가히 우리나라 남부 지방을 대표하는 산이라 할 수 있다. 중국에서 유래한 신선사상에 등장하는 봉래, 방장, 영주의 삼신선을 우리나라 국토에 위치한 산에 비유하면 지리산은 방장산이라 일컬어진다. 또 오악 중 하나로 꼽을 때는 남악에 해당하는 산이기도 하다.

이처럼 너른 지역을 점하고 있는 지리산에는 계곡 또한 무수히 많다. 심원계곡, 칠선계곡, 문수계곡, 대원계곡, 백운동계곡, 달궁계곡, 단천계곡, 대성계곡, 화개천계곡, 의신계곡, 선유동계곡, 거림계곡, 고운동계곡, 연동계곡, 한신계곡 등 주요 계곡을 비롯해 작은 계곡이 곳곳에 숨어 있다. 지리산의 계곡은 온후한 지리산의 산세처럼 비교적 유순한 형태를 띤다. 설악산이나 금강산처럼 화강암으로 구성된 산은 거대한 암석 덩이가 산의 모양을 절벽과 기암괴석의 형태로 만든다. 그러나 지리산처럼 편마암이나 편암 같은 변성암 종류로 이루어진 산은 토산이기 때문에 대부분의 지표를 흙이 덮고 있어 수목이 울창하게 자라나서 부드러운 산림 경관을 지닌다. 지리산 계곡의 풍광이 대부분 산림으로 이루어진 것은 바로 이 때문이다.

지리산은 그 너른 품에 수많은 산군을 안고 있으며 무수한 생명 또한 기르고 있다. 특히 계곡이 깊기 때문에 많은 사람이 환란을 피해 숨어들어 중요한 역사적 현장이 되기도 했다. 그로 인해 지리산은 여러 문학 작품에서 중요한 무대가 되었다. 해방 이후부터 동족상잔의 비극을 불러온 한국전쟁을 전후한 시기를 대상으로 한 지리산의 이야기는 우리 민족의 아픈 상처를 그대로 보여준다. 이병주의 《지리산》을 비롯해 이태의 《남부군》, 조정래의 《태백산맥》 등은 모두 지리산을 중심으로 한 현대사를 그린 작품이다. 이들 작품에서 지리산이 중요한 무대로 등장할 수 있었던 것은 이 산이 품고 있는 무수한 계곡 덕분이다. 달궁계곡, 피아골, 뱀사골을 비롯해 한신계곡처럼 지리산의 많은 계곡은 산속으로 들어온 사람들을 품기에 충분한 너른 품을 지녔다.

지리산은 단위 규모로 볼 때 남한 지역에서 가장 큰 녹지를 형성하고 있기 때문에 자연 생태계에서 가장 높은 지위를 점하는 반달곰을 비롯해 많은 야생동이 서식하고 있다. 이토록 소중한 가치를 지닌 지리산을 적극적으로 보존하는 것은 물론 숨어 있는 가치를 찾아서 밝혀내는 것이 중요하다. 지리산 한신계곡 일원은 2010년에 명승 제72호로 지정되었다. 지리산의 계곡 중에서는 처음으로 명승이 된 것이다. 우리나라 남부 지방을 대표하는 지리산의 계곡 중에는 국가 지정 명승으로 지정할 만한 자원이 수없이 많다. 계곡마다 뿜어내는 아름다운 자연경관과 골골이 품고 있는 다양한 역사적·문화적 의미를 발견해 지리산에 숨어 있는 다수의 계곡을 명승으로 지정하는 일에 박차를 가해야 할 것이다.

구름을 두른 신선의 형상, 영월 선돌

돌은 인류 문명과 매우 관련이 깊다. 원시인류가 곧선사람(직립원인)이 된 후 손으로 도구를 사용하기 시작하면서 돌은 문명의 발전에 중요한 도구가 되었다. 원시인류가 만든 석기는 칼이나 도끼 등으로 사용되어 인류를 문명세계로 이끈 귀중한 소재였다. 사냥을 하거나 농사를 짓거나 심지어 전쟁을 하는 데도 돌로 만든 도구는 용이하게 사용되었다. 이렇듯 돌은 인류 문명을 가능하게 한 신소재였다.

인류가 문명을 일구는 과정에서 좀 더 큰 돌인 거석은 더욱 중요한 역할을 담당했다. 이른바 원시사회의 거석문화다. 거석과 관련한 원시문화는 매우 다양하며, 동서양을 막론하고 거석문화를 지니지 않은 민족은 거의 없다. 거석문화는 크게 두 가지로 구분된다. 하나는 죽음과 관련한 돌 문화로서 고인돌로 대표되는 거석문화며, 또 다른 하나는 원시신앙과 관련한 선돌로 대표되는 입석문화다.

선돌은 일반적으로 원시사회의 종교적 구조물을 말한다. 보통 길쭉한 자연석이나 그 일부를 가공한 큰 돌을 어떤 믿음의 대상물로, 혹은 특수한 목적으로 세워놓은 돌기둥을 의미한다. 선돌이라 부르기도 하지만 입석, 입암, 선바위, 삿갓바위 등 지방에 따라 이름도 다양하다. 선돌은 서유럽을 비롯해 중앙아시아, 시베리아, 몽골, 티베트, 동남아시아 등에도 많이 분포하고 있다. 우리나라도 예외는 아니다. 함경도부터 제주도에 이르기까지 모든 지역에서 발견되는 선돌은 지방마다 선돌, 선바위, 할머니탑, 할아버지탑, 할미바위, 장수지팡이, 구지바위, 돌장승, 미륵부처 등 다양한 이름으로 불린다. 현재 전해지는 선돌에서는 제례의식을 거행하는 경우가 많으며, 선돌은 마을 사람들에게 섬김의 대상이 되어 특별한 보호를 받기도 한다. 선돌이 지닌 신앙적 의미는 원시사회의 정령숭배精靈崇拜를 기초로 하고 있다.

일정한 곳에 정착해서 살기 시작한 원시 마을은 농업을 근간으로 한 사회였다. 농업사회에서 가장 중요한 것은 다산과 풍요다. 다산이 곧 풍요를 의미하는 농촌사회에서 성신앙은 가장 자연스러운 신앙으로, 이와 관련한 상징물은 거의 노골적으로 표현하는 사례가 많다. 선돌의 외형적 형태는 남성의 생식기와 비슷한데, 원시사회에서 생식기는 다산과 풍요의 상징이었다. 따라서 고대 정착민은 농경문화와 함께 자신들이 섬겨온 성신앙의 상징물로 선돌을 세운 것이다. 이러한 모든 선돌은 하나같이 사람들이 인위적으로 만들거나 세운 것이다. 하지만 선돌에는 이와 같이 인공적으로 조성하지 않은 자연 그대로의 모습을 한 것도 있다.

강원도 영월에는 규모가 매우 큰 선돌이 있다. 평창강과 주천강이 합류되어 흐르는 서강변에 위치한 영월 선돌은 자연 그대로 서 있는 바위다. 선돌이라기보다는 선바위 혹은 입암이라고 해야 옳을 듯하다. 이 선돌은 원시사회에서 신앙의 목적으로 세운 것과는 다르다. 경승의 대상으로 아름다운 모습을 자랑하는 자연 바위다. 이러한 자연 그대로의 선돌에는 이외에도 울산의 선바위, 서울의 인왕산 선바위 등이 있으며, 지명을 찾아보면 선바위 또는 입석, 입암 같은 명칭으로 전국 곳곳에 남아 있다.

영월 선돌은 영월읍 방절리에 큰 굽이를 이루며 휘돌아 나가는 서강가의 절벽에 위치한다. 거대한 암석이 석벽을 이루는 곳에서 마치 칼로 쪼개 갈라놓은 것 같은 형상을 하고 있다. 이 선돌은 높이가 70m에 달하는 거대한 입석으로, 강변에 우뚝 솟은 모습이 마치 신선을 닮았다고 해서 신선암이라고도 불린다. 깎아지른 경사지에 위태롭게 버티고 서 있는 선돌의 모습은 가히 선계에 들어선 신선의 자태에 비교할 만하다. 아름다운 선돌 주변의 풍광은 바위 암벽의 뿌리를 적시며 굽어 흐르는 서강의 푸른 강물과 여러 겹으로 바위를 쌓아 올린 듯한 층암절벽, 그리고 신선과 같이 서 있는 선돌이 함께 어우러져 신비스러운 비경을 만들어낸다.

영월의 서강변에는 아름다운 풍경이 많다. 상류부터 한반도 지형과 선돌, 청령포로 이어지는데, 이 세 경승지는 모두 국가 지정 문화재인 명승이다. 이 중에서 선돌은 영월로 진입하는 옛 길의 길목에 자리하고 있다. 지금은 자동차 도로인 31번 국도에서 접근하는 것이 일반적이다. 평창에서 영월 장릉 방향으로 이어지는 이 길은 방절리 언덕 위로 나 있는데, 선돌은 이 도로의 산마루 부분에서 오솔길로 연결되어 있다. 서쪽 방향으로 난 오솔길로 100m 정도 따라가면 깎아지른 단애 위에 다다른다.

이 단애의 정상이 바로 선돌의 조망 지점이다. 이 조망 위치

에 세운 선돌 전망대에서 바라보면, 방절리 언덕의 지형이 암벽으로 연결되어 끝 부분에서 솟아오른 강변 석벽이 왼쪽으로 보이고, 그 왼쪽으로는 세로 방향으로 길게 갈라진 빈 공간이 보이며, 다시 그 왼쪽으로 곧게 버티고 선 선돌의 위용이 나타난다. 이곳에서 바라보는 선돌의 풍광에서 특별한 것은 암벽과 선돌 사이로 내려다보이는 서강의 풍경이다. 세로로 깊게 파인 암벽과 선돌의 가장자리 벽면은 풍경의 틀을 만들고, 이 틀을 통해 보이는 저 멀리 길게 뻗은 서강의 파란 물길은 신비스럽기 그지없다. 높은 곳에 위치한 선돌 전망대에 서서 아래쪽으로 부감하는 선돌의 풍광은 마치 한 폭의 아름다운 풍경화 같다. 전망 시설을 잘 갖춘 이곳 전망대는 선돌의 풍광을 감상하기에 가장 완벽한 장소다.

　영월 선돌을 지나가는 옛길은 본래 강변 석벽의 아래로 나 있었다. 옛날에 도보로 통행하던 길이었는데, 1905년(고종 42) 시멘트와 석벽을 쌓아 확충하기도 한 도로다. 지금은 폐도가 되었지만 도로의 선형을 알 수 있는 유구가 아직도 있으며, 당시에 공사를 기념하기 위해 세운 비석도 그대로 보존되어 있다. 계획을 세워 조금만 손을 본다면, 선돌 주변의 풍광을 강변에서 감상할 수 있는 좋은 탐방로가 될 것으로 보인다. 조선시대에는 많은 사람이 이 옛길을 오간 듯하다. 단종도 세조에 폐위된 후, 청령포로 가는 길에 이곳을 지나갔다고 한다. 단종이 이곳에서 잠시 쉬어 가게 되었는데, 강변에 우뚝 서 있는 바위의 모습이 그의 눈엔 마치 신선처럼 보였다. 선돌이란 명칭은 바로 단종의 눈에 비친 '신선과 같은 돌'이라는 의미에서 유래했다고 한다.

영월 선돌은 서강의 물길을 따라 형성된 석벽의 일부분이다. 마치 병풍처럼 서강을 길게 둘러싼 암벽의 모습을 잘 보려면 강 건너 방향에서 바라봐야 한다. 31번 도로를 따라 평창 방향으로 올라가다가 영월곤충박물관을 지난 후, 왼쪽으로 갈라지는 길을 따라가면 서강을 건널 수 있다. 서강 건너편의 강가로 난 길을 따라 하류 방향으로 내려가면 길게 형성된 석벽의 장관을 연속해서 감상할 수 있다. 1820년(순조 20) 홍이간洪履簡(1753~1827)이 영월부사로 재임하던 시절, 오희상吳熙常(1763~1833)과 홍직필洪直弼(1776~1852)이 홍이간을 찾아와 이 길을 따라가며 선돌과 강변 석벽을 바라보았다. 그들은 구름에 싸인 선돌의 아름다운 경관을 보고 이에 반해 시를 읊었다. 그러고는 암벽에 '운장벽雲莊壁'이라는 글씨를 새겨놓았다고 한다. 그 옛날 오희상과 홍직필이 바라본 '구름으로 치장한 암벽', '구름을 두른 선돌'의 모습은 정말 아름다운 선경이었을 것 같다.

한라의 만물상, 영실기암과 오백나한

▶ 영실기암
병풍바위와 계곡의 수림이
어울려 아름다운 풍광을
보여준다. 서귀포시 제공.

기암절벽과 수많은 바위로 이루어진 영실의 풍광은 금강산의 만물상을 닮았다고 해서 한라의 만물상이라 불린다. 한라산 정상의 우뚝 솟은 봉우리 바로 아래에서 남서쪽으로 완만하게 흘러내리는 지형을 따라 고원지대를 지나면, 깎아지른 듯한 절벽이 마치 병풍처럼 둘러쳐진 골짜기가 나타난다. 이 골짜기에서 바라보면 영실계곡의 절경이 눈앞에 마주하듯 펼쳐진다. 영실계곡은 기암괴석들이 하늘을 향해 빙 둘러 솟아 있는 곳으로, 한라산이 숨겨놓은 비경 중의 비경이다.

영실계곡은 마치 석가여래가 설법을 하던 영산靈山과 비슷하다고 해서 영실靈室이라 부르는 골짜기다. 영실은 한라산을 대표하는 경승지다. 이곳은 기암괴석들이 봄에는 봄꽃으로 화사하게 단장하고, 여름에는 녹음으로 짙게 우거지며, 가을에는 오색 단풍으로 휘황찬란하게 물들고, 겨울에는 흰 눈으로 뒤덮여 온통 순백의 미를 연출하는 신비스러운 곳으로 사계절 내내 변화무쌍한 풍경을 보여준다.

이토록 수려한 영실계곡은 영실기암靈室奇巖이란 명칭으로 제주의 아름다운 경승지를 일컫는 '영주십경'과 '영주십이경'에 모두 포함되는 명소다. 영실기암은 병풍바위와 오백나한(오백장군)이라 불리는 바위로 구성되어 있다. 병풍바위는 영실 골짜기

의 서쪽에 위치한 기암절벽으로, 그 모습이 마치 병풍을 쳐놓은 것 같다고 해서 붙은 이름이다. 또 동쪽에 자리한 오백나한은 기이하게 생긴 수백 개의 괴석이 능선에 솟아 있어 마치 아라한이 줄지어 서 있는 것과 비슷하다고 해서 일컫는 명칭이다. 아라한은 불교의 수행자, 즉 불제자를 가리키는 말로 오백의 불제자가 서 있는 모습에 비유해 오백나한이라 한다. 또 그 모습이 장군과 닮았다고 해서 오백장군이라 하기도 한다.

행정구역상 제주 서귀포시 하원동에 속한 영실계곡은 해발 1,400~1,600m 지대에 깊게 파인 매우 큰 골짜기다. 영실은 서쪽의 거대한 석벽부터 동쪽의 기암괴석 지대에 이르기까지 수직의 지형이 계곡을 둥그렇게 에워싼 경관을 이룬다. 계곡 안에서 바라본 영실의 풍광은 그야말로 장엄하기 이를 데 없다. 여름철이 되면 비가 내린 후 큰 물줄기가 폭포를 이루며 떨어지기도 하는데, 이때 영실계곡은 정말 신비스러운 비경의 진수를 여지없이 보여준다.

한라산은 평상시에 물이 대부분 지하로 스며들어 지표수가 매우 귀하다. 계곡이 여럿 있지만 사시사철 물이 흐르는 곳은 흔치 않다. 특히 높은 곳에 있는 계곡은 대부분 물이 흐르지 않는다. 그러나 영실계곡은 1년 내내 물이 흐른다. 물이 풍부하여 언제나 물 흐르는 소리가 청량하게 들린다. 그래서 맑은 물소리와 함께 소슬한 바람 소리, 골짜기를 흐르는 희뿌연 안개가 신령스러운 분위기를 한층 돋워주기도 한다.

수많은 한라산의 비경 중에서도 특히 아름다운 선경이라 할 수 있는 영실계곡에는 제주를 만들었다는 설문대할망과 관련한 설화가 전해진다. 설문대할망은 선문대할망, 설명두할망, 세명뒤할망, 세명주할망 등 다양한 이름으로 기록되어 있는 제주의 여신이다. 《탐라지》에서는 '설만두고 雪慢頭姑'라는 이름으로 적혀 있고, 장한철이 지은 《표해록 漂海錄》에서는 '선마고 詵麻姑'라는 명칭으로 기록하고 있는 대지의 창조신이다. 육지에 전해지는 마고할미와 유사한 신이라 할 수 있다.

영실계곡의 설문대할망 전설은 이러하다. 옛날 설문대할망이 500명이나 되는 아들을 데리고 살고 있었다. 어느 해 흉년이 들어 하루에 한 끼 먹는 것도 어려웠다. 그녀는 아들들이 양식을 구하려고 밖으로 나간 사이, 저녁때가 가까워오자 아들들을 위해 죽을 끓였다. 그런데 죽을 젓다가 아차 하는 사이 끓는 가마솥에 빠지고 말았다. 밤이 되어 집으로 돌아온 아들들은 가마솥에서 죽이 펄펄 끓고 있는 것을 보고 우선 허기를 채우려고 정신없이 죽을 퍼 먹었다. 500명의 아들 중 막내가 마지막으로 죽을 뜨려는 순간 국자에 무엇인가 걸려 나왔다. 바로 어머니의 뼈였다. 막내아들은 너무나 슬프고 기가 막혀 소리를 지르며 단숨에 제주도 서쪽 끝에 있는 차귀도까지 달려가 돌이 되었는데, 그것이 바로 외돌개라 한다. 나머지 아들들도 어머니를 먹은 것을 알고는 자책감에 그 자리에서 굳어 바위가 되었다. 500명의 아들이 굳어서 되었다는 바위가 바로 영실계곡에 있는 오백장군(오백나한)이다.

이 이야기에는 제주도 사람들의 삶이 반영되어 있다. 설문대할망은 여신임에도 불구하고 먹을 것이 없어서 죽을 끓여 먹는다. 이는 이 설화를 전승한 지역민들의 생활과 사상을 담은 것

이라 보여진다. 제주 설화에는 이러한 경향이 강하다.

설문대할망의 이야기는 구비문학에서 초인간적 행위를 내포하고 있는 설화, 즉 신이담神異譚으로 분류된다. 신이담은 다시 기원담起源譚, 변신담變身譚, 응보담應報譚, 초인담超人譚으로 나뉘는데, 설문대할망 전설은 신이담 중 초인담에 속하는 설화다. 제주에서는 설문대할망을 '매고埋姑할망'이라 부르기도 한다. 매고는 마고麻姑와 비교되는 이름이다. 마고(마고할미)는 땅을 만들었다는 대지모신大地母神으로, 우리나라 곳곳의 무속신앙에 나타

나는 여신이다.

영실계곡은 백록담, 물장올과 함께 한라산의 3대 성소聖所 중 하나다. 지질학적으로 볼 때, 서쪽에 위치한 병풍바위는 주상절리층이 잘 발달해 형성된 기암절벽이다. 그러나 동쪽의 오백장군은 약대지층弱帶地層, 즉 띠 모양의 약한 지층을 따라 용암이 분출되다가 그대로 굳으면서 이루어진 기암의 무리다. 영실의 암석은 표면이 거친 조면질 안산암으로 형성되어 있다. 이 암석의 절리대를 따라 지하수가 용출하는데, 이 물은 강정천의 발원이

된다.

한라산은 바다에서 솟아오른 화산으로 해발 1,950m에 이르는 남한에서 가장 높은 산이다. 따라서 표고에 따라 난대림에서 온대림, 한대림에 이르기까지 매우 다양한 식생 구조를 지닌 육상식물의 보고다. 영실 부근은 한대성기후를 나타내는 지대로 동쪽 암벽에는 구상나무, 주목, 흰진달래, 고채나무 등 특수한 수종이 한대성 원시림을 이루며, 서쪽 암벽에는 설매자, 시로미, 병꽃나무 등 관목이 주종을 이루고 있다. 특히 영실계곡은 온대림과 한대림이 서로 맞닿은 곳으로서 식물학적으로 매우 중요한 가치를 지닌 지역이다.

한라산에는 현재 많은 등산로가 개설되어 있다. 북제주에서 접근할 수 있는 관음사 코스와 북서쪽에서 오르는 어승생악 코스, 동쪽에서 올라가는 성판악 코스, 남쪽의 서귀포에서 연결되는 돈내코 코스, 그리고 남서쪽에서 접근이 가능한 영실 코스 등 여러 가지 등산로가 조성되어 있다. 이렇게 많은 등산로 중에서 현재 가장 많이 이용되는 등산로는 영실 코스다. 영실이 가장 높은 곳까지 차량으로 접근할 수 있어 쉽게 한라산을 오를 수 있기 때문이기도 하지만, 영실계곡의 아름다움을 한눈에 조망할 수 있다는 점도 한몫한다. 1990년대까지는 이 코스의 1,700m 고지에 위치한 윗세오름에서 한라산 정상으로 오르는 길이 나 있었다. 하지만 지금은 붕괴 위험으로 이 길을 폐쇄했기 때문에 한라산 동쪽으로 돌아가야 정상에 오를 수 있어 정상으로 가는 길이 다소 멀어졌다.

한라산은 중국 전환시대의 역사가 사마천司馬遷의 《사기史記》에 기록된 삼신산 중 영주산에 해당하는 대한민국의 영산이다. 신령스러운 영주산의 풍광은 사시사철 아름다운 비경을 연출한다. 진달래꽃과 철쭉꽃이 바다를 이루는 봄에서부터 짙푸른 녹음이 우거진 한여름을 지나 순백의 흰 눈이 온 산을 뒤덮는 겨울에 이르기까지, 한라산의 아름다운 풍광은 어떤 글로도 표현할 수 없는 아름다움을 지녔다. 이토록 빼어난 한라산의 풍광 중에서도 영실기암의 경치는 수려함의 대미를 장식한다. 석가여래가 설법을 하던 영산을 닮았다는 영실, 제주를 만들었다는 설문대할망의 슬픈 전설이 깃들어 있는 영실기암의 등산로는 근래에 한라산을 찾는 탐방객들이 가장 많이 찾고 있는 등반코스다. 절경을 자랑하는 영실기암, 슬픈 전설을 간직한 영실기암을 오르는 것은 사시사철 언제나 새롭고 특별한 경험이 될 것이다.

신선이 봄나들이하는 곳, 방선문

명승
제92호

동천에 들어서니 산봉우리 허리를 굽혔네	入洞山如揖
신선의 땅 영구벌에 나 또한 신선이라	瀛丘我亦仙
위태로운 바위 구멍 곧 떨어질 듯한데	嵌空危欲墜
어느 시절 신선이 옥도끼로 깎은 걸까	玉斧鑿何年

_한창유, 방선문 암벽 각자

▶ **방선문과 각자**
한천계곡의 한가운데
자리한 방선문과 그
아래로 형성된 통로,
천장에 음각된 글자의
모습이다.

햇볕이 따사로운 봄날, 계곡과 벌판에 철쭉이 온통 빨갛게 피어나면 영구벌은 신선의 땅이 된다. 화사하게 치장한 영구벌에 봄 향기에 취한 듯 따사로운 봄볕을 맞으며 신선이 찾아온다. 삼신산의 하나인 영주산에서 북쪽의 바닷가 용연으로 뻗어 내린 계곡에는 한천이 흐른다. 이곳 상류에 신선이 찾아온다는 방선문訪仙門이 자리하고 있다. 신선의 땅을 찾아온 제주목사 한창유韓昌裕 또한 신선이고자 방선문계곡에서 이렇게 노래했다.

방선문계곡의 거대한 바위에는 많은 글자가 새겨 있다. 신선의 땅을 찾아 신선처럼 유유자적하고자 한 사람이 남겨놓은 글이다. 입구 천장에는 '방선문'이라는 글자가 크게 음각되었으며, 측면과 후면에도 다수의 글이 새겨 있다. 특히 방선문에는 제주에 벼슬을 살러온 관리들의 시가 많이 각자되어 있다. 제주목사로 부임한 조희순趙羲純, 한정운韓鼎運, 김영수金永綬, 한창유를

비롯해 김치金緻, 홍중징洪重徵, 이의겸李義謙 등 수많은 문사가 방선문 바위에 시문을 새겨놓았다. 이들의 시는 하나같이 기이하게 생긴 방선문 동혈洞穴의 모습을 통해 신선의 세계를 묘사하고 있다.

방선문은 계곡에 위치한 동혈로서 커다란 바위 아래로 구멍이 나 있어 매우 신비스러운 모습을 하고 있다. 한천계곡 상류에 푸른 석벽이 깎아지른 듯 서 있는 곳이 있다. 이 계곡 한가운데 마치 대문을 열어놓은 듯한 모습으로 지붕이 덮여 있고 앞뒤로 구멍이 트인 큰 바위가 있다. 이것이 바로 예부터 신선이 드나드는 문이라고 해서 이름 붙은 방선문이다. 제주 사람들은 방선문을 등영구, 들렁귀, 환선문 등 여러 가지 이름으로 불렀다. 그중에서도 들렁귀는 제주 고유의 말로 '들렁'은 속이 비어 있고 툭 트여 있는 것을 뜻하며, '귀'는 입구를 의미한다. 즉 '앞뒤가 트여 있고, 위에는 지붕이 덮여 있는 바위'를 뜻한다. 방선문은 큰 바위 아래에 앞뒤로 트여 있는 구멍이 마치 큰 대문처럼 보이는 곳으로, 이 빈 공간은 사람들이 쉽게 드나들 수 있는 정도의 크기다. 제주의 향토사학자 김석익金錫翼(1885~1956)은 그의 저서《심재집心齋集》에서 방선문을 이렇게 묘사했다.

한내계곡 사이에는	大川之間
좌우로 낭떠러지가 있다	左石懸崖
커다란 바위가 엎디어 있어	中有大石
마치 무지개 형상을 한 문인데	俯作虹門
이름하여 방선이라 한다	名曰訪仙

옛날부터 방선문은 봄나들이 장소였다. 오늘날 영구벌은 유채밭으로 바뀌어 봄철에 노란 물결로 가득하지만, 예전에는 빨간 철쭉이 바다를 이루던 곳이었다. 영구벌이 철쭉으로 가득한 광경을 옛사람들은 영구춘화瀛邱春花라고 했다. 이는 제주의 경승을 이야기할 때 빼놓을 수 없는 풍광이다. 조선 순조, 철종 연간에 제주 영평리에 살았던 오태직吳泰稷(1807~1851)은 나산관해拏山觀海, 영구만춘瀛邱晚春, 사봉낙조紗峯落照, 용연야범龍淵夜帆, 산포어범山浦漁帆, 성산출일城山出日, 정방사폭正房瀉瀑 8곳을 제주팔경으로 꼽았다. 여기서 방선문의 풍광을 뜻하는 것은 '영구만춘'이다.

오늘날 제주의 경승을 일컫는 용어로 가장 널리 쓰이는 것은 '영주십경'이다. 제주의 가장 아름다운 열 가지 풍광을 의미한다. 제주 출신의 문인 이한우李漢雨(1823~1881)는 성산의 해돋이, 사라봉의 저녁노을, 영구벌의 봄꽃, 정방폭포의 여름, 귤림의 가을빛, 백록담의 늦겨울 눈, 영실의 기이한 바위, 산방산의 굴절, 산지포구의 고기잡이, 풀밭에 기르는 말을 영주십경으로 꼽았다. 그는 영주십경에 서진에서 보는 노인성과 용연의 밤 뱃놀이를 더해 영주십이경을 만들기도 했다.

방선문계곡 일대의 지질은 화산섬으로 이루어진 제주의 지질 구조를 잘 보여준다. 화산으로 분출된 용암으로 형성된 한천계곡은 아래로부터 정실현무암, 오라동하와이아이트, 오등동현무암순으로 분포하고 있다. 오라동 정실마을이 표식지인 정실현무암은 한천 바닥에서 잘 보인다. 한천계곡은 남쪽의 한라산 방향으로 계단상의 지형을 이루고 있어 용암 분출이 여러 차례 있

▲ **방선문계곡**
화산암 계곡의 특징을 잘
보여주는 방선문 상부
풍광이다. 제주시 제공.

었다는 것을 증명한다. 오라동하와이아이트는 오라골프장 일대
에서 한라산까지 연결되는 지질로 다공질 구조가 잘 발달한 용
암류이다. 가장 늦은 시기에 분출한 오등동현무암은 현무암질
용암류로 탐라교육원 부근의 하천에 나타난다. 화산활동으로
생성된 이러한 지질은 제주 특유의 지형을 형성해 독특한 하천
경관을 만들어낸다.

방선문계곡의 경관을 좌우하는 다른 요소로는 하천 주변에
조성된 식물을 들 수 있다. 구실잣밤나무, 종가시나무, 붉가시

나무, 사스레피나무, 광나무, 조록나무 등의 상록활엽수와 예덕나무, 팽나무, 자귀나무, 말오줌대 등의 낙엽활엽수가 주종을 이룬다. 상록수들의 줄기나 바위 위에는 마삭줄과 석위, 콩짜개덩굴 등이 부착해 살고 있다. 이러한 숲의 구조는 난대성 활엽수림의 특징을 잘 보여주는 것으로, 제주의 특유한 식물 경관이라 할 수 있다.

방선문이 위치한 한내는 한라산 백록담의 북쪽에서 발원해 제주시 방향으로 곧게 흘러내린다. 비가 오지 않을 때는 건천을 이루어 사람들의 접근이 유리하다. 용두암 근처에 위치한 용연이 한내의 끝자락을 이룬다. 그 옛날 용연 근처에 위치했던 제주목 관아터에서 한라산 정상을 향해 남쪽으로 곧바로 거슬러 오르면 방선문에 다다른다. 제주에 부임한 목사나 관리들은 이 길을 따라 방선문을 탐방하는 것을 매우 즐긴 듯하다.

유네스코에 세계자연유산으로 등재된 제주에는 아름다운 천혜의 자연과 함께 많은 비경이 곳곳에 자리하고 있다. 그중에서도 방선문은 신선의 세계와 인간의 세계를 나누는 경계라 불릴 정도로 숨은 절경을 자랑한다. 이곳에서는 매년 5월 '방선문축제'가 열린다. 방선문 숲길 걷기부터 무사안녕 기원제, 전통공연 등 다양한 볼거리를 제공한다. 이렇듯 명승은 이용과 보존이라는 상반된 가치를 조화롭게 공존시킬 때 더욱 이름 높은 경승지가 될 것이다.

한국의 그랜드캐니언,
포천 멍우리협곡

한탄강은 분단의 강이다. 철조망으로 가로막힌 군사분계선 너머 북쪽의 땅에서 시작해 남으로 흘러내리는, 남북 분단을 상징하는 강이다. 동족상잔의 비극이었던 한국전쟁의 아픈 기억으로 점철된 수많은 이야기를 담고 있는 강, 우리 현대사의 중심에 위치한 강이 바로 한탄강이다. '철의 삼각지', '승일교', '노동당사'를 비롯해 한탄강 주변의 수많은 전쟁 유적은 우리가 살고 있는 분단시대의 전설이 된 장소다.

한탄강은 북녘의 땅인 강원도 평강군 추가령계곡에서 발원해 철원군과 포천시, 연천군을 거쳐 임진강과 전곡에서 합류하는 강이다. 한탄이란 이름은 마치 휴전선을 가로질러 흐르는 분단의 고통을 토로하는 듯한 기분마저 들게 한다. 하지만 한탄漢灘은 '한여울' 즉 큰 강을 의미하는 어휘다. 한자어의 소리가 한숨으로 탄식하는 한탄恨歎이란 느낌이 들어 오해를 부르기도 하지만 이 단어와는 완전히 다르다. 한탄강 유역의 지명은 여울 또는 내와 관련한 이름이 많다. 한탄 외에도 차탄, 신탄, 포천, 연천, 운천 등이 모두 강물과 관련 있는 지명이다. '탄'이란 여울을 뜻하는데, 여울은 강바닥이 얕거나 폭이 좁아서 물살이 빠른 개울을 의미한다. 깊게 파인 계곡을 따라 흘러가는 한탄강은 대표적인 여울의 모습을 보여준다.

한탄강은 우리나라 어떤 강보다도 특별히 아름다운 경관을 자랑한다. 발원지인 평강 땅부터 임진강의 합류 지점까지 용암이 흘러 뒤덮인 용암 대지를 파고 흐르기 때문에 풍광이 매우 빼어나다. 한탄강은 화산 폭발로 생긴 추가령 구조곡의 좁고 긴 골짜기를 따라 형성되었다. 강원도 평강군 서남쪽 3km 지점에 위치한 오리산 북쪽 680m 지점에서 약 27만 년 전에 화산이 폭발했다. 오리산 화산체에는 정상에 직경이 400m가량 되는 분화구가 있는데, 화산 폭발 당시 이 분화구에서 어마어마한 양의 용암이 분출되었다고 한다. 점성이 약한 용암류는 분출이 계속되면서 낮은 지대로 흘렀고, 화산 폭발 이전의 물길을 따라 내려갔다. 옛 물길은 불길로 바뀌었으며, 강물을 만난 용암은 뜨거운 수증기를 내뿜으며 굳었지만 또다시 밀려든 용암은 강을 넘어 주변을 가득 채우며 흘러내렸다. 이때 주변의 낮은 지대를 채운 용암류가 오늘날 한탄강 주변의 너른 용암 대지를 형성한 것이다.

이곳에는 오랜 세월 강물이 흘러 새로운 강줄기를 또다시 만들어냈다. 27만 년 동안 평평한 용암 대지 사이를 파내려간 강물은 오늘날 국내 어디에서도 볼 수 없는 특별한 한탄강의 풍경을 이루었다. 한탄강은 강변의 절벽을 따라 강바닥으로 내려가면 다양한 지층을 볼 수 있다. 상층의 신생대 지층을 밟고 강바닥에 다다르면 수억 년 전 중생대 지층을 만질 수 있는 곳으로, 용암에 의해 형성된 한반도에서 가장 젊은 강이라고 지질학자들은 말한다.

용암 대지의 두터운 지층을 거의 수직에 가깝게 깎아내린 한탄강은 길게 협곡을 이루고 있다. 철원 평야를 가로질러 흘러내리는 한탄강협곡에는 곳곳에 아름다운 비경이 숨어 있다. 작은 나이아가라로 불리는 직탕폭포, 고석정을 중심으로 하는 대교천 현무암협곡, 순채를 심은 연못에서 이름이 유래했다는 순담계곡과 더불어 명승 제93호로 지정된 화적연, 천연기념물 제537호로 지정된 한탄강 현무암협곡과 비둘기낭폭포, 그리고 명승 제94호로 지정된 멍우리협곡은 모두 포천시의 한탄강 유역에 위치한 명소다. 그중에서도 멍우리협곡은 한탄강변을 따라 수직으로 주상절리가 발달해 풍광이 매우 수려한 계곡이다. 이 협곡은 한탄강 다른 지역에 위치한 대부분의 협곡과 달리 침식으로 형성된 하식애河蝕崖(하천의 침식작용으로 생긴 높은 절벽)의 양안이 모두 주상절리로 이루어졌으며, 높이 20~30m에 길이가 약 4km에 이른다. 멍우리협곡으로 지정된 구간에는 주상절리의 침식과 박리로 형성된 작은 하식 동굴이 약 30여기 이상 자리하고 있다.

멍우리협곡은 지질학적으로 매우 중요한 가치를 지닌 곳이다. 선캄브리아기에 형성된 변성암류와 중생대 쥐라기의 화강암류가 관입되어 지표에 노출된 상태, 그리고 이러한 오랜 역사를 지닌 지질층과 상부의 제4기(지질시대의 마지막기로 신생대 빙하기인 플라이스토세부터 충적세인 홀로세까지) 현무암질 용암류 사이에서 발견되는 지질의 부정합 구조를 잘 관찰할 수 있다. 또 주상절리, 하식애, 고토양층 등의 발달 과정도 면밀히 살필 수 있어 지질 및 지형학적 가치가 매우 우수한 곳으로 꼽힌다. 그로 인해 멍우리협곡은 '한국의 그랜드캐니언'이라고 불릴 만큼 풍

▲ **멍우리협곡 부감 경관**
용암대지를 가르고 흐르는
한탄강이 만든 비경이다.
이광춘 교수 제공.

▶ **멍우리협곡 근경**
용암류에 의해 형성된
지질층을 잘 보여준다.
포천시 제공.

광이 뛰어나다.

한탄강은 철원 평야를 지나는 동안 비교적 완만한 물굽이를 이루며 흘러내린다. 순담계곡을 거쳐 포천시 영북면에 이르러 한탄강은 물굽이가 크게 휘감아 도는 감입곡류의 하천 지형을 형성하는데, 이 지형에 자리한 명승이 바로 화적연이다. 멍우리협곡은 화적연 아래에서부터 시작된다. 멍우리협곡의 주상절리 석벽은 여러 차례 용암이 흘러내린 구조를 나타낸다. 이 석벽에는 아래쪽부터 위쪽에 이르기까지 다양한 식생이 나타난다. 1차로 흘러내린 용암층 위에는 철쭉류 같은 관목이 줄지어 자라는데, 5월 봄꽃이 한창일 때는 협곡의 주상절리 면에 철쭉이 길게 부채꼴 모양의 군락으로 피어나 아름다운 봄의 향연을 펼친다. 주상절리 면의 상층부에는 다양한 활엽수와 소나무가 섞여 자라며, 가을철이 되면 빨간 단풍이 굽이져 흐르는 협곡의 곡류와 어울려 아름답고 환상적인 경관을 뽐낸다. 물 가장자리는 습도가 높고, 주야간의 온도 차이가 커서 특히 단풍이 아름답게 물든다. 따라서 멍우리협곡의 단풍은 매우 짙은 원색으로 물들어 주상절리의 아름다운 지형과 함께 빼어난 가을 풍광을 연출한다.

'멍우리'라는 이름은 협곡의 가장자리가 수직으로 높은 절벽을 이루고 있어 여기로 들어가려면 가파르게 난 길을 내려가야 하는데, 아주 조심하지 않으면 쉽게 넘어져 몸에 멍우리가 생길 수 있다는 말에서 유래했다는 재미있는 이야기가 전해진다. 이 협곡은 1990년대 초 상수원 보호구역으로, 또 자연환경 보존지역으로 지정되어 오랜 기간 훼손되지 않고 아름다운 경관을

▲ **주상절리 전경**
주상절리로 이루어진
석벽이 길게 펼쳐져 있다.
포천시 제공.

▲ **멍우리협곡**
하상에서 바라본 모습으로
양 측면 모두 주상절리
석벽으로 이루어져 있다.
이광춘 교수 제공.

유지하고 있다.

이토록 아름다운 멍우리협곡이 한탄강댐 건설 계획으로 완전히 수몰될 위기를 맞은 적이 있다. 한탄 강댐은 이 일대의 홍수를 조절하기 위한 다목적 댐으로 건설을 추진한 사업이었다. 연천댐 상류 2km 지점인 고문리 지역에 높이 85m의 댐을 지으면 멍우리협곡은 물론 상류의 화적연까지 아름다운 한탄 강의 주상절리 경관이 모두 수몰되는 것이다. 이곳 지역 주민들은 귀중한 자연유산인 현무암 계곡의 수몰과 생태계 파괴를 우려해 사업을 반대했으며, 결국 정부는 이러한 주민들의 요구를 받아들여 평상시에는 물을 가두지 않는 순수한 홍수 조절용 댐으로 사업 내용을 변경했다. 따라서 멍우리협곡은 아름다운 비경을 온전히 보존하게 되었으며, 명승 제94호로 지정되는 쾌거를 달성했다. 지역 주민들의 강력한 의지로 보존된 멍우리협곡은 장차 포천 시의 명소로 더욱 빛나 값진 보배 역할을 톡톡히 해 낼 것이다.

하늘이 빚은 빼어난 조형물,
설악산 십이선녀탕

▶ **용탕**
십이선녀탕 중에서도 가장
아름답다고 알려져 있으며
복숭아탕이라고도 불린다.
이광춘 교수 제공.

부여안은 치맛자락 하얀 눈바람이 흩날린다
골이고 봉우리고 모두 눈에 하얗게 뒤덮였다
사뭇 무릎까지 빠진다
나는 예가 어디 저 북극이나 남극 그런 데로만 생각하며 걷는다
파랗게 하늘이 얼었다
하늘에 나는 후우 입김을 뿜어본다
스러지며 올라간다
고요하다
너무 고요하여 외롭게 나는 태고!
태고에 놓여 있다
왜 이렇게 나는 자꾸만 산만 찾아 나서는 걸까
내 영원한 어머니

청록파 시인 박두진朴斗鎭은 눈 내리는 겨울의 설악을 찾아 고요
한 태고의 풍광을 간직한 설악의 설경에 취해 〈설악부雪岳賦〉라
는 시를 한 편 남긴다. 골이 깊은 설악은 태고의 순수한 비경을
간직한 산이다. 곳곳이 깊이 파여 어디가 끝인지도 모르게 이어
지는 골짜기들은 잡티 하나 없이 깨끗한 속살을 지니고 있다.
이토록 수많은 설악의 골짜기 중에서도 내설악의 가장 남쪽에

자리한 탕수동계곡은 청정함의 백미를 보여준다.

탕수동계곡에는 탕이 아주 많다. 설악의 기이한 모습을 일컫는 설악팔기에는 '유다탕폭 有多湯瀑'이라는 말이 있다. 이것은 탕이 많은 탕수동계곡의 풍광을 묘사한 것이다. 탕수동계곡에는 독탕, 북탕, 무지개탕, 용탕 등 수많은 와소窪沼가 있다. 이러한 와소들은 폭포처럼 경사가 급한 암반을 타고 쏟아지는 물에 반석이 파여 마치 항아리 같은 모양을 하고 있다. 유연한 곡선으로 미끈하게 마모된 탕 속에는 유리처럼 투명하고 맑은 명경지수가 담겨 있어 청정한 계곡의 순결함을 그대로 드러낸다.

설악의 주봉인 대청봉에서 서쪽 방향으로 뻗어 내린 능선은 귀때기청봉과 큰감투봉을 지나 남쪽의 한계천계곡과 나란히 서쪽으로 이어진다. 대승폭포에서 올라오는 등산로와 교차되는 대승령 고갯마루를 건너 약 700m를 더 지나면 이 능선은 다시 두 갈래로 나뉜다. 아래쪽 안산으로 향하는 능선과 위쪽 응봉으로 분지되는 능선이다. 이 두 갈래의 능선 사이에 형성된 계곡이 바로 십이선녀탕이 자리한 탕수동계곡이다.

설악의 수많은 계곡 중에서 탕수동계곡은 아직까지 사람들이 그다지 많이 찾는 곳이 아니다. 내설악을 찾는 사람들의 대부분은 용대리에서 시작하는 백담계곡으로 향한다. 많은 탐방객이 백담계곡을 따라 오르는 까닭은 이 골짜기가 수렴동계곡, 구곡담계곡으로 이어져 넓은 산역이 하나의 수계를 구성하고 있으며, 백담사를 비롯해 오세암이나 봉정암 같은 사찰이 자리한 내설악의 중심 계곡이기 때문이다. 백담계곡에 비교하면 규모가 매우 작은 골짜기지만 미시령으로 난 찻길에서 들어가는 입구

▶ **탕수동계곡**
계곡 지형에 따라 여러
개의 탕이 연이어
자리하고 있다.

가 아예 다른 탕수동계곡은 이곳을 등산하겠다는 분명한 목적
을 가진 사람들만이 찾는다. 이 계곡은 특히 진입하는 입구가
좁아 계곡 안에 그토록 아름답고 순결한 비경이 숨어 있으리라
고 생각하기조차 어려운 심산유곡이다.

▲ **십이선녀탕**
아름다운 십이선녀탕의
가을 풍광이다.
국립공원관리공단 제공.

▶ **두문폭포**
계곡의 암벽 사면을
흐르는 계류가 만든
신비로운 모습이다.
이광춘 교수 제공.

소양강을 거슬러 인제와 원통을 지나면 내설악의 능선이 끝나는 지점에서 물줄기는 두 갈래로 나뉜다. 북쪽으로 난 물길은 남교리를 지나 용대리로 향하는 구만동계곡으로 이어진다. 십이선녀탕이 위치한 탕수동계곡은 남교리에서 시작된다. 설악의 다른 계곡에 비해 능선으로 둘러싸인 산역은 비록 좁지만, 제각기 다른 명칭으로 불리는 단위 계곡으로 볼 때 매우 길고 깊은 계곡이다. 탕수동계곡은 폭포수가 바위를 파내어 만들어놓은 탕이 많아 붙은 이름이다.

십이선녀탕계곡이라고도 불리는 탕수동계곡에는 밤이면 선녀들이 하늘에서 내려와 목욕을 하는 곳이라는 전설이 전해진다. 옛날에 천상계의 열두 선녀가 한밤중에 내려와 달빛 아래 고고한 자태를 뽐내며 깨끗한 계곡 물에서 목욕을 하고 동이 트기 전에 다시 하늘로 올라갔다는 전설이다. 폭포 아래 깊은 물 웅덩이를 이루는 와소들은 웅덩이의 가장자리를 둘러싸고 있는 바위가 마치 잘 다듬고 갈아놓은 거대한 목욕탕의 욕조 같아 탕이라는 이름이 붙은 듯하다. 십이선녀탕은 탕 열두 개가 연속으로 이어져 있다고 해서 부른 명칭인데, 실제로 헤아려보면 여덟 개만 그 모습을 뚜렷이 알 수 있다. 본래 탕이 열두 개 있었는데 지형이 바뀌어 나머지를 확인할 수 없는 것인지, 아니면 애초부터 탕은 여덟 개였는데 열두 선녀가 내려온 곳이라서 선녀 수에 맞춰 십이선녀탕이라고 한 것인지는 알 수 없다.

탕수동계곡은 설악의 수많은 계곡 중에서도 가장 예술성이 뛰어난 곳으로 꼽힌다. 굽이굽이 깊게 파고 도는 계곡의 물길은 울창한 원시림과 어울려 그윽하고 순결한 자태를 자아내며, 곳곳에 너럭바위를 타고 미끄러지거나 절벽의 단애로 내리 떨어지는 물줄기는 오랜 세월에 걸쳐 여러 개의 와소를 만들어놓았다. 그중에서도 용탕(복숭아탕)이 가장 유명하다. 용탕은 계곡을 타고 흐르는 물줄기가 바위 구멍으로 쏟아져 내리는 신기한 모습의 폭포와 그 아래 형성된 탕을 이르는 명칭이다. 모양이 신비스러운 용탕은 십이선녀탕 중에서도 단연 백미로 꼽힌다.

탕수동계곡은 연중 어느 때 찾아도 아름답다. 봄에는 봄꽃으로 예쁘게 단장하고, 여름에는 짙은 녹음으로 우거지며, 가을에는 고운 빛의 단풍으로 짙게 물들고, 겨울에는 하얀 눈으로 뒤덮여 그야말로 하늘의 선녀들이 섬섬옥수로 조각해놓은 듯한 신비의 풍경이다. 산을 좋아해 일찍이 설악을 찾은 이은상은 《노산산행기鷺山山行記》의 설악행각 편에 '십이선녀탕은 신이 고심해서 빚어놓은 역작'이라고 표현했다.

탕수동계곡은 남교리 탐방지원센터 옆에 위치한 계곡 입구를 지나면서 시작된다. 계곡 물은 마치 수정 같아 물속이 유리알처럼 들여다보인다. 골짜기에 쌓여 있는 자갈과 바위의 표면은 청정한 물로 깨끗이 씻겨 잡티 하나 없는 순수한 모습을 드러내며, 주위를 덮고 있는 숲도 자연 그대로의 청량함을 한껏 뽐낸다. 단풍이 곱게 물든 가을, 약간의 운무가 끼거나 안개가 자욱하게 깔린 탕수동계곡에 물을 흠뻑 머금은 노송과 회백을 바탕으로 한 무채색 바위가 이루는 대비는 아름다운 풍광의 하모니를 완성한다. 특히 장구한 세월 동안 흘러내린 물이 깎아 만든 오목한 바위, 반질반질한 너럭바위의 표면, 마치 용틀임 같은 물길 자국이 신비스러운 탕수동계곡은 근래에 인제군에서 명명한 인제팔경의 하나로도 선정되었다.

　온갖 꽃으로 화려하게 치장한 어느 봄날에, 하루하루 깊어가는 가을의 한 자락에, 천지가 모두 하얗게 내린 눈으로 뒤덮인 한겨울에 탕수동계곡을 찾는다면 설악의 비경이 얼마나 아름다운지, 어떠한 말이나 글로도 표현할 수 없을 만큼 풍광이 얼마나 빼어난지 쉽게 느낄 수 있을 것이다. 젊은 날 산을 좋아하는 모든 이의 심금을 울린 시인, 지금도 산을 찾는 산악인들이 즐겨 노래하는 《설악산 얘기》의 작가 진교준은 이른 나이에 설악산의 비경에 감동해 이렇게 읊었다.

　　나는 산이 좋더라
　　파란 하늘을 통째로 호흡하는
　　(…)
　　나는 산이 좋더라
　　영원한 휴식처럼 말이 없는
　　나는 산이 좋더라
　　꿈을 꾸는 듯
　　멀리 동해가 보이는
　　설, 설악, 설악산이 좋더라

내설악의 숨겨진 절경,
수렴동 구곡담계곡과 만경대

▶ **만경대와 오세암**
가을 단풍으로 화려하게
단장한 만경대와 오세암
주변의 풍광이다.
이광춘 교수 제공.

설악은 은자隱者의 산이라 했다. 하늘을 찌를 듯 높이 솟은 산봉우리와 길고 긴 능선, 그 사이를 굽이돌아 깊게 파고든 설악의 계곡은 세속을 떠나 모든 것에서 숨어버리고 싶은 은자가 깃들기에 충분한 심산유곡이다. 매월당 김시습은 수양대군이 어린 조카 단종의 왕위를 빼앗았다는 소식을 들었다. 조선 초기의 대표적 방외인方外人이었던 그는 삼각산 절방에서 공부하던 책을 불사르고 뛰쳐나왔다. 김시습은 사육신의 시신을 수습해 노량진에 묻은 후 유랑길에 나서 오랜 방황 끝에 설악으로 숨어든다.

조선 후기 권문세가였던 안동김씨의 후손 삼연 김창흡金昌翕(1653~1722)은 아버지와 형제들이 기사환국에 연루되어 사사되는 참혹함을 겪은 후 전국을 유랑하다가 설악의 깊은 계곡으로 은둔한다. 당시 권력의 중심에 있던 한양 장안의 안동 김문은 특별히 장동 김문이라 하여 조선의 '메디치가' 역할을 담당하기도 한 세도가였다. 생육신의 한 사람이며 최초의 한문 소설《금오신화金鰲新話》를 저술한 김시습과 5,000여 수의 시를 남긴 김창흡이 은거한 설악산은 이들의 자취와 글 덕분에 더욱 높이 평가되고 있다. 김창흡은 시를 모은 《삼연집三淵集》과 1705년 8월 24일부터 12월 5일까지 설악산을 여행하며 감상을 기록한 기행

문인《설악일기》를 남겼다.

　김시습과 김창흡이 설악산에 들어가 주로 머문 곳은 백담계곡에서 이어지는 수렴동계곡과 가야동계곡이다. 내설악의 중심을 이루는 이 계곡은 내설악 전체 면적의 상당 부분을 차지하고 있다. 인제−속초 간 국도상에 위치한 용대리에서 갈라지는 깊고 깊은 이 골짜기는 백담계곡에서 시작된다. 백담계곡은 용대리에서 5.9km 정도에 걸쳐 굽이굽이 돌아 올라 백담사까지 이

어지는 계곡이다. 이곳은 매우 아름다운 비경을 간직한 골짜기다. 하지만 지금은 백담매표소에서 백담사까지 셔틀버스가 수시로 운행하고 있어 백담계곡의 푸른 물과 맑은 풍광을 느끼기에는 오히려 힘들어졌다.

수렴동계곡은 백담사에서 시작된다. 백담사는 독립운동가이자 승려인 만해 한용운韓龍雲이 《조선불교유신론》, 《님의 침묵》 등을 집필한 곳으로 유명하다. 백담사는 647년(진덕여왕 1) 자장율사가 한계령 부근에 처음 세운 한계사에서 유래한 사찰이다. 창건 이후 10여 차례의 화재로 소실되었다가 다시 짓기를 거듭했다. 1455년(세조 1) 한계사는 대청봉에서 작은 못이 100번째 이어진 이곳으로 옮겨 지어져 백담사라는 이름을 얻었다고 한다. 백담사는 한국전쟁 때 또다시 소실되었다가 1957년에 재건해 현재는 내설악의 대표 절로 자리 잡았으며, 전두환 전 대통령이 머문 곳으로도 잘 알려져 있다.

수렴동은 명산으로 이름난 설악산과 금강산 두 곳에 모두 있는 지명이다. 설악산의 수렴동계곡은 본래 금강산의 수렴동계곡에서 따온 이름이라고 한다. 그러나 금강의 수렴은 설악의 수렴에 미치지 못하는 것으로 평가받는다. 육당 최남선은 그의 저서 《조선의 산수》에서 "금강의 수렴동이 오두막집의 들창에 친 발이라면, 설악의 수렴동은 경회루의 넓은 한쪽 면을 뒤덮고 있는 큰 발이라 할 것이다"라고 평가했다. 수렴동계곡은 백담사 인근의 백담탐방안내소에서 시작해 수렴동대피소에 이르는 계곡을 말한다. 행정구역으로는 강원도 인제군 북면 용대리에 속하며 구곡담계곡과 함께 내설악을 대표하는 계곡으로, 특히 가

◀ 만경대 정상
내설악의 조망 지점으로
잘 알려진 만경대와
이곳에서 바라본 설악의
겨울 풍광이다.
이광춘 교수 제공.

을 단풍이 아름답기로 이름난 곳이다.

수렴동계곡의 시작인 백담탐방안내소에서 500m 정도 오르면, 계곡이 왼쪽으로 굽이돌면서 작은 폭포를 만난다. 백담대피소 위의 대승골 어귀 근처를 흐르는 황장폭포다. 높은 곳에서 물이 쏟아져 내리는 일반 폭포와 달리 물살이 조금 세게 흐르는 여울처럼 보이기 때문에 폭포 같지 않은 폭포라 하여 '조용한 폭포'라고 부르기도 한다. 황장폭포에서 1km 남짓 더 올라가면 '사미소沙彌沼'라는 못이 자리하고 있다. 사미란 스님이 되기 위해 출가했지만 아직 공부가 모자라는 어린 스님을 지칭하는 말이다. 여기서 다시 1km 정도 계곡을 따라 가면 영시암永矢庵이라는 암자에 다다른다.

영시암은 '영원히 쏜 화살'이라는 뜻으로 김창흡이 창건한 암자다. 1689년(숙종 15)은 기사환국으로 남인이 서인을 몰아내고 재집권하는 등 매우 혼란한 시기였다. 영시암은 아버지와 형제를 잃은 김창흡이 영원히 세상과 단절하겠다는 맹세의 뜻이 담겨 있는 명칭이다. 김창흡은 영시암이 들어선 이곳을 가리켜 "봉우리와 골짜기가 그윽하고 기이하며, 흙이 많아 작물을 심을 수 있는 곳이다. 또 아름다운 수풀과 나무가 무성하고, 밤새도록 두견새 울음소리가 들리는 곳"이라 표현하고 있다. 지금의 영시암은 서예가로 유명한 일중 김충현, 여초 김응현 등이 그의 11대조인 김창흡을 기리기 위해 다시 지은 건물이다.

구곡담계곡은 수렴동계곡에서 시작해 설악산에서 가장 높은 곳에 위치한 봉정암 방향으로 계속 이어진다. 이렇듯 봉정암으로 연결되는 골짜기를 흐른다고 해서 봉정골이라 불리기도 한다. 구곡담은 계곡의 굽이굽이에 담潭이 아홉 개가 있다고 해서 붙은 명칭이다. 첫 번째 못은 방원폭方圓瀑이라 하는데, 다른 못에는 명칭이 붙어 있지 않다. 네 번째 못 부근에 사자암이 위치하고, 맨 끝에 자리한 못에는 백담대百潭臺라는 바윗돌로 만든 층계가 있다. 구곡담계곡에는 그 위쪽으로 용담폭포, 쌍룡폭포 등이 자리해 있으며, 이 길을 따라 계속 오르면 봉정암을 거쳐 소청봉, 대청봉에 이를 수 있다.

영시암에서 북쪽으로 갈라지는 가파른 산길을 따라 2km 정도 오르면 아늑한 분지 속에 자리한 오세암五歲庵에 다다른다. 오세암은 눈 속에 갇힌 오세동자가 관세음보살의 보살핌으로 이 암자에서 겨울 동안 홀로 무탈하게 살아남았다는 전설에서 붙은 이름이라 한다. 이 설화는 영화로도 제작되어 널리 알려진 이야기다. 매월당과 관련 있는 오세암의 정경을 조선 후기의 문신 정범조丁範祖(1723~1801)는 《설악기》에서 이렇게 묘사하고 있다.

어스름에 오세암에 들어갔다. 기이한 봉우리가 사방에서 옹위하고 있으면서 삼엄하여 사람을 치려는 듯하다. 중간에 토혈이 뚫려 있어 고즈넉하게 암자를 하나 들여 넣고 있다. 매월당 김시습이 일찍이 은둔한 곳이다. 암자에는 두 개의 초상화가 있는데, 매월당을 유학자로 그려둔 형상과 불자로서 그려둔 형상이다. 나는 배회하며 추모하면서 서글픈 느낌에 사로잡혔다.

오세암의 남쪽 방향에는 오른쪽으로 뻗은 능선이 마치 앞을 가로막듯이 우뚝하게 솟아 있다. 이 능선 위로 오르면 내설악에서 으뜸이라 일컫는 전망 지점이 위치한다. 외설악, 내설악, 남설악 지구에 각각 하나씩 있는 전망 위치로 만경대라 부르는 봉우리다. 만경대는 '많은 경관'을 볼 수 있다고 해서 붙은 이름이며, 많은 경관을 '바라볼 수 있다'는 뜻에서 망경대라고도 한다. 내설악 지구에 있는 만경대는 오세암 바로 앞 해발 922m의 봉우리로 용아장성과 공룡능선, 나한봉 등의 절경이 한눈에 들어오는 곳이다. 내설악 만경대는 조망 지점을 대상으로 한 명승 지정 기준에 따라 명승 제104호로 지정되었다.

물은 산속에서 나와 골짜기를 두루 덮으며 아래로 흘러간다. 산속의 골짜기는 바위가 엎드려 있다가 솟아나고, 좁아졌다가 넓어지고, 폭포를 이루며 떨어지다가 깊은 담을 형성하는 다양한 모습을 보여준다. 그 모든 풍광은 물이 흐르며 만들어놓은 것이다. 이렇듯 수렴동계곡, 구곡담계곡은 내설악의 물줄기가 깊이 파놓은 계곡으로 골골이 비경을 이루는 아름다운 경승지다. 이러한 설악의 절승을 조망할 수 있는 만경대는 내설악의 기암괴봉을 사방에 두른 명소 중의 명소다.

마고선녀의 유람지,
설악산 비선대와 천불동계곡

▶ **비선대와 각자**
녹음으로 우거진 비선대
주변의 계곡 풍경과
암반에 세로로 내려쓴
각자가 선명하다.
이광춘 교수 제공.

청산은 나를 보고 말 없이 살라 하고	靑山兮要我以無語
창공은 나를 보고 티 없이 살라 하네	蒼空兮要我以無垢
사랑도 벗어놓고 미움도 벗어놓고	聊無愛而無憎兮
물같이 바람같이 살다가 가라 하네	如水如風而終我
성냄도 벗어놓고 탐욕도 벗어놓고	聊無怒而無惜兮
물같이 바람같이 살다가 가라 하네	如水如風而終我

_ 나옹선사, 〈청산은 나를 보고靑山兮要我〉

"사랑도 부질없어 미움도 부질없어 청산은 나를 보고 말 없이 살라 하네. 성냄도 벗어버려 탐욕도 벗어버려 하늘은 나를 보고 티 없이 살라 하네. 버려라 훨훨~ 벗어라 훨훨~ 사랑도 훨훨~ 미움도 훨훨~ 성냄도 훨훨~ 탐욕도 훨훨훨~" 청아한 대금 소리와 함께 노래하는 수행자 심진스님은 나옹선사懶翁禪師(1320~1376)의 시를 이렇게 노래한다. 고려 말기 고승으로 공민왕의 왕사였던 나옹선사는 〈청산은 나를 보고〉라는 그의 명시를 통해 인간사의 모든 업을 짓게 하는 탐진치貪瞋癡를 버리라 말한다. 탐욕貪欲과 진에瞋恚(노여움)와 우치愚癡(어리석음), 즉 삼독三毒을 버리고 물같이 바람같이 말 없이 티 없이 살라 한다.

"노스님, 극락은 어떻게 갑니까?"

"극락에 가겠다는 생각을 버려라. 그러면 갈 수 있을 게다."

삼독을 모두 버린 곳. 오욕으로 가득 찬 세속을 벗어난 곳. 사랑도 미움도 성냄도 탐욕도 모두 다 벗어놓은 극락의 세계. 파란 창공과 맑디맑은 청산만 고요하게 머물러 있는 그곳. 바로 그런 산하가 설악에 있다. 외설악의 중심을 이루는 비선대와 천불동계곡이다. 이 계곡은 헛된 욕망에서 벗어난 신선이 사는 곳이다. 신선이 와선臥仙이 되어 한가롭게 누워 있기도 하고, 날개옷을 입은 비선飛仙이 되어 파란 하늘로 우화등천羽化登天하기도 하는 소쇄하고 청량하기 그지없는 신선의 세계다.

외설악의 거점인 신흥사에서 서쪽 방향으로 쌍천계곡을 거슬러 오르는 길은 소나무가 우거진 숲길이다. 1km 정도 숲길을 오르면 쌍천계곡은 저항령으로 향하는 계곡과 비선대로 향하는 계곡으로 나뉜다. 남쪽으로 난 비선대계곡을 향해 500m가량 더 가면 와선대계곡이 나오며, 여기서 다시 계류를 따라 300m 정도 올라가면 비선대에 이른다.

비선대는 경치가 매우 아름다운 곳으로, 비가 내려 물이 많아지면 비선대 반석 위로 흐르는 물이 여러 차례 꺾여 폭포를 이룬다. 폭포가 연속되는 이곳 계곡의 광경이 마치 날개옷 자락을 펄럭이는 마고선녀麻姑仙女의 모습과 같다고 해서 비선대라 했다고 전한다. 마고선녀는 주로 무속신앙에서 받들어지는 신선 할머니로 새의 발톱같이 긴 손톱을 가지고 있다고 알려져 있다. 와선대는 마고선녀가 누워 놀던 곳이며, 비선대는 마고선녀가 하늘로 승천했다는 전설을 지닌 곳이다. 비선대계곡은 봄이 오면 온 계곡에 산야초의 꽃이 만발해 꽃향기가 골짜기를 가득 메우고, 여름에는 숲이 우거져 짙푸른 녹음으로 산과 계곡이 모두 뒤덮여 청량한 심산유곡을 이루는 곳이다. 가을이 오면 선홍색과 진노랑색 등 오색 단풍으로 거대한 바위산이 아름답게 치장을 하고, 겨울에는 하얀 눈꽃이 온통 골짜기를 장식하는 곳으로, 외설악 가운데에서도 으뜸가는 절경을 지닌 계곡이다.

비선대 앞에는 바위로 된 3각 모양의 봉우리가 우뚝 솟아 있다. 이 암봉은 장군봉이라 하는데 중간 허리쯤에 기묘하게도 석굴이 자리하고 있다. 경사가 심해 오르기 힘든 비탈길과 바위의 수직 벽에 간신히 걸쳐놓은 철제 구름다리를 기듯이 올라야 하는 위험한 곳에 자연적으로 형성된 금강굴이다. 굴 안의 넓이는 23㎡ 정도 되는데 관세음보살상을 모셔놓았으며, 굴의 천장에서 한 방울씩 떨어지는 물은 약수로 유명하다. 금강굴은 설악산의 여덟가지 기이한 자연현상을 의미하는 설악팔기 중 하나다. 금강유혈金剛有穴이라 하여 금강굴의 커다란 석산에 큰 구멍이 뚫린 신기롭고 기이한 모습을 팔기의 하나로 꼽은 것이다. 신흥사의 부속 암자인 금강굴은 일찍이 신라시대에 원효대사가 수도한 곳이라고 전해진다. 높은 위치에 자리한 금강굴에서는 겹겹이 중첩된 석벽과 같은 천불동계곡의 아름다운 경관을 조망할 수 있다.

비선대는 예로부터 많은 시인 묵객이 찾은 곳이다. 비선대 너럭바위 암반에는 많은 글자가 새겨 있다. 그중에서도 비선대라고 큰 글씨로 음각된 글자가 대표적이다. 이것은 양사언의 글씨

라고 알려져 있는데 《양양읍지襄陽邑誌》에서는 윤순尹淳이 쓴 것이라 기록하고 있다. 사실 비선대를 제외하면 설악산은 유림들이 많이 머문 것에 비해 바위에 각자가 많지 않다. 조선시대 설악산을 찾은 많은 유림이 남긴 '유산기遊山記'를 감안하면 수많은 은자가 설악에 깃들었음에도 각자는 그다지 많지 않은 편이다.

장희빈과 얽힌 기사환국으로 처참한 가난家難을 겪은 삼연 김창흡은 아버지가 사사되자 심산을 찾아 은거했다. 청년 시절 설악을 탐방하고 설악의 풍광에 매료된 그는 설악산에 들어와 오랫동안 머물렀으며, 구곡담계곡에 백운정사(화재로 전소되었으며 현재는 그 자리에 영시암이 들어섬)를 세우기도 했다. 김창흡은 설악에 관한 많은 시를 짓기도 했으며, 특히 설악산 기행문이라 할 수 있는 《설악일기》를 남겼다. 50대 후반에 5년 동안 설악산에서 은거한 삼연은 비선대를 탐방하고 〈비선대〉라는 시 한 편을 짓는다.

경대처럼 맑은 물 굽어보니	瓊臺俯金潭
부채 같은 청봉이 그곳에 펼쳐져 있네	石扇排青峰
이곳이 생길 때에 묘리를 갖추었던가	融時備衆妙
그 힘이 어찌하여 이리도 기이하고 장엄한가	豈惟勢奇壯

비선대를 지나면 기암괴석이 수없이 솟은 천불동계곡으로 이어진다. 천불동계곡은 비선대에서 문주담, 이호담, 귀면암, 오련폭포, 양폭, 희운각대피소를 거쳐 소청봉과 중청봉으로 이어지는 등산 코스다. 여러 개의 담과 폭포가 계속되는 천불동계곡은 주변에 솟아오른 수많은 바위와 암봉이 특히 아름다운 풍경을 이루고 있다. 이호담을 지나고 나면 우뚝 서 있는 암봉이 보이는데, 이 바위는 마치 귀신의 얼굴 모양을 하고 있다고 해서 귀면암이라고 한다. 과거 귀면암은 천불동계곡의 입구에 버티고 서서 대궐 문이나 성문을 지키던 수문장의 역할을 하는 바위 같다고 하여 겉문다지 또는 겉문당이라고도 불렀다.

귀면암을 거쳐 천불동계곡을 계속 올라가면 오련폭포를 만날 수 있다. 폭포 다섯 개가 연이어 있다고 해서 붙은 이름이다. 오련폭포에서 다시 400m 정도 올라가면 양폭에 다다른다. 양폭는 양폭대피소가 있는 곳으로, 인근에 음폭이 있어 대비되는 이름을 지닌 폭포다. 양폭대피소는 설악동 약 7km 떨어진 곳에 위치한 대피소로, 예전에 지은 대피소를 철거하고 아래쪽에 새로 지은 것이라 한다. 양폭은 폭포가 겉으로 드러나 있다고 해서 붙은 이름이고, 음폭은 음폭골 내부에 가려져 있다고 하여 부르는 명칭이다. 지금은 양폭이라는 말이 널리 쓰이고 있지만, 예전엔 양폭포라 부르기도 했다. 양폭은 그 의미가 폭포뿐 아니라 주변 일대를 가리키는 말로 어휘의 뜻이 변화되었다. 양폭에서 오른쪽으로 난 계곡을 따라 잠시 더 오르면 천불동계곡에서 가장 끝에 자리한 천당폭포에 이른다. 우거진 나뭇가지 사이로 우렁찬 소리와 함께 쏟아지는 천당폭포는 자그마한 하늘과 바위 숲. 폭포수만이 전체를 이루고 있어 세속의 온갖 때를 모두 다 씻은 듯 깨끗한 모습을 지닌 폭포다.

비선대에서 이어지는 천불동계곡은 외설악의 진수를 보여주는 청정하고 아름다운 계곡이다. 마고선녀가 승천했다는 전설과 함께 옛날부터 많은 은자가 찾은 소쇄하고 청아한 이 골짜기는 오늘날에도 설악산 등산객이 줄지어 오르는 등산 코스가 되고 있다. 설악을 오르는 많은 사람이 성냄도 탐욕도 사랑도 미움도 모두 벗어버리고 물같이 바람같이 순결한 계곡을 올라보면 어떨까 하고 생각해본다.

선계를 품은 강릉의 아름다운 명소, 용연계곡

영동 지방의 지형은 매우 가파르다. 백두대간의 등줄기가 한반도의 동쪽 끝으로 치우쳐 뻗어 내려가기 때문에 대간의 동쪽 지형은 급히 바다로 흘러든다. 따라서 백두대간의 동쪽에 자리한 영동 지방은 남북으로 좁은 부채꼴 모양의 지형을 이룬다. 이처럼 폭이 좁은 지세는 대부분 급경사를 이루고 있어, 대간에서 분지된 지맥의 산줄기가 뾰족하게 날이 선 험한 모양을 하고 있다. 날선 산줄기에 장단을 맞추듯 산줄기 사이를 파고든 계곡은 하나같이 깊고 웅장하며 아름답다.

영동 지방의 중심을 이루는 강릉은 영동에 위치한 다른 도시보다 터전이 넓다. 내륙에서 강릉을 연결하는 고갯길은 대관령이 가장 잘 알려져 있다. 그 북쪽으로는 오대산 바로 아래를 넘는 진고개가 있다. 진고개를 넘어가면 명승 제1호로 지정된 소금강계곡을 만날 수 있으며, 대관령을 넘으면 명승 제74호로 지정된 대관령 옛길로 연결된다. 소금강계곡과 대관령 옛길은 모두 깊은 골짜기를 이루는 영동 지방의 지형이 만들어놓은 아름다운 명승이다.

남쪽의 대관령 고갯길과 북쪽의 진고개 사이에도 아름다운 계곡이 숨어 있다. 오대산에서 남쪽으로 뻗어 내린 백두대간은 진고개를 지나 대관령으로 연결되면서 그 등줄기가 다시 황병산으로 솟아오른다. 황병산의 동쪽 사면부에 깊은 골이 형성되어 있는데 이 골짜기가 바로 용연계곡이다. 용연계곡은 소황병산에서 동쪽으로 뻗은 산릉의 매봉에서 동북동 방향으로 분지되어 운계봉으로 이르는 능선과 동남동 방향의 곤신봉, 대공산성으로 이어지는 능선 사이를 깊게 파고든 계곡이다.

행정구역으로 보면 용연계곡은 강릉 시내와 북쪽의 연곡면 사이에 위치한 사천면에 자리하고 있다. 강릉과 북강릉 사이에 자리한 사천면사무소에서 서쪽으로 사천천을 따라가면 사기막리에 이르고, 이곳 마을을 지나면 계곡 사이를 가로막은 용연저수지에 다다른다. 용연저수지를 지나면서 계곡은 점점 깊어진다. 때 묻지 않은 자연의 모습을 간직한 용연계곡은 안으로 들어갈수록 장관을 이룬다.

용연계곡은 정부에서 오랫동안 일반인의 출입을 금지해온 구역이다. 계곡의 하천을 따라 나 있던 옛길은 폐도가 된 지 오래여서 중간중간 끊겨 있고, 나무와 풀이 뒤얽힌 가시밭길로 변해 아무나 지나갈 수 없는 상황이다. 이 옛길은 넓은 구간에 걸쳐 남아 있다. 지금은 용연계곡 입구에 저수지가 조성되고, 저수지 중간 부분의 산기슭에는 용연사가 자리하고 있는데, 저수지 위로는 용연사를 제외하고는 전혀 사람이 거주하지 않는다. 그로 인해 계곡 주위의 자연은 천연 그대로의 모습을 유지하고 있다. 하지만 오랫동안 사람이 살지 않았기에 옛길은 그대로 방치되어 여러 곳이 단절되고 훼손되었다. 현재 옛길은 하천을 가로지르는 구간이 대부분 유실되었고, 계곡을 따라가는 구간은 상당 부분이 보존되어 있다.

▲ **용연계곡**
골이 깊은 용연계곡은 폭포,
계류, 소와 담이 이어지며 아름다운
풍광을 이룬다. 이광춘 교수 제공.

제2장 계곡 지형

용연계곡을 거슬러 오르면 여러 곳의 소와 폭포를 만나게 된다. 화강암이 풍화되어 만들어놓은 거대한 바위들은 우뚝우뚝 거대한 입석과 석벽을 이루며 순수하고 깨끗한 모습을 유지하고 있다. 특히 계곡을 흐르는 물은 수정같이 맑다. 용연계곡은 골이 매우 깊어 긴 구간을 이루고 있는데 암반, 계류, 폭포 등이 수없이 반복되며 아름다운 연계 경관을 형성한다. 계곡의 지형은 아래부터 완만하게 경사를 이루다가 위로 올라갈수록 점점 가파르게 바뀐다. 따라서 계곡의 아랫부분은 계류와 담 그리고 낮은 폭포가 자리하고 있지만 용소를 지나면서부터는 물의 흐름이 빨라지고 폭포의 높이도 높아지며, 양지폭포에 이르러서는 계곡 경관의 절정을 이룬다.

용연계곡 일대는 현재 울창한 숲으로 덮여 있다. 이 숲은 우리나라 중북부에 전형적으로 형성된 2차림으로, 매우 잘 발달된 숲의 구조를 띤다. 산 중턱으로 난 임도林道를 따라가다 보면 곳곳에서 특정한 종류의 나무가 군락을 이뤄 순수한 임상의 형태를 보이며 굴참나무, 졸참나무, 말채나무, 신갈나무, 가래나무, 피나무 등의 활엽수가 곧은 형질의 소나무와 섞인 혼합림은 자연스러운 모습의 수림지 경관을 나타낸다. 또 용연계곡의 계류변에는 소나무와 활엽수가 어우러져 더욱 울창한 수림을 이루는데, 이는 계곡 경관의 풍취를 한층 높여주고 있다. 용연계곡에서 숲이 만들어내는 변화무쌍한 사계절의 산림 경관은 매우 아름답다. 특히 단풍철, 흰 눈으로 뒤덮인 늦가을과 한겨울 계곡의 모습은 신비스럽기 그지없다.

용연계곡에는 아직도 옛사람들이 살던 흔적이 남아 있다. 가

▼ **사기 조각**
사기막골에는 도요지가
많아 다양한 사기 조각이
발견된다.

장 가까운 시기에 산 사람들은 화전민이다. 그들은 계곡에서 산비탈을 일궈 농사를 짓고 산 것으로 보인다. 그보다 앞선 시기에는 사기를 굽고 살던 사람들이 있었다고 한다. 현재 용연계곡은 행정구역상 사기막리에 해당한다. 지역의 행정 지명이 '사기막리'일 정도로 용연계곡은 사기막 도요지와 관련이 깊다. 용연사 옆 계곡에는 사기막리 백자도요지가 자리하고 있다. 이로 미루어볼 때, 용연계곡 내에는 다수의 사기막 도요지가 있었을 것으로 추정된다. 사기막 도요지와 관련한 요업문화는 용연계곡에 상징적·장소적 의미를 부여하는 중요한 요소라 할 수 있다. 순태골에 위치한 사기막 도요지 가마터에 대한 발굴 결과를 토대로 사기막골의 문화환경을 유추하고, 용연계곡에 묻혀 있는 사기막 도요지를 찾아 복원하면 앞으로 좋은 문화 자원으로 활용할 수 있을 것으로 보인다.

▶ 용소
검푸른 물빛을 통해
수심이 매우 깊다는
것을 알 수 있다.

　　양지폭포 아래 계곡에는 수심이 깊은 용소가 자리한다. 이곳에서는 예전에 마을 사람들이 모여 동제를 지냈다고 한다. 이 마을 제사는 용연계곡을 상징하는 또 하나의 의미 있는 문화 행위다. 이러한 제의는 장소성을 부각시킬 수 있는 자원으로서, 용소의 경관을 돋보이게 하는 소중한 문화경관 요소다.

　　용연사는 오늘날 용연계곡에 현존하는 환경 자원 중에서도 가장 뚜렷한 문화 자원이라 할 수 있다. 옛날 이 마을에는 못이 있었는데, 이곳에서 용이 하늘로 승천했다고 해서 용연龍淵이라 부르기 시작했다. 이 전설에서 용연사와 용연계곡의 이름이 유래한 것이라 한다. 용연사는 신라 때 자장율사가 초창했다는 설과 1650년 조선 인조 때 옥잠스님이 창건했다는 설, 그리고 1670년 현종 때 세웠다는 여러 가지 설화가 전해진다. 용연사는 한국전쟁으로 모두 소실되었으나 전후에 대웅전과 요사채,

원통보전과 삼성각 등을 건립해 오늘에 이른다. 규모가 그다지 크지는 않지만 용연계곡 입구에 자리하고 있는 전망 좋은 가람이다. 용연사 안에는 강원도 문화재자료 제139호로 지정된 용연사 석탑이 있다.

근래 용연사는 주지를 맡고 있는 설암스님이 크게 불사를 진행하고 있다. 성품이 매우 활달한 설암스님은 불도저 같은 추진력이 있는 분이다. 스님의 적극적인 의지 덕분에 오롯이 숨어 있던 용연계곡은 마침내 세상에 모습을 드러내게 되었다. 어느 누구도 관심을 두지 않던 용연계곡이 명승으로 지정된 데에는 스님의 노력이 매우 컸다. 이러한 명승 자원의 발굴은 본시 지방자치단체나 중앙정부가 앞장서서 진행해야 하는 사안이다. 명승으로서 가치가 충분한데도 공공단체 모두가 소홀히 한 일을 설암스님이 나서서 몇 곱절의 노력을 기울인 덕분에 용연계곡은 명승의 지위를 얻었다고 해도 과언이 아니다.

최근 아름다운 선계를 의미하는 사천동천沙川洞天이라는 글자가 새겨진 바위가 발견되어 용연계곡이 신선이 사는 경승지라는 의미를 한층 더 나타내고 있다. 앞으로는 용연계곡의 아름다운 경관과 그 속에 담긴 문화적 의미를 밝혀 명승으로서 가치를 더욱 명확히 하고, 적절한 수준에서 국민에게 보여줄 수 있는 활용 방안을 모색해야 할 것이다.

제3장

해안과 도서

삼면이 바다로 둘러싸인 한반도는 바다에 면한 지형이 다양하고 아름답다. 굴곡이 매우 심한 해안선은 해안석벽을 비롯해 너른 백사장, 검푸른 바다가 어울려 곳곳에 절경을 형성하고 있다. 특히 남해와 서해에는 수없이 많은 도서가 점점이 자리해 한반도의 아름다운 모습을 한층 더 신비롭게 한다. 이처럼 비경으로 가득한 해안과 도서의 풍광은 해돋이, 해넘이와 함께 장관을 연출하는 명승이다.

거제 해안 경관의 백미, 해금강

▶ **해금강**
그림같이 펼쳐진 아름다운
해금강의 전경이다.

흔히 '1 제주, 2 거제'라고 한다. 섬의 크기로 볼 때 거제도는 제주도 다음가는 두 번째로 큰 섬이다. 한반도의 동남쪽 연안에 위치한 거제도는 높은 산과 깊은 계곡이 곳곳에 자리해 있어 섬 안으로 조금만 들어가면 육지의 깊은 산속에 들어온 것 같은 기분이 들게 한다. 해안의 지형 또한 깎아지른 경사지가 많아 해변의 풍경이 매우 아름답다. 이처럼 경관이 빼어난 거제도의 남쪽 끝, 섬의 해안이 돌출된 부분에는 대단히 신비스러운 비경이 숨어 있다. 바로 바다에 자리하고 있는 금강이라 해서 해금강이라고 하며, 강원도 금강산의 해금강을 닮았다고 하여 '제2의 해금강'이라고도 불리는 거제 해금강이다.

거제도의 남단, 해안이 돌출된 지형이 바로 갈곶岬串이다. 거제 해금강은 갈곶의 끝 부분에 위치한 무인도다. 천혜의 비경을 품은 해금강은 두 개의 큰 바위섬이 서로 맞닿은 형상을 하고 있으며, 섬의 동남부는 깎아놓은 듯한 절벽이 만들어낸 경치가 특히 아름답다. 이 바위 절벽은 아름다운 색채를 띠는 암벽을 비롯해 수직으로 서 있는 바위들이 만든 다발(총석)로 이루어져 있다. 바위는 또 크게 갈라져 큰 틈을 형성하고 있는데, 이 틈으로 들어온 푸른 바닷물은 암벽과 함께 절경을 만들어 해금강의 모습을 한층 더 신비롭게 한다.

　해금강 주도의 이름은 본래 갈도葛島다. 우리말로 '칡 섬'이라는 뜻이다. 과거 이 섬에 칡이 많아서 붙은 이름인 듯하다. 해금강의 중심을 이루는 갈도는 오랜 세월 파도에 깎여 형성된 바위섬으로, 바닷물에 의한 침식(해식) 지형을 잘 보여준다. 갈도는 해식작용을 토대로 신비하기 그지없는 십자동굴을 비롯해 석문, 사통굴 등의 해식동굴을 형성했으며 일월봉, 미륵바위, 사자바위 등 말로 형언할 수 없는 아름다운 지형을 지니고 있다. 특히 십자동굴은 해금강 경관의 백미를 보여준다. 동서남북 사방으로 통하도록 열십자 모양으로 되어 있고, 크고 작은 해로의

▲ **해금강**
수직으로 솟은 바위와
그 위에 자라고 있는 창송,
푸른 바다가 한 폭의 그림
같다. 문화재청 제공.

문이 있어 십자동굴이라 불린다. 북쪽과 동쪽에 있는 굴로는 배가 진입할 수 있다. 이곳에는 굴의 내부에서 서로 통하는 '해상의 만물상'이라 일컫는 석문이 있다. 십자동굴의 남쪽 동굴은 길이가 100m 정도 되며 물이 빠지는 간조 때는 사람이 걸어서 지나갈 수도 있다.

해금강에는 갈도 주변을 중심으로 많은 명소가 위치하고 있다. 예컨대 해와 달이 이곳 바위 위에서 뜬다고 하여 일월관암日月觀岩이라 부르는 바위가 있고, 병풍을 펼쳐놓은 것처럼 생겼다는 병풍바위, 신랑 신부가 마주 서서 전통 결혼식을 올리는 모습과 같다는 신랑·신부바위가 자리한다. 이 밖에도 돛대바위, 거북바위, 미륵바위 등이 아름다운 경승의 모습을 한층 더 돋보이게 한다. 이와 같은 해금강 기암괴석의 절벽 위에는 '천년송'이라 불리는 작은 소나무가 마치 분재처럼 아름다운 모습으로 자라고 있다. 비록 몸체는 작지만 줄기가 시작되는 부분이 매우 굵어 제법 나이가 들었다는 사실을 알 수 있다. 천년이나 되었다는 것은 다소 과장되긴 했지만, 생육이 아주 어려운 위치에서 자라고 있으므로 수령이 꽤 많은 나무로 보인다. 또 갈도에는 해안석벽에 동백나무와 구실잣밤나무 같은 제주도를 비롯해 남부 지방에서 많이 볼 수 있는 상록활엽수가 자라고 있으며 풍란, 석란, 박쥐란 같은 귀한 난초도 자생한다.

짙푸른 바다로 이어지는 이곳 해금강에서 통영에 이르는 바다는 한려해상국립공원으로도 지정되어 있다. 우리나라 남해안의 빼어난 경승지에 전해지는 '서불과차' 이야기는 이곳에서도 이어진다. 진시황의 명을 받은 신하 서불이 다녀가면서 '신비스러운 경치에 취해 서불이 지나갔다는 의미로 암석 위에 '서불과 차'라고 새겼다는 설화로서, 거제 해금강이 아름다운 비경이라는 것을 강조하는 전설로 여겨진다.

거제 해금강은 1971년 3월 23일 우리나라에서 두 번째(제2호)로 지정된 명승이다. 명승에 관한 국가적 관심과 행정 업무를 2000년 이전까지 거의 진행하지 않았던 점을 고려하면, 해금강이 대단히 일찍 명승으로 지정되었다는 것을 알 수 있다. 그럼에도 불구하고 해금강은 오랜 세월 효율적으로 활용되지 못했다. 이곳에 접근하는 도로와 교통수단이 발전하지 못한 탓도 있지만, 중요한 관광자원이 되는 명승의 보존과 활용 계획을 잘 세워 집행하지 못한 데에도 원인을 찾을 수 있다.

최근 거제 해금강은 관광객이 크게 늘어나 호황을 맞고 있다. 그러나 이들은 해금강을 보러 오는 순수한 탐방객이라기보다, 서양식 정원을 예쁘게 가꿔놓아 마치 지중해의 아름다운 섬을 연상시키는 외도의 정원을 보러 오는 경우가 대부분이다. 오히려 지금은 외도 식물 정원을 찾아온 사람들이 명승인 해금강을 곁들여서 함께 보고 가는 상황으로, 마치 해금강이 부대 관광 장소쯤으로 전락해버린 것이 아닌가 하는 느낌마저 든다. 이러한 현상은 오랜 세월 형성되어온 국가 지정 명승의 가치를 생각하면 참으로 안타까운 일이 아닐 수 없다. 요즘 국민, 특히 젊은 이들의 관심사를 보면 이러한 현상을 충분히 이해할 수 있을 듯하다. 많은 사람이 소중한 문화재가 있는 곳보다 인기 있는 영화나 드라마를 촬영한 장소를 선호하고, 이러한 곳을 찾아가는 현실을 생각하면 자연스러운 현상이 아닌가 싶기도 하다.

► **해금강 근경**
수직으로 솟은 바위와
소나무가 어울려 빼어난
풍경을 연출한다.

그러나 어찌 되었든 이렇게 인공적으로 만든 외도 정원의 부대 관람 장소쯤으로 전락한 해금강의 처지를 고려할 때, 앞으로 적절한 활용 계획을 다시 수립해야 하지 않을까 하는 생각이 든다.

해금강의 경우 명승 자원으로서 효과적으로 활용하기 위해서는 두어 가지 짚어보아야 할 점이 있다. 먼저 국가와 지방자치단체가 명승에 대한 대국민적 교육이나 홍보에 좀 더 열의를 가지고 노력해야 한다는 점이다. 영월의 한반도지형(명승 제75호)은 실제로 국민에게 잘 알려지지 않은 곳이었는데, 인기 있는 방송 프로그램에 소개되면서 많은 사람이 찾는 관광지로 바뀌었다. 이러한 사례는 다수의 장소에서도 쉽게 찾을 수 있다. 물론 국가의 문화재는 일시적 인기를 얻는 장소로 가볍게 알려져서는 안 된다. 그러나 이보다 더 중요한 것은 아예 알려지지도 않아 그러한 장소가 얼마나 아름다운 곳인지, 어떠한 감동을 주는 명승인지조차 모르는 국민이 더 많다는 사실이다. 따라서 이러한 문화 자원, 특히 관광의 대상이 되는 명승을 국민에게 잘 알리는 것은 현재 시점에서 매우 중요한 일이다.

다음으로는 주변 문화재와 연계해 활용하는 문제에 관한 것이다. 통영 앞바다 한려해상에 위치해 거리는 가까우면서도 연계해 활용하지 못하는 국가 지정 문화재를 효과적으로 묶어 활용하는 프로그램을 개발한다면 해금강의 활용은 좀 더 활성화될 것이다. 현재 우리나라는 지방 시군의 행정구역이 서로 다른 경우, 국가 유산을 연계해 효율적으로 활용하는 사례가 거의 없다. 거제 해금강 인근에도 통영의 소매물도 등대섬(명승 제18호)

과 한산도의 충무공 유적을 비롯해 다양한 문화재가 인근에 위치하고 있다. 이러한 다수의 문화재를 연계한 프로그램을 만들어 운영한다면, 좀 더 효율적인 활용을 기대할 수 있을 것이다.

과거 거제도는 아주 먼 곳이었다. 해금강은 거제도에서도 맨 끝에 있기 때문에 더더욱 멀게 느껴졌다. 그러나 지금은 한반도를 종주하는 대전–통영 간 고속도로를 개설해 내륙에서 빠르게 접근할 수 있으며, 부산에서는 가덕도 바다를 건너는 도로가 긴 다리와 해저터널로 연결되어 거제도의 접근성을 크게 개선했다. 이처럼 쉽고 빠르게 다다를 수 있는 해금강의 국가 지정 문화재로서의 가치가 국민에게 잘 알려지는 것은 물론, 관광자원으로서도 크게 활용할 수 있는 중요한 기회를 맞고 있다.

아홉 계단의 자갈 해안,
정도리 구계등

한반도의 남서쪽 끝자락, 그림 같은 바다에 보석처럼 빛나는 섬
이 있다. 빙그레 웃음 짓는 행복의 땅 완도다. 완도完島는 빙그레
웃을 완에 섬 도 자로 '언제나 늘 미소 짓고 있는 섬'이란 뜻이
다. 다도해로 이루어진 서남해의 중심에 위치한 완도는 200여
개의 아름다운 섬으로 구성되어 있다. 점점이 떠 있는 수많은
섬의 바탕이 되는 완도의 바다는 깨끗한 청정 해역으로 전복과
김, 미역과 다시마를 한가득 품고 있는 비취빛 바다다.

신선한 해산물로 유명한 완도는 신라시대 바다를 장악하고
맹활약을 펼친 해상왕 장보고의 활동 근거지였다. 조선의 지리
학자 이중환은《택리지》에서 "완도는 전라도 강진 바다 복판에
있으며 육지와는 10리 거리다. 신라 때 청해진으로서 장보고가
근거지로 삼던 곳이다. 섬 안에 좋은 천석이 많고, 지금은 첨사
僉使가 통솔하는 진영이 설치돼 있다"고 기록하고 있다. 전라남
도 완도읍 장좌리 앞에 위치한 장도는 장보고가 청해진을 설치
하고 한반도와 중국, 일본을 잇는 중계무역을 행하던 곳이다.
지금으로부터 1200여 년 전에 이미 완도는 국제적으로 유명한
무역도시였다는 것을 알게 해주는 섬이다.

서남해의 푸른 바다 한가운데 솟아 있는 완도의 남동쪽 끝 부
분에는 완도군청이 위치한 완도읍이 자리하고 있다. 이곳에서

서쪽으로 고개를 넘어 석장리를 지나 4km 정도 77번 도로를 따라 가면 사정리 삼거리에 다다른다. 여기서 다시 남쪽으로 난 마을 길을 따라 내려가면 바다로 향하게 된다. 이 바닷가 해변이 바로 정도리 구계등이다. 1972년 7월 명승 제3호로 지정된 해안 경승지로, 일찍이 그 아름다움을 인정받은 곳이다.

검푸른 자갈이 끝없이 너른 해안을 가득 채우고 있는 바닷가. 정도리 해안에는 예쁘게 생긴 자갈이 켜켜이 쌓여 있다. 메추리 알만 한 것부터 커다란 호박덩이만 한 자갈이 섞여 있으며, 크기도 지름 5~30cm로 다양하다. 검은색 혹은 짙푸른 빛을 띠는 이 자갈들은 70~83m 폭에 약 750m의 길이로 완만한 바닷가를 따라 길게 펼쳐져 있다. 오랜 세월 남해의 거친 파도에 깎이고 다듬어져 큰 돌이나 작은 돌이나 하나같이 둥근 모양을 하고 있다.

이처럼 긴 해안선을 따라 경사면에 넓게 쌓인 자갈들은 구계등九階嶝이라 한다. '아홉 계단을 이룬 비탈'이란 뜻으로, 정도리 해안에 파도가 일어난 후 썰물이 되면 바닷가 경사면의 자갈밭이 아홉 개의 계단을 이룬다고 해서 붙은 이름이다. 실제로 물이 빠진 바닷가의 모습을 보면, 여러 단으로 된 단구의 모습이 보인다. 그러나 이러한 단구가 정확히 아홉 개의 계단을 형성하는지 확인할 수는 없다. 밀물 때는 모양이 제대로 드러나지 않아 계단이 어떤 모습인지조차 알 수 없지만, 썰물 때도 대여섯 계단 정도밖에는 볼 수가 없다. 물론 바닷물 속에도 자갈밭은 계속 이어진다. 마을 사람들의 이야기로는 물속에 위치한 단구까지 포함하면 아홉 계단이라고 하지만, 아마도 아홉이라는 숫

자가 가장 꽉 찬 수이므로 여러 단을 형성하는 구계등 바닷가의 모양을 상징적으로 나타낸 숫자가 아닌가 하는 생각이 든다.

구계등 바닷가처럼 자갈로 이루어진 해안은 구성으로 볼 때 학술적 용어로 자갈해빈shingle beach이라 하고, 형태로 볼 때는 만입형 해빈pocket beach이라고 한다. 구계등 해안은 크게 보면 늘 같은 모양을 하고 있는 듯이 보인다. 그러나 오랜 시간 자세히 관찰하면 1년에도 수없이 다양하게 모양이 변하는 것을 알수 있다. 구계등의 자갈은 항상 그 자리에 고정되어 있지 않다. 태풍이 불거나 큰 파도가 치면 자갈이 이 동해 바닷가의 모습은 그때마다 바뀐다. 바닷물이 밀려왔다가 쓸려가기를 계속하면서, 자갈을 수중으로 끌고 내려갔다가 다시 해안으로 밀어 올리는 일을 반복하기 때문이다. 따라서 물결에 쓸린 돌밭은 계속 새로운 형태의 계단을 형성하게 된다.

정도리 구계등에서는 자갈이 파도에 부딪혀 내는 소리가 들린다. 자갈밭에 가만히 앉아 있으면 물결에 자갈이 휩쓸리며 내는 소리가 정말 아름답다. '자르락 자르락' 하는 듯한 소리는 청량하고 신기하기만 하다. 이곳을 찾는 사람이 적은 철에 호젓하게 들으면 더욱 재미있는 소리로 다가온다. 2008년 자연의 소리를 대상으로 하여 사운드스케이프soundscape라는 개념을 주제로 실시한 연구에서 정도리 바닷가의 소리를 다룬 적이 있다. 자연의 소리는 사람의 마음을 편안하게 하는 효과가 있으며, 이 연구에서는 정도리 해안의 갯돌 소리와 파도 소리를 매우 좋은 사운드스케이프로 평가했다. 바닷가의 소리 자원을 활용한 지역 활성화를 생각해볼 만한 일이다.

해안가 뒤로는 자갈밭 위에 해안선과 평행하게 마을 숲이 조성되어 있다. 바닷바람을 막아 마을을 안온하게 하고, 마을의 경작지를 보호해주는 방풍림으로 조성한 해안 숲이다. 대부분의 해안 숲은 인위적으로 조성한 곰솔이나 적송 숲이 많은데, 정도리의 마을 숲은 자연적으로 형성된 모습의 활엽수림으로 구성되어 있다. 정도리 숲의 상층부를 이루는 교목류는 마을 사람들이 바람을 막기 위해 나무를 심어 조성한 숲으로 여겨진다. 그러나 그 안에 자라는 작은 나무는 자연림에 가까운 모습을 하고 있다. 수종도 광나무, 덜꿩나무, 생달나무 등 남도에서 자생하는 종이며, 수림지의 모습이 자연림 구조를 형성하고 있어 아마도 자연 스스로 바뀌어가는 천이 과정에 따른 결과로 보인다.

마을 숲은 보통 마을의 형국을 보완하거나 특정한 기능을 수행하게 하기 위해 조성한 후, 공원처럼 이용하는 경우가 대부분이다. 그러므로 사람들이 논의를 거쳐 숲에는 인위적으로 큰 나무만 자라게 만들고 작은 나무나 지피식물은 잘 자라지 않게 하는 경우가 많다. 하지만 정도리의 해안 숲은 이미 오래전부터 사람들이 이용하지 않아 자연적으로 숲의 하층 식생이 자라고 오늘날과 같은 자연림의 형태를 갖추게 되었다. 현재 이 숲은 생태 구조가 매우 양호해 남부 지방 식물을 연구하는 학자들이 크게 관심을 쏟고 있는 상황이다.

정도리 구계등은 현재 다도해해상국립공원에 포함되기 때문에 국립공원관리공단에서도 이 숲을 보존하기 위해 힘쓰고 있다. 일례로 마을 사람들이 숲 내로 다닐 수 있도록 좁은 산책로를 조성해 그 외의 지역으로는 접근하지 못하도록 엄격하게 통제하고 있다. 하지만 마을 숲은 본래 마을 사람들이 이용하는 마을 공원이다. 공원이란 이용이 우선되어야 하는 시설이다. 과거에는 마을 사람들이 이 숲을 매우 적극적으로 활용했을 것이다. 물론 현재의 생태학적 가치를 완전히 무시해서는 안 되겠지만, 마을 숲을 조성하는 당초의 의미를 생각한다면, 이용을 좀 더 잘 수용하는 것도 바람직한 활용 방안이라고 여겨진다.

구계등이 자리한 정도리는 옛날에 정돌#乭이라는 지명으로 불렸다. '정' 자는 땅에서 많은 물이 솟아 고여 있는 샘물을 뜻하며, '돌' 자는 돌石 또는 땅 이름을 의미한다. 즉 정도리는 '돌이 샘처럼 많이 고여 있는 곳'이라는 뜻을 지닌 마을로, 구계등의 자갈밭과 관련이 있는 이름으로 보인다. 이 마을은 오랫동안 '정돌리'라는 이름으로 불리다가 1916년에 불교 용어인 정도正道를 인용해 지금의 이름인 정도리로 바뀌었다고 한다. 또 정도리 구계등에는 장보고에 관한 이야기가 전해 내려온다. 장보고가 완도에 청해진을 설치했을 때 주민들에게 들어 구계등이 있다는 사실을 알았는데, 신라 조정에서 장보고의 공적에 대한 포상으로 이곳을 녹원지로 봉했다는 이야기다. 이는 정도리 구계등 일대가 녹원지로 봉해질 정도로 아름다운 장소였다는 것을 증명하는 이야기라 할 수 있다.

이토록 아름다운 정도리 구계등의 자갈해변은 명승으로 잘 보존해 후손에게 물려주어야 할 소중한 자원이다. 그러나 아직도 이곳에서 돌을 채집하는 사람들이 있는 것 같다. 자연의 변화로 인해 명승이 훼손되는 것도 막아야 하지만, 사람들이 인위적으로 훼손하지 않도록 막는 것 또한 절실한 일이 아닐까 싶다.

파랑이 만든 바위섬,
여수 상백도와 하백도

남해 저 끝에 외로운 섬이 있다. 먼 바다로 향하는 남해 한가운데 마지막으로 자리한 섬. 이 섬에는 사람이 살지 않는다. 지구상에 얼마 남지 않은 흑비둘기를 비롯해 팔색조, 휘파람새, 장박새, 동박새, 가마우지, 바다직박구리 같은 온갖 새만 모여 산다. 사람이 없어 외로운 이 섬에는 철 따라 수많은 새가 날아와 둥지를 틀고 알을 낳아 새끼를 키우고 있다. 희귀한 새들이 주인인 이 섬이 바로 백도다.

서른아홉 개의 작은 섬이 모여 있는 백도는 두 개의 큰 섬을 중심으로 무리를 이루고 있어 상백도, 하백도라 나누어 부르기도 한다. 백도는 사람이 살지 않는 무인도기 때문에 그야말로 청정한 바다가 자연 그대로의 모습을 유지하고 있는 곳이다. 바닷속에는 붉은 연산호가 마치 꽃을 피우듯 꽃밭을 이루고 미역과 다시마를 비롯해 온갖 바다풀이 무성히 자라고 있다. 바다숲 또한 풍성하여 감성돔, 자리돔, 민어, 갈치, 고등어, 멸치 등 수많은 물고기가 떼를 지어 헤엄쳐 다닌다.

백도는 오랜 세월 파도가 깎아 만든 바위섬이다. 해식 지형의 박물관이라고도 불리는 백도는 짙푸른 바닷물 속에서 솟아오른 섬과 바위가 하나같이 깎아지른 절벽을 이루고 있다. 따라서 백도의 바위섬들은 그 형상이 매우 기이하고 아름답다. 이렇듯 다양한 형상을 지닌 백도의 해안 지형은 지질학적으로도 의미가 깊다.

중생대 백악기 후기에 화산활동으로 형성된 백도의 기반암은 화강암과 화산쇄설성 응회암으로 구성되어 있다. 상백도는 본래 하나의 섬이었으나 오랜 파랑을 거쳐 여러 개의 섬으로 분리된 것으로 추정하고 있다. 백도는 바닷물이 깎아 만든 절벽을 뜻하는 해식애海蝕崖, 파도의 침식작용으로 생긴 암석의 띠를 의미하는 파식대波蝕帶, 바닷물이 뚫어놓은 동굴인 해식동海蝕洞, 파랑의 침식으로 형성된 아치 모양의 해안 침식 지형인 해식 아치 sea arch, 그리고 바위 표면에 동굴 형태로 구멍이 파인 타포니 등 여러 가지 지질 구조를 갖춘 섬이다.

이처럼 다양한 지질학적 특징을 지닌 백도는 천혜의 비경을 보여준다. 수직으로 깎아지른 절벽은 160m에 이르고 수심 60m의 짙푸른 바다에 여기저기 흩어져 점점이 떠오른 바위섬들은 웅장하고 신비스러운 형상을 하고 있다. 다양한 모양의 바위들은 저마다 전설을 품은 채 백도의 바다를 지키고 있다. 상백도군에는 깊은 바다 위에 솟구쳐 상백도를 보호하듯 두르고 있는 병풍바위, 하늘에서 내려온 옥황상제의 신하 형제가 꾸지람을 듣고서 숨어 있다는 형제바위, 풍류를 즐기던 상제의 아들이 새를 낚으려다 돌로 변해버렸다는 매바위를 비롯해 왕관바위, 물개바위, 삼선암, 오리섬, 노적섬, 탕근대 같은 기암들이 한껏 자태를 뽐낸다. 또 하백도군에는 상제의 아들과 용왕의 딸이 바위로 변했다는 서방바위와 각시바위, 부처가 우뚝 서 있는 모습을 닮은 석불바위, 마치 돛대 두 개를 세워놓은 듯한 모습의 쌍돛

◀ **상백도·하백도**
기암괴석과 푸른 바다가
어울린 바위섬의 풍광.
문화재연구소 제공.

대바위와 더불어 거북바위, 성마리아상바위, 원숭이바위, 궁성바위, 촛대바위 같은 괴석이 자리하고 있다. 이처럼 다양한 형태의 기암괴석이 만들어내는 백도의 형상은 만물상이라 할 만하다.

아름다운 풍광을 자랑하는 백도는 대부분이 바위로 구성되어 있다. 그러나 해안석벽이 일정한 높이에 다다르면 조건이 매우 척박한데도, 식물들은 수직의 바위 틈에 뿌리를 내려 자리를 잡는다. 풀과 나무가 자라는 백도의 기암은 한층 더 아름답다. 조금 더 넓고 큰 바위섬에는 푸른 식생대가 정상을 완전히 덮고 있어 녹음이 우거진 섬의 모습을 보여준다. 백도에는 후박나무, 돈나무, 보리수나무, 까마귀쪽나무, 곰솔, 우묵사스레피나무, 광나무 같은 목본류가 독립목으로 혹은 군락을 이루어 자생하며, 거문억새와 왕밀사초 등을 비롯한 초본류도 군락을 형성해 건강한 식물 생태계를 구성하고 있다.

백도白島는 멀리서 보면 섬 전체가 온통 하얀색으로 보인다고 해서 붙은 이름이다. 또 섬의 수가 100개에서 하나 모자라는 99개기 때문에 '일백 백百'에서 '하나 일一' 자를 빼 백도라 이름 지었다고도 한다. 이외에도 백도라는 이름의 유래와 관련한 또 다른 재미있는 전설이 있다. 태초에 옥황상제의 아들이 상제의 노여움을 사서 귀양을 왔는데, 용왕의 딸에게 반해 이곳 세상을 좋아하게 된다. 그래서 그는 풍류를 즐기며 세월을 보냈다. 옥황상제는 아들을 뉘우치게 만들려고 인간 세상에 귀양을 보냈으나 세월이 흐르면서 아들이 몹시 보고 싶어졌다. 그래서 신하들을 내려보내 아들을 데리고 오게 하려 했지만, 인간 세상으로 내려간 100명의 신하마저 돌아오지 않았다. 몹시 노한 상제는 그들을 모두 벌주어 크고 작은 섬으로 변하도록 만들었는데, 바로 이 섬들이 상백도와 하백도라고 한다.

백도를 구성하는 상백도와 하백도는 옛날의 섬 이름과 오늘날의 지명이 서로 다른 특별한 섬이다. 일제강점기에 작성한 자료에는 남쪽 섬을 상백도, 북쪽 섬을 하백도 했으며, 오늘날의 지도에는 반대로 북쪽 섬을 상백도라 하고 남쪽 섬을 하백도라 표기하고 있다. 이것은 일본이 자신들에게 가까운 섬을 상백도로 바꿔 표기하면서 발생한 오류다. 해방 후에는 본래의 지명으로 다시 변경해 우리나라 육지에서 가까운 섬을 상백도로 돌려놓았다. 이 때문에 백도에 관한 설명은 오늘날에도 다소 혼돈을 보이고 있다. 이러한 오류를 단적으로 보여주는 예는 백도의 무인 등대와 바위 명칭에 관한 설명이다. 무인 등대는 북쪽 섬, 즉 상백도에 설치되어 있는데 등대가 하백도에 설치되어 있다고 설명하는 자료가 지금도 더러 통용되고 있다. 일제가 비틀어 놓은 잘못된 명칭 탓에 발생한 오류가 더 이상 혼란을 초래하지 않도록 백도 관련 자료를 더욱 명확히 해둘 필요가 있다.

남해의 맑디맑은 청정 해역에 위치한 백도는 행정구역상 전라남도 여수시 삼산면 거문리에 해당하며, 거문도에서 동쪽으로 28km 떨어진 곳에 자리 잡고 있다. 다도해해상국립공원에 거문도와 함께 포함된 무인도로 거문도 권역에 속한다. 따라서 백도에 가려면 먼저 거문도로 가야 한다. 거문도행 여객선은 전라남도 여수와 고흥 나로도여객터미널 두 곳에서 출항한다. 이 여객선을 타고 거문도항에 도착한 다음 백도행 유람선으로 갈아타야 한다. 이처럼 뱃길이 연계되어 있는 거문도와 백도는 마치 울릉도와 독도처럼 한 쌍을 이루는 섬이다.

거문도는 일찍이 외세의 침략을 겪었다. 1885년(고종 22)부터 1887년까지 영국이 러시아의 남하를 견제하고자 불법으로 점령한 '거문도 사건'이 발생한 것이다. 지금도 당시 역사를 증명하는 영국군 수군 묘비가 남아 있다. 거문도는 삼도三島, 삼산도三山島, 거마도巨磨島라 부르기도 하며, 큰 섬은 고도古島, 동도東島, 서도西島의 세 섬으로 구성되어 있다.

백도는 거문도를 찾는 사람들이라면 잊지 않고 찾는 필수 관광지가 되고 있다. 따라서 백도와 거문도를 연계해 활용하는 일은 매우 중요하다. 1979년 일찍이 명승 제7호로 지정된 여수 상백도·하백도 일원은 오랫동안 사람들이 자유롭게 드나들던 섬이었다. 그러나 섬을 오르는 사람들의 분별없는 이용이 천혜의 무인도인 백도의 자연을 훼손하는 결과를 초래하기 시작했다. 결국 2001년부터 백도는 무단출입이 금지되어 지금에 이르고 있다. 하지만 이러한 명승 보존에 관한 노력이 백도를 지속적으로 활용할 수 있는 섬으로 만들고 있다. 앞으로도 남해 먼 바다의 보물 같은 섬 백도의 자연환경을 잘 보존해 지속 가능한 이용 대상이 되도록 관리해 나가야 할 것이다.

서해의 해금강을 만나다,
백령도 두무진

▶ **두무진 전경**
오랜 세월 파도의
침식작용으로 형성된
깎아지른 듯한 해안절벽과
기암괴석이 솟아 있다.

우리나라 바닷가에는 오랜 세월 파도에 깎여 천태만상을 이룬 아름다운 경승지가 많다. 동해안에는 통천의 총석정을 비롯해 해안 곳곳에 아름다운 절경이 줄지어 있고, 남해안에는 거제의 해금강과 더불어 수없이 많은 비경이 자리하고 있으며, 서해안에도 변산의 채석강, 안면도의 꽃지해변 등 아름답기 그지없는 명소가 이루 헤아릴 수 없이 많다. 백령도 두무진은 이러한 해안 경승지 중에도 단연 압권이다. '서해의 해금강'이라 불리는 두무진은 바닷가에 우뚝 서 있는 기암괴석의 모습이 마치 금강산의 만물상과 같다 해서 붙은 이름이다.

인천시 옹진군의 서북단 끝자락에 위치한 두무진은 백령도 북서쪽 약 4km의 해안선을 따라 늘어선 높이 50~100m의 거대한 바위와 절벽으로 이루어진 해식 지형이다. 오랜 세월에 걸쳐 지질작용과 파도의 침식으로 형성된 독특한 경관을 품고 있다. 두무진에는 병풍같이 깎아지른 듯한 해안절벽과 가지각색의 기이한 바위들이 솟아 있다. 코끼리바위, 장군바위, 신선대, 선대암, 형제바위 등 온갖 모양의 바위가 바다를 향해 늘어서 장관을 연출한다. 옛날 배를 타고 이곳을 지나던 사람들은 두무진의 비경에 잠시 세상을 잊고, 속세의 오니를 깨끗이 씻어낸 것처럼 맑고 푸른 바닷물의 아름다운 풍경에 깊이 도취했다고 한다. 두무

▲ **형제바위**
비슷한 모양의 두 바위가
마치 형제가 끌어안고 있는
듯한 형상을 하고 있다.

진 기암괴석의 아름다운 모습은 홍도의 기암과 태종대의 단애를 합쳐놓은 것과 같은 절경으로, 이처럼 아름다운 두무진의 바위를 보고 이대기李大期(1551~1628)는 《백령도지白翎島誌》에서 '늙은 신의 마지막 작품'이라고 극찬하기도 했다.

두무진의 지질 구조는 마치 시루떡이 층을 이뤄 겹겹이 쌓여 있는 것 같은 모습을 하고 있다. 이것은 퇴적작용에 따른 지층의 전형적인 모습으로 변산반도의 채석강, 부산의 태종대도 이와 같은 지형을 이루고 있다. 두무진은 약 10억 년 전 원생대에 해빈 환경에서 오랜 세월 퇴적된 사암이 지각운동을 거쳐 지하 깊은 곳에 위치해 고열과 고압을 받아 변성된 암석이다. 이렇게 지하 깊은 곳에서 이루어진 지층이 다시 상승해 지표면으로 노출된 후 오랜 세월 파도와 비바람에 지속적인 침식과 풍화를 받아 깎이면서 형성된 것이 바로 두무진의 해식 지형이다.

바다에서 퇴적작용이 진행될 때, 깊은 바다에서는 아주 고운 점토질 입자가 쌓이고 바닷가에서는 좀 더 굵은 모래 성분의 입자가 퇴적된다. 두무진의 지층은 하층의 퇴적물이 상층보다 더 미세한 입자로 구성되어 있다. 이는 하층은 깊은 바다에서 퇴적이 진행되었고, 상층은 바닷가의 해빈 환경에서 퇴적이 이루어졌다는 사실을 보여준다. 퇴적층에는 높이 4~5m 간격으로 암석의 색채가 다르게 형성되어 있는데, 이것은 해수면의 변동이 주기적으로 발생해 이루어진 결과로 추정된다. 두무진의 규암층은 층리가 거의 수평을 이루고 있다. 층리의 발달 형태로 보아 퇴적 이후에는 심한 변형작용이 없던 지질 구조로, 이러한 퇴적 구조를 잘 보존하고 있는 두무진의 지층은 당시의 퇴적 환경을 관찰할 수 있는 학술적 가치가 매우 큰 곳이기도 하다.

두무진의 바위와 해안절벽에는 30~40m 높이의 암벽 위에 식물이 자라고 있다. 바닷가에서 잘 자라는 해국海菊이 무리를 이루어 분포하고 있으며, 빈약하긴 하지만 해안에는 염생식물인 도깨비고비, 갯방풍, 땅채송화, 갯질경이 등이 생육하고 있다. 또 큰 바위 틈에는 범부채가 자라는 등 특이한 식물의 생육 환경을 발견할 수 있다.

두무진의 명칭과 관련해서는 뾰족한 바위가 많아 생김새가 마치 머리에 난 머리털 같다고 해서 '두모진頭毛鎭'이라고 불렀는데, 후에 다시 장군들이 머리를 맞대고 회의하는 듯한 형상을 하고 있다고 해서 두무진이라 개칭했다는 전설이 전해 내려온다. 또 이곳을 산림이 울창한 곳이라 하여 두모진이라 했으나, 러일전쟁 때 일본의 병참기지가 생긴 후로 두무진頭武津으로 바꾸었다고도 한다. 옛날부터 해적이 많이 출몰한 외딴섬으로, 1832년 우리나라에 온 최초의 선교사 토마스가 상륙한 곳이 바로 두무진이다.

오늘날 두무진의 행정 지명은 백령면 연화리蓮花里다. 옹진군에서는 연화리를 상징하는 연꽃이 《심청전》과 관련 있는 지명이라고 주장한다. 효녀 심청에 관한 전설은 다른 견해도 있지만 일반적으로 황해도 황주, 장산곶, 백령도 일대를 배경으로 하는 이야기로 알려져 있다. 장산곶 방향의 백령도 앞바다에는 심청이 빠졌다는 인당수가 있다. 또 심청이 용궁에서 타고 떠내려왔다는 곳이 바로 두무진이 위치한 연화리인데, 이곳에는 연꽃이 걸려 있었다는 연봉蓮峯바위도 있다. 두무진에서 바라보는 석양

은 매우 황홀하다. 수평선으로 떨어지는 해는 황해를 온통 빨갛게 물들인다. 석양의 노을을 받은 두무진의 기암괴석 또한 붉은색으로 변한다. 거대한 적색의 돌기둥 사이로 해가 넘어가는 낙조는 그야말로 장관이다.

두무진이 위치한 백령도는 하늘에서 보면 새 한 마리가 북쪽 장산곶을 향해 날갯짓을 하며 날아가는 듯한 형상을 하고 있다. 백령도는 예전 고구려의 영토였던 시대에 섬 모양이 마치 고니 같다고 해서, 혹은 고니가 떼를 지어 바다를 메웠다고 해서 곡도鵠島라 불렸다고 한다. 백령도는 예로부터 전략적으로 매우 중요한 위치에 있는 섬으로, 특히 서해안 방어에 큰 역할을 담당한 요충지였다. 고려 초기인 1018년(현종 9)부터 조선 후기까지 이 섬에는 '백령수군진白翎水軍鎭'이 설치되어 외부의 침략에 대비했으며, 현재 면사무소가 위치한 진촌鎭村이 바로 수군진에서 유래한 이름이다.

백령도는 북위 37도 52분, 동경 124도 53분에 위치한 우리나라에서 8번째로 큰 섬이다. 또 휴전선 바로 아래 남한의 가장 끝에 자리한 서해의 서북단 종착점이다. 백령도는 인천에서 직선 거리로 약 180km나 떨어져 있는 데 반해 북한의 장산곶에서는 17km밖에 떨어져 있지 않다. 이러한 지리적 위치에 따른 군사상의 요인 때문에 민간인이 접근하기 어려워 오히려 자연환경이 잘 보존되어온 섬이기도 하다.

백령도에는 국가 지정 명승인 두무진 외에도 다수의 자연유산이 문화재로 지정되어 있다. 해수욕장으로도 유명한 사곶 사빈(천연기념물 제391호)은 구조가 치밀하고 단단해 자동차의 통행은 물론 천연 비행장으로도 이용할 수 있는 곳이다. 실제로 한국전쟁 때에는 비행장으로 활용하기도 했다. 남포리 콩돌해안(천연기념물 제392호)은 5~40㎜의 자갈이 길이 800m, 폭 30m의 해안에 보석처럼 덮인 모습을 하고 있고, 진촌리 감람암포획 현무암분포지(천연기념물 제393호)는 지구 내부의 온도나 압력 등 심부 지구 환경을 밝힐 수 있는 중요한 자료며, 남포리 습곡구조(천연기념물 제507호)는 한반도의 지각 발달사를 규명하는 데 귀중한 자료를 제공하는 천연기념물이다. 백령도에는 이와 같은 특이한 가치를 지닌 자연유산이 잘 보존되고 있으며, 멸종위기에 처한 점박이물범(천연기념물 제331호)이 서식하고 있는 국내 유일의 섬이기도 하다.

1992년 백령도는 인천에서 쾌속선이 취항하기 시작해 해가 가면서 외지인의 입도가 지속적으로 늘고 있다. 아름다운 절경의 두무진을 비롯해 천혜의 자연이 그대로 보존되어온 보물 같은 섬 백령도가 훼손되지 않도록 국가는 물론 온 국민의 관심과 노력이 필요한 상황이다.

신비의 육계사주, 진도의 바닷길

▶ 바닷길 전경
바닷물이 빠지기 시작한
진도의 바닷길 풍경이다.

> 모세가 팔을 바다로 뻗치자
> 야훼께서는 밤새도록 거센 바람을 일으켜
> 바닷물을 뒤로 밀어붙여 바다를 말리셨다
> 바다가 갈라지자 이스라엘 백성은
> 바다 가운데로 마른 땅을 밟고 걸어갔다

〈출애굽기〉의 '모세의 기적'에 관한 내용이다. 이를 주제로 한 영화 〈십계〉에서 홍해가 갈라지는 장면은 그야말로 장관이다. 한반도의 남쪽 섬에는 홍해의 기적같이 바다가 갈라지는 곳이 있다. 1975년 4월 프랑스 대사로 부임했던 피에르 랑디는 진도의 바다를 찾았다. 랑디는 진도와 모도 사이의 바다가 갈라져 바닷길이 열리는 모습을 보고 경탄을 금치 못했다. 그는 프랑스 신문에 진도의 바닷길을 '한국판 모세의 기적'이라고 소개했다. 덕분에 진도의 바닷길은 세계적으로 알려지기 시작했다.

　전라남도 진도의 동남쪽 바다에는 작은 섬이 자리해 있다. 1년 중 조수 간만의 차가 가장 큰 4월 간조 때 이 섬은 육지와 연결된다. 육지와 이어진 섬, 즉 육계도陸繫島를 형성하는 이 길이 바로 진도의 바닷길이다. 짙푸른 바다가 갈라져 이루는 신비로운 이 바닷길은 진도군 고군면 금계리와 의신면 모도리 사이의 바

다에 나타나는 특이한 바다 갈림 현상이다. 일명 '신비의 바닷
길'로도 불리는데, 너비 10~40m, 길이 약 3km로 길게 휘어진
모습을 나타낸다.

진도의 바닷길은 유동하는 해류의 영향으로 바다 밑에 육계
사주陸繫沙州라는 모래언덕이 발달해 형성된 것이다. 육계사주는
조수 간만의 차가 매우 커 바닷물이 가장 낮아질 때 나타난다.
썰물이 깊어 바다가 멀리 밀려나면, 육계사주는 수면 위로 드러
나 섬과 육지를 연결하는 길이 열리면서 마치 바다가 갈라진 것
처럼 보이는 것이다. 지질학자들에 따르면 진도의 바닷길은 해
수면이 현재 수위에 도달했다는 약 3,000~4,000년 전부터 형성
되기 시작했다.

바닷길을 이루는 육계사주는 암석이 깨지고 부서진 자갈과

모래, 그리고 조개껍질이 파쇄된 패각이 퇴적해 생겨난 것이다. 이 퇴적물은 진도 회동리와 모도 연안의 암석이 강한 파도에 깨지고 부서져 형성된 잔해들이다. 이렇게 파쇄된 암석과 쇄설물이 오랜 세월 조류의 흐름에 따라 회동리 해안과 모도 해안에서 바다 한가운데를 향해 흘러와 육계사주를 만든 것이다. 조수활동으로 발생하는 밀물과 썰물, 그중에서도 특히 밀물은 이곳 해안 지형의 구조에 따라 와류渦流를 이룬다. 이 와류는 바닷길을 중심으로 양쪽 바다에서 쇄설물을 서로 밀어 올려 두 섬을 연결하는 육계사주를 만든다. 이처럼 조류의 영향을 받는 육계사주는 주변의 해저보다 높아 북동 지역에 와류를 발생시켜 바지락이 대량 서식하게 하는 역할도 한다. 또 바지락은 죽은 뒤에 패각을 바닷길에 공급해 육계사주를 보완하는 역할을 한다. 이렇게 형성된 육계사주는 달과 태양의 인력이 최고에 달하는 4월 바닷물의 수위가 가장 낮을 때, 그 모습이 확연히 드러난다. 진도의 바닷길은 이처럼 해안 지형과 해류의 흐름, 그리고 달과 태양의 인력 등 다양한 자연현상에 따른 결과물이다.

음력 4월 진도의 바닷길은 가장 크게 열린다. 이때 회동리 해안에서 바라보면, 바닷물이 갈라지는 모습을 눈으로 식별할 수 있을 정도로 물이 빠르게 흘러 나가면서 길이 열린다. 이 시기에는 신비한 광경을 보기 위해 찾아온 수많은 사람이 해안에 운집해 있다가 바다로 나아가 열린 바닷길을 가득 메운다. 바닷길을 따라 회동리에서 모도까지 이어진 탐방객의 행렬은 장관을 이룬다. 1996년에는 일본에서 진도의 바닷길을 주제로 한 노래 〈진도 이야기〉가 발표되어 인기를 얻은 후 일본 사람도 많이 찾는다고 한다.

진도에서는 매년 바닷길이 열리는 3월 말에서 4월 초 사이에 일정한 기간을 정해 축제를 개최한다. '신비의 바닷길 축제'라 불리며 바닷물이 갈라지기 바로 직전에 열린다. 매우 짜임새 있게 진행되는 이 축제는 영등제에서 가져온 것으로, 바닷가 마을 대부분에서 거행하는 제의처럼 안녕과 풍어를 기원하는 의식으로 이루어진다. 보통 영등제는 음력 2월 초하루에 지내는 제사다. 영등할머니를 맞아들이는 날이라고 하여 영등날이라고도 하며, 이날이 속한 2월을 영등달이라 부르기도 한다. 영등신은 비바람을 불러오는 신이다. 영등신에게 바치는 영등제는 풍신제 또는 풍어제라고도 한다. 또 영등할머니를 맞아들이는 이러한 의식을 영등맞이라 하기도 한다. 진도의 바닷길 축제는 이 영등제를 바탕으로 이루어진 제의로, 지금은 진도군에서 축제위원회를 구성해 주최하고 있다.

'신비의 바닷길 축제'가 열리기 전, 진도의 바닷길에서 펼쳐지는 회동리 영등제는 마을의 수호신인 용왕님과 뽕할머니에게 올리는 제사였다. 이곳에는 뽕할머니에 관한 전설이 전해진다. 옛날 손동지라는 사람이 회동마을에 살았는데, 호랑이의 출몰로 그는 마을 사람들과 함께 바다 건너편 모도로 건너가기로 하였다. 그런데 작은 배로 건너려다 보니 자리가 부족하여 나이 많은 뽕할머니를 남겨두게 되었다. 뽕할머니는 가족이 보고 싶어 혼신의 힘을 다해 용왕님께 기도를 올려 바닷길을 열었다고 한다. 모도에 있던 마을 사람들이 바닷길을 건너와 뽕할머니를 찾았으나 기진한 할머니는 이미 숨을 거둔 후였다. 뽕할머니는

▶ 뽕할머니 기원상
진도의 바닷길 전설에
등장하는 뽕할머니로
금계리 해안에 서 있다.

죽은 뒤 신령이 되어 하늘로 올라갔고, 이때부터 마을 사람들은
용왕님과 뽕할머니께 영등제를 지낸다고 한다.

　진도의 바닷길은 일시적으로 발생하는 매우 특이한 현상이기
에 국가적 관심의 대상이 되어 2000년 3월에 명승 제9호로 지
정되었다. 순간적으로 펼쳐지는 특별한 경관이 명승으로 인정
된 것이다. 그러나 매년 4월 많은 탐방객을 불러모으던 신비스
러운 바닷길은 명승으로 지정된 이듬해인 2001년 축제 기간 중
에 바닷길이 갈라지지 않았다. 진도군에서는 부랴부랴 전문 기
관에 의뢰해 바닷길이 열리지 않은 원인을 조사했다. 그 결과
회동리 연안에서 모도 방향으로 약 800m 구간의 높이가 40cm

정도 낮아진 것이 확인되었다. 진도 영등제 때 탐방객이 지나치게 몰리면서 과도한 통행으로 압력을 받아 사주의 상단부가 내려앉은 것이었다. 지역에 해안 도로나 옹벽 등을 건설해 새로운 암석의 공급원이 없어진 것도 중요한 요인으로 제기되었다. 또한 바닷길 주변의 해역에는 바지락, 새조개, 진주담치, 꼬막, 굴, 흰삿갓조개, 큰구슬우렁이, 긴고둥, 피뿔고둥, 고막, 가리비 등 다수의 조개류가 서식하고 있는데, 이곳을 찾는 내방객이 조개를 지나치게 많이 채취한 것도 육계사주가 낮아지는 원인으로 작용했다고 지적했다.

이처럼 사람들의 과도한 이용과 시설물 설치로 낮아진 육계사주를 자연의 힘으로 복원하는 것은 쉽지 않은 일이다. 진도의 바닷길은 수천 년 혹은 수만 년 동안 자연적으로 형성된 소중한 경승지가 과도한 이용, 잘못된 활용과 관리 탓에 순식간에 훼손될 수 있다는 중요한 교훈을 준 대표 사례라 할 수 있다. 사주 지역 주변의 조개류 같은 저생생물을 보호하는 것은 육계사주의 보존에 직접 영향을 미치는 행위로, 저생생물을 생태적으로 지속하게 하는 방안을 강구하는 것이 매우 중요하다는 점을 알려주었다. 아울러 모든 관광의 대상이 되는 명승이나 경승지는 무엇보다도 지속 가능한 상태로 보존하는 것을 전제로 활용 계획을 세워야 한다는 사실을 진도의 바닷길은 시사하고 있다.

변산 해안의 비경,
부안 채석강과 적벽강

▶ **채석강**
수직의 단애로 이루어진
채석강은 퇴적으로 형성된
지층이 잘 나타나 마치
책을 쌓아놓은 듯하다.

켜켜이 쌓아 올린 책은 수천 권도 넘을 듯하다
마치 얇은 종잇장을 수만 겹으로
차곡차곡 포개어 가지런히 마름해놓은 모습이다
책으로 가득 쌓인 채석강에 끊임없이 파도가 밀려온다
그 오랜 세월 일렁이는 파도는
두꺼운 저 책장을 모두 읽어 보았을까
오늘도 채석강 앞바다는 쉼 없이 출렁이고 있다

부안의 채석강과 적벽강은 책을 쌓아놓은 것 같다. 또 한편으로는 얇고 너른 종이를 반듯하게 펴서, 겹겹이 잘 포개어 아득히 쌓아 올려놓은 듯하다. 그 외형 때문에 채석강은 수천수만 권의 책이 쌓여 있는 것으로 자주 묘사된다. 그런가 하면 채석강과 적벽강을 시루떡에 비유하기도 한다. 떡쌀과 떡고물을 켜켜이 쌓아 만드는 시루떡은 채석강 석벽의 지형과 모양이 매우 비슷하기 때문이다.

　부안 채석강·적벽강 일원은 변산반도에서 서해 쪽으로 가장 많이 돌출된 지역에 자리해 있다. 변산반도 해안을 대표하는 절경으로 강한 파랑波浪으로 침식되어 아주 기묘한 형태를 보여준다. 마치 시루떡의 단면처럼, 혹은 높게 쌓은 신문지의 입면같

▶ **해식동굴**
채석강 수직면에
침식작용으로 만들어진
해식동굴 안에서 바다를
바라본 모습이다.

이 채석강의 지질 구조는 정말 신비스럽다. 이렇게 층층이 겹을 이루고 있는 지형을 퇴적암 지층이라 한다. 오랜 옛날 대규모 지각변동이 발생하면서 이 일대에 거대한 호수가 생겨났고, 여기로 물과 진흙 그리고 모래와 자갈이 흘러들어와 퇴적층을 형성한 것이다. 오랜 세월 퇴적된 이와 같은 지층이 지질 운동의 영향으로 솟아오른 뒤 다시 오랜 기간에 걸쳐 침식되어 깎이고 닳아 이루어진 지층이 바로 채석강의 현재 모습이다.

물은 계곡을 흐르면서 지형을 깎기도 하지만, 호수 바닥에 퇴적물이 쌓이게 한다. 호수의 가장자리 수심이 얕은 곳에서는 굵은 입자로 이루어진 두터운 퇴적층이, 호수 가운데 수심이 깊은 곳에서는 고운 입자로 된 얇은 퇴적층이 형성된다. 채석강의 퇴적층은 고운 입자로 구성된 하나하나의 지층이 매우 얇게 쌓여 마치 박판薄板을 겹쳐놓은 것 같은 구조를 이룬다. 이러한 채석강의 층암절벽은 이곳이 그 옛날 아주 깊은 수심 아래에 있던 호수 밑바닥이었다는 사실을 보여주는 증거다.

중생대 백악기 말, 서해안을 비롯해 남해안과 내륙 지방 등 우리나라 곳곳에는 호수가 자리해 있었다. 당시 한반도는 공룡의 무리로 가득 차 있었다. 공룡의 흔적은 이러한 퇴적암에서 주로 나타난다. 화성, 해남, 고성(경남), 여수, 부산 태종대 등의 공룡 발자국 화석 산지는 모두 퇴적암 지층이다. 그러나 채석강과 적벽강 일대에서는 공룡 발자국이 전혀 나타나지 않았다. 왜 다른 퇴적암에서 자주 발견되는 공룡의 흔적이 이곳에는 없는 것일까. 그 이유는 간단하다. 퇴적층이 아주 깊은 수심 아래에 쌓여 있어 공룡 같은 큰 생물이 살기에 적합하지 않은 환경이었기 때문이다.

채석강과 적벽강은 격포해변의 남쪽과 북쪽에서 바닷가 방향으로 돌출된 지형에 위치하고 있다. 채석강은 격포항에서 닭이봉 일대를 포함한 1.5km의 층암절벽과 바다를 지칭한다. 주변의 백사장과 맑은 물이 석벽과 매우 잘 어울리는 채석강은 대단히 아름다운 절경을 자랑한다. 적벽강은 채석강 바로 옆에 있는 죽막마을을 경계로 해안절벽 일대를 말한다. 이름처럼 붉은색 암반과 절벽으로 해안이 형성되어 적벽강은 매우 수려한 경치를 자아낸다. 문화재청에서는 이토록 경관이 아름다운 두 지역을 '부안 채석강·적벽강 일원'이라는 명칭으로 2004년 명승으로 지정했다.

채석강은 밀물과 썰물에 상관없이 언제 봐도 아름답다. 바닷물이 차오르면 깎아지른 절벽 아래로 하얀 포말을 일으키는 파도가 밀려와 한 폭의 그림을 연출하며, 바닷물이 저 먼 바다로 빠져 나가면 석벽 아래로 넓은 판석과 같은 너럭바위가 얼굴을 드러내어 아름다운 해안 경관을 보여준다. 채석강에 물이 빠지면 바닷가를 걸어서 지날 수 있다. 이 길을 걸어가면, 채석강 석벽의 아래쪽에 바닷물의 침식으로 형성된 절벽(해식애)의 아름다운 모습과 절묘하게 생긴 해식동굴을 볼 수 있다.

적벽강은 해안의 암석이 매우 특이한 곳이다. 어느 곳은 토끼의 모습을 하고 있고, 어떤 곳은 여인의 가슴 같은 모양을 하고 있는 아주 재미있는 해안 지형이다. 이곳에서 북쪽으로 돌아가면 높이가 30m 정도 되는 두 개의 석벽이 있는데, 그곳에는 용굴이라 부르는 약 50㎡ 규모의 동굴이 형성되어 있다. 또 용굴에서 북쪽으로 용머리를 돌아가면 검붉은 색으로 덮인 암벽이 자리 잡고 있다. 이곳에는 검은색과 갈색 등 형형색색의 수석이 깔려 있어 절경을 이룬다.

부안의 채석강과 적벽강은 중국의 채석강과 적벽강을 닮았다고 해서 붙은 이름이다. 중국의 채석강은 당나라 때 시성으로 불린 이백의 고사와 관련한 곳이다. 주선 酒仙으로도 유명한 이백은 채석강에서 배를 타고 술을 마셨는데, 강물에 뜬 달을 잡으려다 그만 물에 빠져 죽고 말았다. 그 후 이백은 곧바로 고래를 타고 하늘로 올라갔다고 한다. 적벽강에서는 중국 송나라 시인 소동파가 즐겨 놀았다고 한다.

우리나라의 채석강 彩石江과 적벽강 赤壁江은 강 자가 붙어 있지만, 사실 강은 아니다. 해안 지형에 붙인 이름이기 때문에 하천을 의미하는 강으로 끝나는 명칭은 맞지 않는다. 그러나 중국의 지명을 그대로 가져온 것이기에 강 자를 다른 자로 바꿀 수는 없다. 실제로 중국의 채석강이나 적벽강은 내륙의 강변에 위치한다. 이처럼 우리나라의 지명 중에는 중국의 지명을 그대로 가져다 쓰는 사례가 매우 많다. 이것은 우리 문화가 중국의 한자 문화권에 속하며, 문명의 발달 과정 또한 동양문화의 중심을 이룬 중국의 영향을 받았기 때문이다.

채석강에서 적벽강으로 가려면 격포해변을 지나야 한다. 격포는 근대적 육로 교통수단이 발달하기 전, 수운 水運의 근거지가 된 곳이다. 과거에 물길을 이용하는 수운은 육로에 비교할 때 고속 운송로였다고 할 수 있다. 격포는 남해와 서해 남부에서 올라오는 배가 많이 이용하던 항구이자 조선시대에 전라우수영

이 있던 곳이기도 하다. 서해안에서 가장 돌출된 위치로 남쪽에
서 올라오는 병선이 지나지 않을 수 없는 길목이기 때문에 격포
는 전략적으로도 매우 중요한 항구였다.

 격포해변을 거슬러 오르면 적벽강에 이른다. 이곳에는 천연
기념물 제123호로 지정된 후박나무 군락이 있다. 이 지역은 육
지에서 후박나무가 자랄 수 있는 가장 북쪽의 한계지라는 매우
중요한 특징을 지녔다. 또 적벽강 위에는 수성당水城堂이라 불리
는 유명한 해신당이 자리한다. 계양할미라는 여신을 모시는 곳
이다. 계양할미는 인근의 어장과 바다의 모든 일을 관장하는 당
신堂神이다. 오늘날에는 주로 마을굿을 벌이고 있지만 삼국시대
에서 유래했다는 수성당은 본래 이곳을 항해하는 사람들이 제

▲ **채석강 근경**
해식동굴의 입구(좌)와
박판으로 된 퇴적암(우)의
구조를 잘 보여준다.

사를 지내던 제의 공간이었다. 서해상을 지나는 상인과 항해자
들이 주로 이곳에 들러 제사를 지낸 것으로 알려져 있다.

　기묘한 형태의 해안석벽이 매우 아름답고 다양한 문화와 토
착신앙을 경험할 수 있으며, 인근에 볼거리와 놀거리가 많은 채
석강과 적벽강은 서해의 일몰 광경이 특히 아름다운 곳으로도
유명하다. 석양으로 붉게 물든 변산 해안의 아름다운 채석강과
적벽강. 황홀하기 그지없는 낙조의 격포 바다를 바라보는 경험
은 매우 아름다운 체험이 될 것이다.

영도의 기암절벽, 부산 태종대

▶ 태종대
깎아지른 석벽과
울창한 수림이 전망대,
영도등대와 함께 태종대의
아름다운 경관을 이룬다.

부산 앞바다에는 지척에 큰 섬 하나가 우뚝 솟아 있다. 한국전쟁을 겪으면서 우리 국민 모두에게 매우 잘 알려진 섬이다. 그 유명한 영도대교로 연결되어 있는 섬, 바로 영도다. 부산이 임시 수도였던 시절 영도대교 주변은 전국에서 모여든 피란민으로 가득 찼으며, 영도는 이들의 애절한 사연이 얽힌 곳이 되었다. 당시 영도 출신인 인기가수 현인이 부른 노래 〈굳세어라 금순아〉는 온 국민의 심금을 자극해 깊은 감동을 주었으며, 영도라는 섬을 온 나라에 알리는 역할을 하기도 했다.

태종대는 바로 이 섬, 영도에 위치해 있다. 선박이 통과할 때마다 상판을 번쩍 들어 올리는 부산의 명물 영도대교를 건너 섬이 끝나는 데까지 내려가면 태종대에 다다른다. 태종대는 영도의 끝 부분에 형성된 해안 지형을 이르는 명칭이다. 아름다운 암석의 단애로 이루어진 절승으로, 부산을 대표하는 경승지라 할 수 있다. 태종대는 오랜 세월에 거친 파도의 침식작용으로 형성된 기암절벽이 말로 형언할 수 없는 절경을 연출하는 곳으로, 비경의 해안석벽과 우거진 곰솔 숲이 어우러져 한 폭의 풍경화를 그려내는 장소다.

태종대가 위치한 지역은 본래 군사보호지역으로 민간인의 출입을 금지하던 곳이었다. 그래서 태종산을 중심으로 하는 태종

대 지역에는 다행히 지금도 일반 민가가 없다. 1970년 순환도로를 따라 산책로와 유원지를 개발하면서부터 태종대는 일반인의 출입이 허용됐다. 이 지역을 한 바퀴 순환하는 도로로 구성된 산책로를 따라 섬의 끝 부분에 이르면 해안선이 맞닿는 곳에 위치한 넓은 언덕에 다다른다. 이 일대가 바로 태종대다. 이 언덕에는 자살바위로 알려진 바위가 있다. 과거 이곳에서 투신해 자살을 기도하는 사람이 많아 자살바위라는 명칭이 생겼다고 한다. 현재 이 바위 위에는 태종대 전망대가 자리하고 있다. 태평양의 너른 바다가 한눈에 들어오는 가슴이 뚫릴 정도로 탁 트인 전망을 볼 수 있는 탁월한 조망 지점이다.

전망대에서 산책로를 따라 조금 더 가면 깎아지른 해안절벽 아래 자리 잡은 큰 바위를 볼 수 있다. 신선암 또는 신선바위라 불리는 윗부분이 넓고 평탄한 이 바위는 해안석벽의 아랫부분이 돌출된 것으로, 바닷물의 침식작용으로 형성된 신비스러운 해식 지형을 보여준다. 신선암으로 연결되는 길은 바닷가 낭떠러지에 만들어놓은 좁은 벼랑길로 되어 있다. 마치 중국 쓰촨성에서 티베트 고원으로 올라가는 험로에 설치된 촉도蜀道처럼 아슬아슬한 모습의 잔도棧道(절벽을 파내고 건설한 길)다.

신선암은 중생대 백악기에 형성된 퇴적암이다. 바위의 단면 구조를 보면 여러 겹으로 형성된 퇴적암층이 마치 시루떡의 측면과 같은 모습을 하고 있고, 바위 윗부분의 평탄면은 높이 쌓아놓은 신문 뭉치의 표면과 같은 암반 형태를 띤다. 이처럼 신비스러운 신선대 퇴적암의 표면에서는 근래에 매우 중요한 고생물의 흔적이 발견되었다. 우리나라 남해안 일대에서 많이 볼 수 있는 공룡 발자국이 바위 위쪽에서 발견된 것이다. 이는 이곳의 지층이 과거 얕은 호수 바닥이나 호수의 가장자리였으며, 공룡이 활동하기 좋은 장소였다는 것을 의미한다. 오랜 옛날 호수의 바닥이었던 지층이 지질활동으로 융기된 후 다시 침식되어 오늘날의 지형을 이룬 것이다.

신선암과 영도등대는 태종대를 구성하는 중요한 경관 요소다. 이 등대는 신선암 바로 위에 위치하고 있다. 1906년에 처음 설치했을 때는 매우 소박하고 간소한 형태였으나 2004년 규모가 큰 현대식 등대로 다시 지어졌다. 100년 가까이 부산항의 길목에서 배를 인도하는 불빛을 비춰왔으나 오랜 세월이 지나면서 부산항의 규모가 커지고, 항구를 드나드는 배의 수도 크게 늘자 예전의 등대로는 기능을 제대로 수행할 수 없어 현대식 등대로 교체한 것이다. 그러나 이때 등대와 함께 규모가 큰 건물도 지었는데, 이 건물이 태종대의 아름다운 자연경관을 해치고 있는 점은 다소 아쉽다.

태종대는 부산팔경 중 하나다. 이곳에는 신라 태종 무열왕과 조선 태종에 관련한 설화가 전해진다. 1740년(영조 16)에 작성한 《동래부지東萊府誌》에 따르면 "태종대는 부府의 남쪽 30리 절영도 동쪽에 있는데 (…) 속전에 신라 29대 태종 무열왕이 삼국 통일의 위업을 성취한 후 (…) 잠시 소일하며 활을 쏜 곳이라 하여 이로써 이름하였다"고 기록하고 있다. 이처럼 태종대는 무열왕과 관련해 이름이 유래했다고 한다. 다른 주장도 있다. 조선의 임금인 태종이 이곳을 유람했다고 해서 생겨난 이름이라는 것이다. 이러한 유래를 지닌 태종대는 가뭄이 심하게 들었을 때 이 고을을 관장하던 동래부사가 기우제를 지낸 곳으로도 알려져 있다.

태종대가 위치한 영도는 본래 목도牧島라 부르던 섬이었다. 예로부터 말을 사육하는 목장으로 주로 사용했기 때문이다. 그런데 이곳에서 사육된 말이 명마인지라 너무나 빨리 달려 말의 그림자조차 볼 수 없기에 절영도絶影島라는 이름으로 고쳐 부르게 되었다. 그리하여 1881년(고종 18) 이 섬에는 당시 이름을 딴 절영도진이라는 군진이 설치되었다. 영도라는 명칭은 절영도에서

'절' 자를 뺀 것으로, 1951년 9월 한국전쟁 중에 영도출장소가 공적 행정 기구로 설치되어 영도라는 이름을 섬을 상징하는 공식 행정 명칭으로 사용하면서 오늘에 이른 것이다.

태종대는 바다의 비경을 눈과 귀로 감상할 수 있는 빼어난 해안이다. 태종대 바닷가 암벽에서는 해안절벽에 거친 파도가 부딪혀 내는 우레와 같은 소리를 들을 수 있으며, 태평양으로 이어지는 일망무제의 탁 트인 바다 경관도 조망할 수 있다. 이처럼 태종대는 경승지로서 특별한 의미를 지닌 장소다. 왼쪽으로는 부산만을 넘어 오륙도가 가깝게 보이고, 눈앞으로는 주전자 모양으로 생긴 조그마한 무인도가 짙푸른 망망대해에 외로이 떠 있는 모습이 보이며, 맑은 날씨에는 일본의 쓰시마섬(대마도)이 조망되는 매우 탁월한 장소다.

이처럼 빼어난 경승지로서 가치가 있는 태종대는 남해의 난류가 올라오는 길목에 위치해 따뜻한 기후에서 자라는 난대성 식물이 많이 자생하는 곳이기도 하다. 태종대에는 난대성 상록 활엽수를 비롯해 곰솔, 생달나무, 사스레피나무 등 120여 종의 다양한 수목이 분포하고 있다. 아름다운 자연과 신비스러운 비경, 그리고 탁월한 전망을 지닌 태종대는 일찍이 그 가치를 인정받아 1972년에 부산시 기념물로 지정되었으며, 2005년에는 다시 명승 제17호로 지정되었다.

하지만 이토록 아름다운 비경을 갖춘 태종대는 국토의 자연경관에 대한 이해가 부족하던 시기에 과도한 이용과 개발로 피해를 입은 곳이기도 하다. 대부분의 경승지를 유원지라는 개념으로 개발하고 활용하던 시기에 태종대도 유원지라는 이름으로

개발을 진행했던 대표적인 곳이다. 그래도 태종대 지역은 군사 시설이 있어서 개발을 제한한 덕분에 현재의 모습을 유지할 수 있었다. 더욱이 전망대, 등대, 신선암 등이 위치한 곳은 대체적으로 보존이 잘돼 그나마 다행이다.

우리나라 제일의 항구도시를 대표하는 해안 경승지 태종대. 부산팔경의 하나인 태종대의 아름다운 경관을 보존하는 것은 명승으로 지정된 국가 유산의 위상을 높이고 영원히 국민의 사랑을 받는 장소로 지속할 수 있는 의미 있는 일일 것이다.

통영의 고도, 소매물도 등대섬

통영 앞바다는 맑고 짙푸른 바닷물이 넘실대는 남해 한려수도에 위치한 다도해다. 연안을 오가는 배를 타고 통영 앞바다로 나가면 바로 앞에 자리한 한산도를 비롯해 연대도, 오곡도, 비진도, 추봉도, 죽도, 장사도, 대덕도, 욕지도, 연화도, 매물도 등 여기저기 위치한 수많은 섬을 만날 수 있다. 그중에서도 매물도는 통영에서 한참 떨어진 곳에 자리해 있다.

매물도는 통영시 한산면 매죽리에 속한 세 개의 섬을 일컫는 명칭으로 대매물도, 소매물도, 등대도를 모두 합쳐 매물도라고 한다. 매물도는 대매물도가 '매물', 즉 '메밀'과 같은 모양이라고 해서 붙은 이름이다. 조선 초기의 문헌에서는 매물도를 '매매도每每島', 후기에는 '매미도每味島'와 '매물도每物島, 每勿島'라고 표기하는데 모두 매물, 곧 메밀에서 파생된 유사한 명칭으로 여겨진다.

세 개의 섬으로 이루어진 매물도는 대매물도가 가장 북쪽에 위치하고, 다음이 소매물도, 등대섬이 가장 남쪽에 자리하고 있다. 맨 아래쪽 큰 바다로 나가는 길목에 자리한 등대섬은 소매물도와 바로 인접해 있으며, 바닷물이 들어오는 만조 때는 서로 다른 두 개의 섬이 되었다가 간조 때는 바닷길이 열려 서로 하나로 연결되기도 한다. 하루에 두 번 썰물 때가 되면 소매물도와 등대섬 사이는 폭 80m의 열목개 자갈길이 열린다. 이때 물 위로 드러난 열목개 몽돌해변을 지나 등대섬으로 걸어서 건너 갈 수 있다. 등대섬은 정말 아름다운 섬이다. 소매물도의 북쪽 선착장에서 마을로 난 길을 따라 산길을 오르면 남쪽으로 마치 한 폭의 그림 같은 등대섬 풍광이 펼쳐진다. 새하얀 암벽과 갖가 지 형상의 바위, 파란 바다와 수평선, 우뚝 솟은 등대의 모습은 소매물도 등대섬의 경관을 한층 돋보이게 한다.

이러한 등대섬의 절경을 한눈에 감상할 수 있는 가장 좋은 조 망 지점은 바로 천연 전망대인 망태봉 정상이다. 이곳에서 보는 등대섬의 전경은 소매물도 절경 중 최고의 풍광을 자랑한다. 여 기서 등대섬을 바라보면 이안류가 만들어놓은 바닷길이 소매물 도와 등대섬을 연결해주고, 기암괴석의 봉우리와 해안절벽, 파 란 목초지 같은 경사지와 둔덕, 그리고 그 끝의 산정에 홀로 하 얗게 서 있는 등대의 모습은 정말 말로 형언할 수 없는 아름다 운 풍광이다.

소매물도 등대섬은 깎아지른 해안절벽이 특히 아름답다. 오 랜 세월 파도의 영향으로 암석들이 갈라지고 쪼개지면서 형성 된 단애로 수평·수직 절리가 만들어낸 빼어난 암벽 경관이다. 또 섬 주위로는 파도의 침식작용으로 형성된 해식애, 해식동굴 등이 곳곳에 발달해 매우 아름다운 경관을 이루고 있다. 우리나 라 서남해의 섬에는 '서불과차'와 관련한 설화가 여러 곳에 전 해진다. 서불과차는 서불이 다녀갔다는 뜻으로, 옛날 중국 진나 라 시황제의 명을 받고 불로초를 구하러온 서불이라는 사람이 신선의 땅을 지나가면서 본 아름다운 선경에 반해 새겨놓았다

▲ 등대섬 전경

망태봉 정상에서 바라본 등대섬의
풍광이다. 짙푸른 바다를 배경으로
산 정상에 하얀 등대가 우뚝 솟은
모습이 매우 아름답다.

는 글이다. 이 섬에도 서불이 '서불과차'라고 새겨놓았다는 글썽이굴이 있다. 이외에 형제바위, 용바위, 부처바위, 촛대바위 등 우뚝 솟은 바위가 바다 가장자리에 둘러서 있다. 이토록 아름다운 등대섬의 비경은 통영팔경 중 하나로도 잘 알려져 있다.

등대섬은 남해 해류의 영향을 받는 섬으로, 이러한 해양성기후에 의해 형성된 푸른 초지가 섬의 경사지를 덮고 있다. 특히 키 작은 관목류의 식생이 섬 전체를 뒤덮어 아름다운 초지 경관을 갖추었다. 게다가 해안절벽 위에 서 있는 흰색 등대와 절묘한 조화를 이뤄 마치 유럽 어느 해안과 같은 이국적인 풍경을 연출한다.

무엇보다 소매물도 풍광의 아름다움을 더해주는 것은 바로 등대섬의 등대다. 1917년 일제강점기에 처음 무인 등대로 건립되었다가 1940년에 사람이 직접 머물며 관리하는 유인 등대로 바뀌었다. 등대의 등탑

▶ **등대섬 해안 전경**
해안 침식과 풍화작용으로
생긴 해식애가 아름다운
모습을 연출하는 등대섬의
해안 경관이다.

은 콘크리트 구조로 높이가 16m에 이른다. 짙푸른 바다를 배경
으로 산등성이에 우뚝 선 하얀색 원형 등탑은 자태가 아주 고풍
스러운 서양식 건물이다. 현재 등대섬에 들어선 등대는 프리즘
렌즈의 대형 등명기를 이용해 48km의 먼 바다까지 불빛을 비
추고 있다.

매물도에서는 대매물도와 소매물도 두 개의 섬이 일반 주민
이 거주하는 유인도다. 반면 등대섬에는 등대를 관리하는 사람
들만이 거주하고 있다. 소매물도는 2.51km²에 불과한 작은 섬
으로, 인접한 등대섬에서 남쪽으로는 일본 쓰시마섬이 70여
km 떨어진 가까운 거리에 위치한다. 본래 무인도였던 소매물
도는 19세기 후반 처음으로 사람들이 거주하기 시작했는데, 거
제도에 살던 김해김씨가 1870년경 이 섬에 가면 해산물이 많아
굶는 일이 없을 것이라는 말을 듣고 이주해 오면서 유인도가
되었다. 한때는 30여 가구로 인구수가 늘기도 했지만 지금은

10여 가구만 남아 있다. 30여 가구가 거주하던 시절 아이들이 많아 소매물도에는 초등학교 분교가 들어섰는데, 1996년 폐교된 후 학교 건물은 비어 있다.

등대섬의 본래 이름은 해금도海金島였다. 그러나 등대를 세운 후 등대와 어우러진 섬의 모습이 더없이 아름다워 등대섬이라 부르기 시작했다. 이처럼 오랫동안 사람들에게 불려오던 등대섬이란 이름은 2002년 국립지리원에서 '등대도'로 고시하면서 현재는 등대도를 공식 명칭으로 사용하고 있다. 등대섬의 등대는 지금도 많은 여행가와 사진가가 찾아와 다양한 사진과 글로 그 아름다움을 담고 있는 명소다.

등대는 어둠 속에서 뱃길을 인도하는 시설이다. 망망대해를 헤쳐 나가는 조그만 배들이 길을 찾아 귀항할 수 있도록 불을 밝혀 인도하는 항해의 나침반 역할을 한다. 20세기 초 전국의 주요 섬과 해변에 설치하기 시작한 등대는 불을 밝히는 기능 외에도, 서구풍의 아름다운 모습 덕분에 사람들이 좋아하는 경관요소로 자리 잡았다. 통영의 등대섬 등대를 비롯해 신안의 홍도 등대, 제주의 마라도 등대, 포항의 호미곶 등대, 부산의 오륙도 등대, 인천의 소청도 등대, 여수의 오동도 등대, 군산의 어청도 등대 등은 모두 손꼽히는 경관을 자랑한다. 소매물도 등대섬이 아름다운 풍경으로 가치를 인정받아 명승 제18호로 지정되었듯 다른 등대 경관도 다수 발굴해 하루빨리 명승으로 지정하는 노력이 필요하다.

부산항 관문의 상징, 오륙도

오륙도는 매우 유명한 섬이다. 굳이 부산 사람이 아니라도 우리나라의 성인이라면 오륙도를 모르는 사람은 거의 없을 것이다. 노산 이은상의 시 〈오륙도〉뿐 아니라 조용필이 부른 국민가요 〈돌아와요 부산항에〉에 나오는 가사 "오륙도 돌아가는 연락선마다"로 온 국민에게 잘 알려진 지명이 바로 오륙도다. 그러나 실제로 오륙도가 부산항 어디에 있는지, 왜 오륙도라 부르는지 아는 사람은 그다지 많지 않다.

오륙도는 부산항으로 배가 드나드는 길목의 바닷가에 위치한 섬이다. 섬의 수가 보는 각도에 따라 서쪽에서 보면 다섯 개가 되기도 하고, 동쪽에서 보면 여섯 개가 된다고 해서 붙은 이름이다. 또 시간에 따라 섬이 다섯 개에서 여섯 개로 바뀌기도 한다. 오륙도는 부산항의 북안에서 동쪽 끝으로 연결된 해안의 돌출된 육지 끝 부분 가까이에 나란히 자리하고 있다. 돌출된 육지부인 승두말에서 남남동 방향으로 방패섬, 솔섬, 수리섬, 송곳섬, 굴섬, 등대섬(밭섬)순으로 늘어서 있다. 승두말에서 가장 가까운 섬이 우삭도인데, 이는 방패섬과 솔섬을 합쳐 부르는 이름이다. 우삭도는 밀물 때 두 개의 섬으로 나뉘고, 썰물 때는 서로 연결되어 하나가 되는 섬이다. 따라서 밀물 때는 섬이 여섯 개가 되었다가 썰물 때는 다섯 개로 바뀌는 것이다.

오륙도에 관한 내용이 실려 있는 가장 오래된 기록은 1740년 (영조 16)에 편찬된 《동래부지》다. "오륙도는 절영도(지금의 영도) 의 동쪽에 있다. 봉우리와 뫼의 모양이 기이하고 바다 가운데 나란히 서 있어 동쪽에서 보면 여섯 봉우리가 되고 서쪽에서 보면 다섯 봉우리가 되어 이렇게 이름하였다"고 쓰여 있다. 이처럼 오륙도는 섬이 다섯 개 또는 여섯 개로 보이는 신비로움과 함께 그 앞에 형성된 중요한 항로 때문에 특별히 주목받아온 섬이다. 부산항으로 들어가는 길목인 오륙도 앞의 항로는 1200여 년 전 해상왕 장보고가 무역을 하기 위해 사용했다는 기록이 있고, 지금도 대한민국으로 들어오는 주요 해상 관문이다.

우리나라 최대 항만인 부산항 입구에 위치한 상징적 섬으로, 오륙도에 설치한 등대는 부산항을 지키는 중요한 역할을 해오고 있다. 오륙도의 밭섬에 등대를 처음으로 세운 것은 1937년 11월이다. 1876년 부산항이 개항한 이후 이곳을 드나드는 선박의 항해를 돕기 위해 세운 등대다. 당초 6.2m 높이로 건립했는데 세월이 흐르면서 등대가 낡아져 1998년 12월 예전 등대를 철거하고 27.5m 높이의 새로운 등대를 건립해 오늘에 이른다.

오륙도의 지명을 살펴보면, 섬의 형태나 기능에 따라 이름이 유래한 것을 알 수 있다. 육지에서 가장 가까운 방패섬은 바다에서 불어오는 세찬 비바람을 막아준다고 해서 생긴 이름이며, 수리섬은 예전에 갈매기를 사냥하기 위해 이 섬으로 수리가 모여들었다고 해서 붙은 명칭이다. 또 굴섬은 큰 굴이 많은 섬이라는 데서 유래했으며, 등대섬은 원래 밭섬이라 불렸으나 등대

보고 생각하고 느끼는 우리 명승기행 2

가 들어선 후 이름이 바뀌었다.

　오륙도는 섬마다 수직에 가까운 해안절벽과 파도의 침식작용으로 갯바위와 여러 가지 모양의 해식동이 형성되어 기이하고 다양한 해안 지형을 나타낸다. 지질학자들에 따르면 오륙도는 약 12만 년 전에 하나의 능선으로 일직선상에 연결되어 있던 지형이었다고 한다. 오랜 세월에 걸쳐 단층선과 절리 구조를 따라 파도의 침식작용이 진행되어 능선이 여러 개의 덩어리로 분리되었고, 그 후 세 차례에 걸친 융기운동에 따라 돌계단(파식대지)으로 이루어진 돌섬으로 나뉘었다고 한다.

　이처럼 오랜 기간 풍화작용과 바닷물의 침식으로 형성된 아름다운 오륙도를 조망하는 장소로는 이기대 길이 가장 좋다. 이기대는 부산팔대(해운대, 태종대 등 여덟 개의 대)의 하나로 오륙도의 배후에 위치한 봉우리다. 이기대 길을 걸으면서 바라보는 오륙도의 풍광은 부산에서도 절경 중의 하나로 꼽힌다. 특히 이기대 길이 시작되는 오륙도 해맞이공원에서는 마치 손에 잡힐 듯한 오륙도의 모습을 조망할 수 있다. 오륙도 경관의 백미를 이루는 등대섬은 육지에서 가장 멀리 떨어져 있는 섬이다. 오륙도의 등대는 유인 등대로, 현재 등대를 지키는 사람들이 등대섬에 거주하고 있다. 등대지기가 살고 있는 등대섬을 제외한 나머지 섬은 현재 모두 무인도다.

　비록 작은 규모의 섬으로 구성되어 있지만, 오륙도에서 자라는 식물 종은 매우 다양하다. 조사 결과 모두 38과 61속 70종에 이르는 식물이 자생하고 있는 것으로 나타났다. 주요 식물 종으로는 곰솔, 느릅나무, 까마귀머루, 개머루, 계요등, 다정큼나무,

▲ 오륙도 원경
왼쪽부터 방패섬, 약간
떨어진 곳부터 수리섬,
송곳섬, 굴섬, 등대섬이
나란히 서 있다.

담쟁이덩굴, 돈나무, 댕댕이덩굴, 보리밥나무, 보리수나무, 사스레피나무, 사철나무, 섬뽕나무, 섬향나무, 송악 등이 있다.

오륙도의 주변을 흐르는 조류는 매우 빠르다. 그 때문에 뱃길이 아주 위험해 옛날 이곳을 지나는 뱃사람들은 항해의 무사를 기원하기 위해 해신에게 공양미를 바쳤다고 전해진다. 오륙도는 부산광역시 기념물 제22호로 지정되었는데, 오륙도의 경관이 지닌 경승적 가치와 장소에 깃든 문화적 상징성을 높게 평가받아 2007년 명승 제24호로 지정되었다. 부산항의 상징이자 경승지로, 부산 시민은 물론 모든 국민의 정서에 깊이 자리 잡은 오륙도는 명승의 활용이라는 차원에서 많은 사람이 쉽게 접근할 수 있도록 보존 정비와 활용 계획을 종합적으로 수립해야 한다. 현재 오륙도의 관람객을 위해 정기적으로 운항하는 선편은 없다. 다만 승두말에서 도선渡船을 이용해 관람할 수 있다.

예로부터 오륙도는 많은 시인과 묵객이 시와 그림의 주제로 삼아온 섬이다. 또 많은 가수들이 이곳을 소재로 노래를 불렀기 때문에 '부산항의 상징' 역할을 해오고 있다. 장소는 그 자체가 지닌 자연경관으로서의 가치뿐만 아니라 그 안에 깃든 문화적 의미 또한 매우 중요하다. 오륙도를 사랑한 시인과 묵객들이 입혀놓은 문화적 상징성이 오륙도의 가치를 한 단계 끌어올렸듯 최고의 인기가수가 전파한 대중가요의 노랫말은 오륙도의 상징적 의미를 한층 더 높여주었다고 할 수 있다.

동해 제일의 해맞이 경관,
낙산사 의상대와 홍련암

▶ 의상대와 홍련암
기암절벽 위에 청송을
두르고 앉은 의상대(위)와
홍련암(아래)의 모습이다.

배꽃은 벌써 지고 접동새 슬피 울 때
낙산사 동쪽 끝자락 의상대에 올라앉아
일출을 보리라 한밤중에 일어나니
상서로운 구름이 피어나듯
육룡이 떠받치듯
바다에 오를 때 온 세상이 일렁인다
하늘에 치솟아 뜨니
가는 터럭조차 헤아리도록 천지가 환하구나
혹여 지나는 구름 해 근처에 머물까 두렵도다

조선 중기 가사문학의 대가 송강 정철鄭澈(1536~1593)은 낙산사 의상대에서 바라본 일출의 풍광을 《관동별곡關東別曲》에서 이렇게 표현하고 있다. 의상대의 일출은 정말 아름답다. 전국 어느 곳의 해맞이보다 의상대에서 바라보는 일출의 장관은 동해 제일의 풍광이다. 바닷가 기암절벽 위에 자리한 고색창연한 정자, 정자 곁에 고고한 기상으로 서 있는 아름다운 관음송, 그 너머로 펼쳐진 짙푸른 동해, 그리고 수평선 위로 온 천지를 붉게 물들이며 장엄하게 떠오르는 황금색 불덩어리의 모습은 온몸을 전율하게 만드는 감동을 안겨준다.

낙산사 의상대는 경치가 아름다워 예로부터 많은 시인과 묵객이 찾은 곳이다. 송강 정철 이외에 고려 말엽 문인 근재 안축安軸(1282~1348)의 〈관동별곡〉에도 등장하는 명소다. 뿐만 아니라 진경산수가 풍미하던 조선 후기 화가들의 화첩에서도 볼 수 있다. 단원 김홍도의 《해동명산도첩海東名山圖帖》과 겸재 정선의 〈금강산8폭병〉 등에는 낙산사의 아름다운 모습이 실경산수 화법으로 담겨 있다. 낙산사 풍경은 김상성金尙星(1703~1755) 등 여러 사람이 제영題詠한 그림첩인 《관동십경》에도 담겨 있으며 《삼국유사》, 《동문선》, 《동국여지승람》 같은 고문헌과 다수의 유람기에도 등장한다. 이처럼 낙산사 의상대 주변의 풍광은 오랜 세월 옛사람은 물론 현대인에게도 시화의 주제가 되어왔으며 지금도 많은 관심과 사랑을 받고 있다.

　양양읍에서 북쪽으로 난 7번 국도를 따라 속초 방향으로 올라가면, 바닷가 옆에 길게 조성된 조산리 송림이 낙산해수욕장을 따라 펼쳐진다. 소나무 숲과 함께 해수욕장이 끝나는 곳에 그다지 높지 않은 자태로 낙산(오봉산)이 솟아 있으며, 낙산으로부터 낮은 구릉이 바다를 향해 뻗어 있다. 낙산사 의상대와 홍련암은 이 구릉이 흘러내려 바닷가에 접하는 부분에 위치하고 있다. 바다에 맞닿아 수직으로 돌출된 암석의 단애는 기암절벽의 절경을 이루며, 의상대는 바로 이 단애의 정상부에 자리해 있다. 의상대에서 경사가 가파른 해안 지형을 따라 조성된 보도를 따라 북쪽으로 올라가면 바닷물이 암자 아래 바위틈까지 파고드는 아슬아슬한 절벽에 서 있는 홍련암에 다다른다. 의상대에서 홍련암까지 바닷가 지형을 중심으로 하는 이 일대가 바로 명승으로 지정된 지역이다.

낙산사 의상대와 홍련암은 그 자체가 지닌 자연 경승으로서의 아름다움도 빼어나지만, 수려한 풍광에 깃든 역사적·문화적 의미도 매우 큰 곳이다. 그러나 무엇보다도 의상대와 홍련암의 진가는 동해의 푸른 물결을 배경으로 여명을 붉게 물들이며 세상의 새벽을 여는 해맞이 풍광이라 할 수 있다. 의상대에서 홍련암에 이르는 해안은 우리나라 해맞이의 첫째가는 명소다. 본래 해맞이 풍경은 하루 중 일정한 시간에만 나타나는 일시적 경관이다. 특별한 시간에만 볼 수 있고, 계절 혹은 날씨에 따라 다양한 모습으로 연출되는 경관인 것이다. 국가에서 지정하는 명승에는 이렇게 일시적 경관을 연출하는 지역, 즉 일출이나 일몰의 명소를 지정할 수 있도록 기준을 정하고 있다.

의상대는 역사가 오래된 낙산사의 부속 건물이다. 낙산사를 창건한 의상대사가 좌선을 했다는 해안 암벽 위에 의상대사를 기념하기 위해 지은 정자다. 육각으로 만든 아담한 규모의 의상대는 특히 조망이 뛰어난 해안절벽 위에 들어서 있다. 벽체가 없이 간결한 구조로 지어져 새벽의 어스름에 보이는 윤곽이 특히 아름답다. 의상대 북쪽에 자리한 홍련암은 해안절벽의 굴과 같은 지형에 위치해 관음굴이라고도 한다. 홍련암은 법당 바닥의 판자를 들어 올리면 마루 밑 바위틈으로 바닷물이 출렁이며 드나드는 모습을 볼 수 있다. 의상에게 여의주를 바친 용이 불법을 들을 수 있도록 하기 위해 암자를 이렇게 지었다고 한다.

홍련암에는 의상대사가 붉은 연꽃(홍련) 속의 관음보살을 친견한 전설이 전해오고 있다. 신라 문무왕 12년 의상이 입산을

하는 도중에 돌다리 위에서 파란색의 새를 보고 쫓아갔는데, 새가 석굴 안으로 들어가 자취를 감추어 보이지 않았다. 의상은 이를 이상히 여겨 바위 위에 정좌하고 기도를 올렸다. 이렇게 7일 동안 주야로 기도를 드리자 깊은 바닷속에서 붉은 연꽃이 솟아오르고 그 속에서 관음보살이 나타났다. 의상은 마음속에 품고 있던 소원이 이루어지자 이곳에 홍련암이라는 암자를 지었다고 한다. 의상대와 홍련암을 비롯한 낙산사 곳곳에는 의상대사와 관련한 전설이 전해진다.

낙산사는 671년(문무왕 11) 의상대사가 창건한 이래 오늘날까지 1300여 년이 지나는 동안 어느 사찰보다 많은 변화를 겪었다. 858년(헌안왕 2) 범일이 중건한 이후 수차례에 걸쳐 다시 세웠으며, 한국전쟁으로 소실된 것을 중창했다. 그러나 2005년 4월에 발생한 큰 산불로 대부분의 전각이 불타버렸고, 2013년 말 복원 작업을 거쳐 중건을 완료했다. 이 산불로 낙산사의 주요 경관 요소였던 낙락장송이 거의 대부분 소실되어 낙산 주변의 경관이 크게 훼손되었는데, 다행히 의상대와 홍련암 주변 해안절벽 부분의 경관은 크게 피해를 입지 않았다. 그 덕분에 해안 부분의 경관은 아름다운 모습을 잃지 않고 잘 보존되고 있다. 불행 중 천만다행한 일이다.

거대한 소나무가 자라던 낙산사에는 현재 새로 심은 조그마한 소나무가 자라고 있다. 하지만 이러한 나무들이 자라 과거와 같은 송림을 형성하려면 아주 오랜 시간이 걸린다. 화재로 소실된 건물을 복원하는 데는 수년의 기간이면 충분하지만, 훼손된 자연을 회복하는 데는 훨씬 더 오랜 시간이 필요하다는 사실을 동해안 산불은 잘 보여준다.

현재 낙산사의 절집은 복원이 완료되어 사찰의 면모를 되찾은 상태다. 그러나 예전의 모습을 온전히 찾았다고 할 수 없다. 낙산사는 붉은 기둥의 노송이 즐비한 솔숲과 절집이 어우러져야 비로소 제대로 된 면모를 갖췄다고 할 수 있기 때문이다. 하지만 자연의 힘은 정말로 대단하여 낙산사 주변의 경관은 이미 새로운 모습을 보이기 시작했다. 생명의 기운이 힘차게 산야를 뒤덮기 시작한 것이다. 새로운 생명이 움터오는 곳 낙산사 의상대와 홍련암의 풍광은 힘차게 솟구쳐 오르는 아침 해의 붉은 기운을 맞이하고 있다.

살아 숨 쉬는 생태계의 보고, 순천만

바닷바람에 일렁이는 갈대밭의 거대한 갈색 파도
짱뚱어와 게가 빈틈없이 밭을 일구는 끝 모를 검은 개펄
빠알간 노을이 온 천지를 물들이는 석양의 S자형 수로
칠면초 군락을 배경으로 목선 한 척이 물길을 가르는 곳
온갖 겨울 철새들이 바닷물을 박차고 저 너른 벌판을 향해
하늘로 비상하는 바로 그곳

저 먼 남쪽 바다, 순천만에 대한 기억이다. 순천만은 아름답다. 봄부터 겨울까지 어느 계절을 막론하고 날이 밝아올 무렵부터 해 질 녘까지, 동쪽 와온부터 서쪽 화포해변까지, 어느 때 어느 곳에서 바라봐도 아름다운 곳이다. 특히 용산전망대에서 바라보는 순천만의 낙조는 숨이 넘어갈 듯한 절경이다. 이처럼 아름다운 순천만은 2008년 6월 16일 명승 제41호로 지정되었다.

순천만은 남해안의 중간쯤에 위치하고 있다. 전라남도에서는 동쪽으로 치우친 곳으로, 남북으로 길게 뻗은 여수반도와 고흥반도가 에워싸 항아리 모양을 하고 있는 바다다. 순천만은 고흥군, 보성군, 순천시, 여수시 등과 접하고 있으며 매우 복잡한 해안선을 따라 발달한 연안 습지로, 광활한 개펄과 드넓은 갈대밭으로 이루어져 있다. 순천만의 북쪽에는 순천시가 위치하고 서

북쪽에는 벌교읍이 자리하고 있다.

국가 지정 명승인 순천만의 아름다운 경관을 감상하는 방법에는 두 가지가 있다. 첫째로는 갈대밭 사이로 난 길을 지나 산길을 오르는 것이다. 드넓게 펼쳐진 갈대 군락도 대단히 아름답지만, 산길을 올라 능선을 따라가며 바라보는 광활한 개펄의 모습은 용산전망대에 올라서면 절정에 이른다. 특히 석양의 낙조를 이곳 전망대에서 볼 수 있다면 더 바랄 것이 없다. 붉은 노을에 물든 S자형 수로의 모습은 가히 압권이다.

둘째는 수로를 따라 목선을 타고 개펄을 근거리에서 감상하는 뱃길 투어다. 개펄 생물을 근거리에서 볼 수 있고 이들을 먹이로 하는 다양한 철새의 서식지를 확인할 수 있으며, 때로는 철새들의 아름다운 비상과 군무도 감상할 수 있다. 여기저기 개펄에 펼쳐진 칠면초 군락이 빨간 융단을 깔아놓은 듯한 계절이라면 더더욱 좋다. 이 밖에도 농경지의 제방에서 철새들을 탐조하거나 와온해변 혹은 화포해변에서 순천만의 일출이나 일몰을 감상하는 것도 좋은 방법이다.

순천만은 순천시를 거쳐 흐르는 동천의 하구에 갈대밭, 염습지, 개펄, 섬 등이 잘 발달해 다양한 지형을 형성하고 있는 해안 습지다. 또 주변에는 넓은 논과 갯마을이 자리해 있으며 그 주위를 낮은 구릉과 산이 감싸 안아 전체적으로 안온한 지세를 이룬다. 순천만은 남북 길이가 약 30km, 동서 길이가 약 22km 규모인 내해다. 경사가 완만한 해안으로 오랜 세월 진행된 동천의 퇴적과 바다의 밀물과 썰물의 영향으로 특이한 해안 지형을 형성하고 있다.

순천만이 오늘날의 지형을 형성한 것은 약 8000년 전이다. 지구상의 마지막 빙하기가 끝나고 해수면의 높이가 160m 정도 높아지면서 서해가 육지에서 바다로 변했을 때 처음 생긴 것으로 추정된다. 순천만은 소백산맥에서 갈라진 고흥반도의 지맥과 여수반도의 지맥이 남해안으로 가라앉으면서 만들어졌다. 이와 같은 지형 변화와 함께 기수汽水 지역으로 변한 순천만은 강물의 흐름에 따라 토사와 유기물이 퇴적되면서 지금과 같은 광활한 개펄을 형성했다. 순천만은 과거 상사댐을 축조하기 전에는 동천의 수량이 풍부해 모래가 많이 유입되었으나 댐을 건설한 후 유량이 적어지면서 뻘과 갈대 등이 풍부한 지형으로 바뀌었다.

순천만 개펄의 총면적은 22.6km²이며, 간조 때 드러나는 개펄은 12km²이다. 또 순천의 동천과 이사천의 합류 지점부터 순천만의 개펄 앞부분까지는 넓은 갈대밭이 펼쳐진다. 이 갈대 군락은 바닥이 아직 개펄 상태를 유지하고 있는 곳이 많으며, 개펄의 가장자리에서 차츰 육화하는 과정을 겪고 있다. 갈대밭은 바다와 인접한 개펄 주변에 약 5.4km²의 규모로 형성된 고밀도의 갈대 단일 군락이다. 하천이 직강화되면서 토사의 유입량이 많아지고 자연스럽게 습지 면적이 늘어나면서 생긴 것이다. 동천 하구에 위치한 갈대밭은 우리나라에서 가장 넓고 잘 보전된 갈대 군락이다. 이곳은 철새에게 먹이와 은신처를 제공하는 장소기도 하다.

우리나라는 서해안과 남해안에 걸쳐 개펄이 아주 잘 발달한 개펄의 나라다. 서해 북단부터 서남쪽 바다 끝인 무안, 목포를 지나 남해의 순천과 광양에 이르기까지 널리 형성된 개펄은 세계적으로 주목받고 있는 특별한 해안 습지다. 다만 아쉬운 것은 새만금 방조제처럼 서남해안 곳곳에 방조제를 쌓은 탓에 수많은 개펄이 이미 사라졌고, 이와 같은 간척 사업으로 해안 생태계의 보고인 개펄의 건강 상태가 매우 나빠졌으며, 지금도 지속적으로 악화되고 있다는 사실이다.

우리나라 전역에 발달한 습지의 규모로 볼 때, 순천만 개펄은 면적이 그다지 넓지 않다. 그러나 이곳의 특징은 다른 어느 지역과 비교해도 매우 건강하다는 점이다. 순천만 개펄의 생태계는 매우 다양하고 풍성하다. 바지락, 꼬막, 피뿔고둥, 민챙이, 숭어갯지렁이, 말미잘, 낙지, 주꾸미, 피조개, 게, 꽃게, 망둑어, 짱뚱어, 쏙, 따개비, 굴, 백합 등 이루 헤아릴 수 없이 많은 개펄 식구가 켜켜이 층을 이루며 살고 있다.

이렇게 풍성한 개펄 생물은 순천만의 하늘에 거대한 군무를 이루는 희귀한 철새들을 모두 불러 모은다. 노랑부리저어새, 먹황새, 개개비, 깝작도요, 대백로, 검은머리물떼새, 흰목물떼새, 청둥오리, 괭이갈매기, 독수리, 참매 등 수많은 종의 조류가 찾아오고, 특히 희귀한 큰고니(천연기념물 제201호), 흑두루미(제228호), 재두루미(제203호) 등이 겨울 손님으로 순천만을 찾는다. 이렇게 이곳을 찾아오는 철새는 매년 규모가 커질 뿐 아니라 종류도 점점 다양해지고 있다. 해안선이 자연 그대로 남아 다양한 생물이 서식하고 있는 순천만은 2003년 12월 31일 해양수산부 습지 보호 지역으로 지정되었으며, 2006년 1월 20일 람사르협약(습지의 보호와 지속 가능한 이용에 관한 국제 조약)에 국내

최초로 등록되었다.

　순천시에서는 오랫동안 순천만 개펄 생태계를 개선하기 위한 작업을 지속적으로 시행해오고 있다. 개펄 주변의 주거와 상업 시설을 철거해 농경지로 조성하고, 인근 농경지를 대상으로 경관농업을 시행해 철새들의 먹이원이 풍부하도록 만들고 있다. 또한 생태 공원을 조성해 인공 습지를 넓히는 등 순천만을 보존하고자 힘쓰고 있다. 이러한 지방자치단체의 부단한 노력 덕분에 순천만은 규모는 그리 크지 않지만 내용적으로는 대단히 우수한 해안 습지로 평가받고 있다.

　명승은 국가 지정 문화재 중에서 가장 활용하기 유리한 문화재다. 문화재청에서는 과거에 문화재를 보존하는 데만 역점을 두어온 정책 방향을 전환해 근래에는 이를 적극적으로 활용하는 시책을 강조하고 있다. 같은 맥락에서 순천시는 명승으로 지정된 순천만을 잘 가꾸고 보존하는 것은 물론 이를 최대한 활용

하고자 노력하고 있다. 갈대 축제를 비롯하여 다양한 프로그램을 개발해 시행하고 있으며, 순천만을 자원으로 하여 2013년에는 국제정원박람회도 개최했다. 이는 명승으로서 순천만의 가치를 세계에 알린 소중한 기회가 되었다. 순천만의 사례에서 보듯이 지속 가능한 보존을 전제로 하는 명승의 적극적 활용은 국가는 물론 지방자치단체의 발전에 매우 효율적인 수단이 될 것이다.

하륜과 조준이 청유한 곳,
양양 하조대

▶ **하조대 전경**
기암으로 이루어진 하조대 풍경이다. 아래는 붉은색, 위는 백색을 띤 기암의 상부에는 분재 같은 소나무가 자라고 있다.

산과 강과 바다가 모두 빼어난 곳, '해가 떠오르는 고장' 양양襄陽은 참으로 신비한 곳이다. 절승의 경치를 자랑하는 설악산이 배경을 이루고, 연어 떼가 물살을 거슬러 오르는 남대천이 옥토를 가르며, 짙푸른 동해의 물결이 끝없이 펼쳐지는 곳. 그곳이 바로 양양이다. 양양은 지리, 산수, 역사 모두가 흥미진진한 곳이지만 아쉽게도 오늘날 영동 지방의 유명한 도시가 된 강릉과 속초 사이에 위치한 탓에 본래의 모습이 많이 가려져 있는 것이 현실이다.

동해안의 지형은 매우 가파르다. 바다는 급격하게 깊어지고, 바닷물은 푸르다 못해 검은빛을 띠기도 한다. 강릉에서 북쪽으로 올라가는 7번 국도는 양양을 지나 속초를 향해 뻗어 있다. 지금은 동해안고속도로가 양양읍까지 연결되어 주위를 살필 겨를도 없이 내륙으로 달려가지만, 양양 바닷가 가까이로 나 있는 국도에서는 신비로운 동해의 모습이 언뜻언뜻 바라보인다. 해안의 모습이 특별히 아름다운 양양은 '해오름의 고장'이란 지명에 걸맞게 동해 일출의 명소다. 양양은 우리나라에서 일출의 모습이 가장 아름답다는 낙산사 의상대와 '동양의 베네치아'라고 불리는 남애항이 자리 잡고 있는 곳이기도 하다. 양양의 해안은 남애항부터 외설악의 입구인 물치해변까지 약 100여 리에 이른

다. 이 해안은 항구와 백사장과 기암이 어울려 동해안에서 으뜸가는 풍광을 연출한다.

하조대河趙臺는 양양의 동남쪽 현북면 하광정리에 있는 경승이다. 남애항에서 북쪽으로 38선 휴게소를 지나면 현북면 소재지인 하광정리에 다다른다. 현북면사무소를 지나 우회전해 동쪽으로 광정천을 끼고 1km 정도 진입하면 하조대에 이른다. 하조대해수욕장 남단에 위치한 하조대는 기암괴석으로 이루어진 비경을 자랑하는 해안이다. 조선 고종 때 간행한《1872년 지방지》에서는 "현북면 바닷가에 하조대가 읍에서 35리에 있다"는 내용과 함께 그 모습을 절벽으로 묘사하고 있다. "예로부터 이곳의 경치를 한 번 감상한 사람은 10년이 지나도 그 얼굴에 산수자연의 기상이 서려 있게 된다"는 이야기가 전해질 정도로 하조대의 경치는 정말 수려하다.

조선 영조 때 전국 각 고을의 읍지를 모아 편찬한《여지도서輿地圖書》에도 하조대에 관한 기록이 있다. 이 문헌의 양양도호부 고적조에는 "하조대는 부 남쪽 30리에 있다. 세상에 전하기를 조선 초기에 하륜과 조준이 놀고 즐긴 곳인 까닭에 이름 지었다"고 쓰여 있다. 문헌에 나타난 것처럼 하조대는 조선의 개국공신 하륜河崙(1347~1416)과 조준趙浚(1346~1405)이 교유한 곳으로 알려졌다. 하조대라는 명칭이 바로 이들의 성씨에서 유래했다고 한다.《여지도서》의 내용처럼 하조대는 하륜과 조준이 은거하며 청유한 곳이라 하기도 하고, 은둔하며 혁명을 도모한 곳이라고도 한다. 전하는 이야기에 따라 약간의 차이가 있지만 두 사람이 이곳에 머무른 것과 하조대라는 명칭이 연유했다는 것은 틀림없는 듯하다. 그러나 이 밖에도 하씨 집안 총각과 조씨 집안 처녀 사이의 사랑에 얽힌 이야기에서 하조대의 명칭이 유래했다는 전설이 있으나 이것은 후세 사람들이 만들어낸 가공의 이야기로 여겨진다.

하조대는 남쪽의 정자가 있는 해안부터 북쪽의 등대가 위치한 곳까지 약 13만 4,825㎡의 면적이 명승으로 지정되었다. 주변 해변의 지형은 우뚝 솟은 기암이 수직의 석벽을 이루고, 절벽 위에는 누정이 우아하게 자리하고 있으며, 누정은 바위틈에서 자라는 노송과 어울려 한 폭의 풍경화를 그려내고 있다. 하조대 지역의 해안은 중간 부분이 만곡되어 해안선이 움푹 들어와 있는데, 남쪽으로 바다를 향해 돌출된 높은 절벽이 바로 누정이 위치한 곳이다. 이 누정은 육각 정자로, 진입로 방향에서 보면 처마에 하조대라는 현판이 걸려 있다.

하조대 정자 옆에는 '하조대'라는 글이 새겨진 둥그런 바위가 놓여 있다. 1911년 조선총독부에서 전국의 지명에 관한 내용을 모아 간행한 《조선지지자료朝鮮地誌資料》에는 하조대 각자에 관한 내용이 언급되어 있다. 현북면 하광정리에 있는 고적 명소로 하조대를 수록하면서 "하륜과 조준이 항상 청유하면서 하조대라고 각석했기 때문에 하조대라 칭한다"고 적혀 있다. 하지만 현재 각석에 새겨 있는 글자를 정확히 언제 각자했는지는 알 수 없지만 당시의 것은 아닌 듯하다.

하조대 정자에 오르면 아름다운 경관이 펼쳐진다. 하조대 석벽 바로 앞에는 바다에서 솟아오른 기암이 푸른 고목의 창송을 머리에 인 신비스러운 모습을 하고 있는데, 하조대에서 바라보

▶ **각자바위**
정자 옆에 위치한 바위로,
윗면에 '하조대'가
음각되어 있다.

는 이 기암의 모습은 빼어난 풍경화 같다. 특히 기암 너머로 끝
없이 넘실대는 동해의 너른 바다는 저 먼 수평선까지 짙푸른 배
경이 되어 화폭을 더욱 아름답게 한다. 또 이곳에서 북쪽을 향
해 보면, 만곡된 해안 건너편으로 뻗어 나온 석벽 위에 등대가
서 있는 모습이 눈에 띄는데, 소나무 가지 사이로 보이는 하얀
순백의 등대는 한 점 때 묻지 않은 고운 자태를 드러낸다. 이렇
듯 하조대는 누정이 위치한 곳 자체도 아름답지만, 주변 경관
을 바라보는 조망 지점으로서도 아주 뛰어나다.

　대체로 누정은 하조대처럼 우뚝한 곳에 세운다. 높은 언덕이
나 돌 혹은 흙으로 쌓아 올린 대臺 위에 짓기 때문에 대각臺閣 또
는 누대樓臺라고도 한다. 우리 선조들은 이처럼 높은 곳에 누대
를 짓는 것을 즐겨 했다. 의상대, 경포대, 하조대는 모두 바닷가
언덕에 위치한 누대인데, 이들 명칭에서 '대'라는 말은 그 건물

이 있는 언덕이라는 장소와 함께 거기에 건립한 누정까지 가리킨다.

누대는 일반적으로 휴식을 취하거나 자연을 감상할 목적으로 짓는다. 그래서 산수가 좋은 높은 지역에 세우는데, 이곳에서 바라보는 경치는 정말 아름답다. 대부분 확 트인 조망을 갖춘 데다 일망무제의 파노라마 같은 경관을 감상할 수 있다. 이렇듯 누정은 경관을 감상하기 좋아야 한다. 그러므로 누정의 조건은 허虛라고 말한다. 누정 주변에는 시야를 가로막는 어떠한 걸림도 없이 비어 있어야 한다는 뜻이다. 이처럼 누정의 주변이 비어 있으면 여러 가지 경관 기법이 가능해진다. 예컨대 주변이 허창한 누정에서는 여러 경관 요소를 누정 한 곳으로 모이게 하거나(취경), 멀리 있는 경물을 누정으로 끌어들이거나(읍경), 주변의 자연 요소를 누정에 두르거나(환경) 하는 경관 구성 기법이 비로소 가능해지는 것이다.

하조대는 바다를 향한 시야가 완전히 열려 있어 동해의 풍광을 조망하는 데 어떠한 장애도 없다. 그래서 누정의 경관 기법을 잘 구현할 수 있는 장소다. 옛 기록에는 이와 같은 누대를 흔히 천인단애千仞斷崖 또는 수십 길의 벼랑 위에 세운 건물이라 하여 그 가치를 매우 높게 평가해왔다. 우리나라는 삼면이 바다로 둘러싸여 있기 때문에 바닷가에 누정을 많이 지었다. 그중에서도 동해안은 지형 경관이 아주 수려해 서해나 남해에 비해 특히 누정이 많다. 금강산 앞에 있는 통천의 총석정부터 속초의 청간정, 낙산의 의상대, 양양의 하조대, 강릉의 경포대, 울진의 망양정 등은 모두 동해 바닷가에 지은 이름 있는 누정이다.

▲ **하조대 만입부**
해안선이 육지 방향으로
깊게 파여 있다.

　양양 바닷가 언덕 위에 있어 탁월한 조망을 자랑하는 하조대는 해안 절승으로서 가치와 장소에 담겨 있는 문화경관적 의미가 높게 평가되어 2009년 12월에 명승 제68호로 지정되었다. 하조대는 자연 유산으로서 매우 우수한 가치를 지닌 경승이다. 특히 관광지로 유명해져 이미 대형 버스가 자주 찾을 정도로 탐방객이 많은 명소가 되었다. 그러나 주변에 오래전에 군사 목적으로 설치한 철조망이 지금도 보기 싫게 자리하고 있다. 일반인의 출입이 잦아진 이곳에 군사분계선에나 설치하는 시설물이 그대로 존재한다는 것은 적절하지 않다고 생각한다. 국민이 많이 찾는 명승지에 설치하는 시설은 군사 목적이 있다 하더라도 이제 주변 환경과 조화롭게 어우러지도록 바꾸어야 한다.

　해오름의 고장 양양을 대표하는 명승 하조대의 아름다운 해안 풍광을 보존하는 것은 이곳을 찾는 국민에게 소중한 기억을 심어주는 아주 의미 있는 일이다. 아름다운 하조대의 풍광 저 멀리 푸른 동해에서 떠오르는 아침 해는 양양을 상징하는 신비스러운 한 폭의 그림이 될 것이다.

안면도의 해넘이 명소,
꽃지 할미·할아비바위

안면도 꽃지 해변의 할미·할아비바위, 이곳으로 넘어가는 일몰의 풍광은 그야말로 황홀경이다. 검은 옷으로 갈아입은 할미·할아비바위가 윤곽만 남긴 채 저만치 우뚝 솟아 있고, 그 밖의 하늘과 바다 그리고 엷은 조각구름까지, 모든 여백을 온통 붉은색으로 물들이며 저 멀리 수평선을 향해 떨어지는 낙조는 무엇과도 비교할 수 없는 장엄한 풍광을 만들어낸다. 특히 할미·할아비바위 일몰 풍광은 노송을 바위 정수리에 이고 있는 할아비바위와 가마솥을 엎어놓은 듯한 할미바위 사이로 붉은 노을과 함께 내려앉는 저녁 해의 모습이 어우러져 말로는 형언할 수 없는 비경을 연출한다.

서해안에서 해넘이의 모습이 아름다운 곳은 아주 많다. 서해 북단의 백령도 두무진부터 강화의 석모도, 화성의 궁평리, 당진의 왜목마을, 서산의 간월암, 서천의 마량리, 부안의 채석강, 영광의 백수해안, 무안의 오강섬, 함평의 돌머리 그리고 신안의 홍도를 비롯한 다도해 여러 섬에 이르기까지, 모두가 서해 낙조의 명소다. 그러나 이 중에서도 꽃지 할미·할아비바위의 해넘이는 가장 아름다운 낙조로 꼽힌다. 서해의 아름다운 일몰 풍광을 일컫는 '서해의 3대 낙조'는 주장이 여럿 있으나, 어느 경우라 해도 할미·할아비바위 낙조가 빠지는 경우는 없다.

안면도 꽃지 할미·할아비바위는 충청남도 서북단의 태안반
도를 따라 남쪽에 자리한 섬, 안면도의 서쪽 해안에 위치한다.
바닷물이 들어온 만조 때에는 바다 위의 섬이 되고, 바닷물이
흘러 나간 간조 때에는 육지와 연결되어 하루에도 몇 번씩 변화
무쌍하고 다양한 형태를 보여준다. 더욱이 꽃지해수욕장의 너
른 모래밭과 짙푸른 바다는 할미·할아비바위와 어우러져 꽃지
해변의 아름다움을 한층 더 높여주고 있다. 예쁜 이름만큼이나
아름다운 꽃지 해변은 주변 경관과 바다의 조건이 매우 좋아 다
른 어느 해수욕장보다도 이곳을 찾는 이들이 선호하는 장소다.
할미·할아비바위는 길이 3.2km, 폭 300m에 달하는 넓은 꽃지
해수욕장과 오른쪽에 위치한 포구의 다양한 해변 풍경 중에서
도 가장 우세한 경관 요소로 자리하고 있다.

할아비바위에는 곰솔과 소나무가 섬을 완전히 뒤덮고 있다.
또 할미바위에는 인위적으로 장식한 것처럼 바위틈 곳곳에 소

나무가 자라서 섬을 한층 더 아름답게 만들
고 있다. 할미·할아비바위 주변은 조수 간
만의 차가 큰 조간대의 영향을 받아 퇴적된
사빈 지형을 이룬다. 백사장의 모래는 규사
로 되어 있으며, 해변의 경사가 완만하고 물
빛이 깨끗해 아름다운 해변 풍경을 연출한
다. 규사珪砂는 주로 유리 원료로 사용되는
데, 과거에 이를 활용하기 위해 이곳 주변에
서 잔모래를 다량 채취했다고 한다. 그 때문
에 현재 할미·할아비바위의 주변 지형에 많
은 변화가 일어났으며, 해수의 침식작용으

로 모래가 유실되고, 자갈(각력)이 많이 노출된 상태다.

꽃지 할미·할아비바위는 서해 낙조의 빼어난 경관적 가치 외에도 금실 좋은 노부부의 전설이 전해오고 있어 문화적 의미도 함께 지닌 경승지다. 이 바위에 얽힌 전설은 이러하다. 828년(신라 흥덕왕 3) 해상왕 장보고가 완도의 청해진을 거점으로 하여 북으로는 장산곶, 중앙부로는 견승포(지금의 안면도 방포)를 기지로 삼고 주둔했다. 이때 그의 부하인 승언承彦이라는 장수가 기지사령관으로 있었는데, 그는 미도라는 아름다운 부인과 함께 이곳에서 살고 있었다. 당시 이들 내외는 금실이 아주 좋아 한시라도 보지 못하면 살 수 없을 정도로 사이가 애틋했다. 그러던 어느 날 장보고의 명령을 받은 승언은 곧 돌아온다는 말을 남기고 출정했다. 그러나 오랜 시간이 지나도 승언은 돌아오지 않았다. 아내는 매일 산에 올라 일편단심으로 남편의 귀환을 기다렸지만 끝내 만나지 못하고 그곳에서 죽고 말았다. 그 후 미도가 앉아 있던 산이 바위로 변해 이를 할미바위라 일컫게 되었다. 그런데 얼마 지나지 않아 조용했던 바다에 폭풍우가 휘몰아치더니 할미바위 옆에 큰 바위 하나가 우뚝 솟아올랐다. 사람들은 아내를 그리워하던 승언의 혼이 바위로 변한 것이라고 생각해 그때부터 이 바위를 할아비바위라 불렀다. 두 사람의 지고지순한 사랑에 감동한 마을 사람들은 지명에 장수 이름을 붙였고 아직도 안면도에는 승언리가 남아 있다.

또 다른 전설로는 바다에 고기잡이를 나가 돌아오지 않는 할아비를 기다리던 할미가 망부석이 되었으며, 오랜 시간이 지난 다음 구사일생으로 살아 돌아온 할아비는 망부석이 된 할미를 보고 슬퍼하며 자신도 할미바위 앞에 커다란 바위가 되었다는 이야기도 전해진다.

현재 국가에서 지정하는 명승은 중요한 전망 지점과 조망 대상을 기준으로 삼고 있으며, 특히 일시적 경관을 명승으로 지정하기도 한다. 일정한 장소에서 특별한 시간과 조건에 따라 형성되는 대표적 경관으로 일출과 일몰이 있다. 예로부터 아름다운 경승의 모습을 말할 때 팔경이란 명칭을 많이 사용했는데, 팔경의 원조라 할 수 있는 중국의 '소상팔경瀟湘八景'은 일시적 경관이 많다. 예를 들면 소상팔경의 하나인 어촌석조漁村夕照는 '저녁놀이 비친 어촌 풍경'이며, 평사낙안平沙落雁은 '기러기가 내려 앉은 모래사장'을 말한다. 안면도 꽃지 할미·할아비바위는 이와 같은 일시적 경관이 명승으로 지정된 대표적 사례. 동해안 일출의 명소인 낙산사 의상대와 홍련암의 경우도 일출 경관의 아름다움이 명승으로 지정되는 데 큰 역할을 한 사례로, 대표적인 일시적 경관이라 할 수 있다.

일시적 경관은 특정한 시간을 제외하고는 감상할 수 없다. 저녁놀이 비친 어촌 풍경은 하루에 한 번 짧은 시간 허용되는 풍경이며, 기러기가 내려 앉은 모래사장은 기러기가 있는 계절에만 볼 수 있는 모습이다. 할미·할아비바위의 낙조도 맑은 날 하루에 한 번밖에 볼 수 없는 경관이다. 따라서 해 질 녘에 아름다운 낙조를 감상하러 오는 사람이 많다. 간조 때 바닷물이 빠지면, 무인도인 할미·할아비바위는 육지와 연결된다. 이때는 바위까지 걸어서 왕래할 수 있다. 여름철에는 이곳에 사람들이 가득 차 매우 붐빈다.

동일한 장소라 해도 장소가 주는 느낌은 매우 다르다. 같은 장소임에도 맑은 날과 비 오는 날의 느낌이 다르듯 일출과 일몰의 풍광이 선사하는 감상은 극과 극이라 할 수 있다. 일출의 풍광이 무엇인가 새롭게 시작하고 나아가고자 하는 용기로 가득 찬 모습라면, 이와 반대로 일몰의 풍광은 무엇인가 조용히 갈무리하고 정리하는 느낌, 곧 관조觀照의 풍경이라 할 수 있다. 붉게 물든 바닷가 저녁노을을 바라보는 모습은 분명 관조라고 표현하는 것이 옳다. 관조란 참된 지혜로 개개의 사물이나 이치를 비추어 보는 것을 말한다. 온 세상을 환하게 밝히던 해가 붉은 노을로 물들어 저 멀리 수평선 너머로 지기 시작하는 아름다운 할미·할아비바위 낙조의 모습은 참된 지혜로 사물을 조용히 관찰하는 관조의 풍광일 것이다.

　　지는 해는 유난히 붉다. 어둠을 걷어내고 여명을 밝히며 솟아오르는 아침 해의 시뻘건 용틀임과는 다른 붉음이다. 지는 노을의 아름다움을 낙하落霞라 하고 옛사람들은 이를 붙들어 담아두고 싶어 했다. 그러나 이는 얼마나 부질없는 일인가? 아름다운 낙하는 다시 시작되는 내일의 준비고, 내일의 또 다른 시작이다. 꽃지 할미·할아비바위의 낙조는 지구 저편에서 보면 해오름의 풍광이며, 또 그곳의 낙조는 동해안 낙산사 의상대의 해오름이다. 끝없이 순환하는 저 태양과 함께 쉼 없이 흐르는 시간 속에서 꽃지 할미·할아비바위의 낙조를 바라보며 자신의 삶을 관조해보는 경험은 아주 의미 있는 일이 될 것이다.

서귀포 해안의 장군바위, 외돌개

▶ 황우지 주상절리
잘 발달한 주상절리의
아름다운 풍광을 보여주는
황우지 해안이다.

서귀포시는 우리나라 최남단에 있다. 남해 건너에 위치한 제주 섬에서도 가장 남쪽에 자리해 있다. 제주도의 중앙을 동서로 가르는 선을 경계로 하여 남방 지역을 점하고 있는 서귀포시는 180km에 이르는 해안선을 갖추고 있다. 동쪽의 성산일출봉부터 섭지코지, 쇠소깍, 정방폭포, 황우지, 지삿개, 용머리 해안을 지나 서쪽의 송악산과 모슬포에 이르기까지 동서 방향으로 길게 이어진다. 제주 섬 남부 지역의 해안을 연결하는 이 해안선은 매우 특별한 지형 경관을 형성하고 있다.

서귀포 해안은 기암절벽, 폭포, 항구, 섬 그리고 푸른 바다가 어우러져 아름다운 비경을 품은 곳으로, 우리나라 해안 중에서 가장 아름답다. 특히 서귀포 동쪽의 정방폭포 주변부터 황우지 해안, 지삿개 해안, 박수기정, 송악산 해안 등으로 이어지는 서귀포 해안은 상당 부분이 검은 바위로 이루어진 기암절벽으로 빼어난 절경을 연출한다. 서귀포 해안의 기암절벽은 대부분 검은 기둥을 마치 병풍처럼 나란히 세워놓거나, 혹은 검은 돌을 쌓아 만든 석축 같은 모습을 하고 있다. 화산활동으로 분출된 용암(현무암)이 굳으면서 발생하는 지질 현상의 결과로 생긴 지형이다. 서귀포 해안 중에서도 지삿개 해안과 황우지 해안은 특히 기둥으로 병풍을 두른 듯한 주상절리가 잘 나타나는 구간이

다. 지삿개 해안의 주상절리대는 '중문·대포 해안 주상절리대'라는 명칭으로 천연기념물 제443호로 지정되었으며, 황우지 해안의 기암절벽 지역은 '서귀포 외돌개'라는 조망 경관이 명승으로 지정되었다.

외돌개는 황우지 해안의 기암절벽이 둥그렇게 호를 그리는, 마치 거대한 바위가 물속에서 솟아오른 듯한 형상을 하고 있는 입석을 말한다. 100만 년 전 화산활동이 활발할 때 화산 폭발로 섬의 모양이 바뀌면서 생긴 바위섬으로 높이가 20m 정도의 반석 위에 올려놓은 원통형 기둥 같은 형상을 하고 있다.

외돌개는 측면부가 거의 수직이어서 사람들이 오를 수 있는 바위가 아니다. 정수리에는 작은 소나무가 몇 그루 자라고 있는

▲ 외돌개
서귀포 황우지 해안의
바다 가운데 우뚝 솟은
입석으로, 윗부분의
신록이 선명한 색채를
띠고 있다.

데, 모양이 마치 사람의 머리카락을 연상시킨다. 이렇게 사람이
서 있는 듯한 느낌을 주는 외돌개는 장군석으로 불리기도 한다.
특이한 모양의 바위들이 으레 그렇듯 장군석에도 이와 관련한
전설이 전해진다. 고려 후기 제주도, 당시 탐라도에는 몽골족의
목자牧者들이 살았는데, 고려에서는 명나라에 보내기 위해 이들
이 기르는 제주마를 자주 징집했다고 한다. 말의 징집이 빈번해
지자 이에 반발해 제주에서는 목호의 난이 일어났다. 토벌 대장
을 맡은 최영 장군에 쫓겨 이들은 범섬으로 도망갔다고 한다.
최영 장군은 이들을 토벌하기 위해 외돌개를 장군의 형상으로
치장해놓고 마지막 격전을 벌였는데, 목자들은 외돌개를 대장

군으로 알고 놀라서 스스로 목숨을 끊었다는 이야기다.

외돌개의 또 다른 이름은 할망바위다. 이 이름에 얽힌 전설은 이러하다. 한라산 아래 어업에 종사하던 할아버지와 할머니가 살았다. 어느 날 바다에 나간 할아버지가 풍랑을 만나 돌아오지 못했다. 할머니는 바닷가에 서서 할아버지를 하염없이 기다렸지만 끝내 돌아오지 않았다. 슬픔에 빠진 할머니는 바다를 향해 "하르방"을 외치며 통곡하다 바위가 되었다는 설화다. 이후 할아버지 시신이 바위로 변한 할머니를 찾아와 옆으로 보이는 작은 바위섬으로 변했다는 다른 전설도 회자된다. 남정네들을 바다로 보내고 나서 노심초사하며 기다릴 수밖에 없던 제주 여인들의 마음이 담겨 있는 전설이다.

황우지 해변의 기암석벽 위로 난 올레길에서 바라보면 외돌개 주변의 풍광은 매우 신비스러운 비경을 나타낸다. 해안의 석벽이 둥그렇게 되어 있어 그에 맞춰 둥글게 난 올레길을 지나며 조망되는 외돌개는 방향에 따라 다른 모습으로 바뀐다. 특히 새벽을 여는 여명의 시간에 외돌개 너머로 검푸른 바다를 빨갛게 물들이며 붉은 태양이 떠오르는 모습은 그야말로 장관이다. 시선을 소나무 가지의 위쪽에 두고 외돌개를 오른쪽에 자리하도록 프레임을 설정한 후 그 옆으로 이어진 바다에서 눈부신 불덩어리가 올라오는 모습을 바라보는 것은 가슴 벅찬 감동의 순간이다.

외돌개가 위치한 해안에서 바라보면 외돌개와 함께 앞바다에 떠 있는 섬이 한눈에 들어온다. 문섬, 범섬, 새섬이라 하는데 외돌개의 뒤에 자리해 풍광을 한층 아름답게 구성한다. 외돌개 위치에서 보이는 새섬은 육지와 연결된 지형처럼 조망된다. 서귀포항 바로 앞에 위치한 새섬은 본래 억새가 많아서 새섬이라는 이름이 붙은 작은 무인도인데, 지금은 조그마한 연육교가 아름답게 놓여 사람들이 즐겨 찾는 곳이 되었다. 문섬은 외돌개에서 동남쪽으로 약 1.5km 떨어진 바다에 자리한 섬이다. 본래 아무 것도 자라지 않는 민둥섬이었기 때문에 '수蟲'라 했던 것인데, 세월이 흐르면서 발음이 변해 문섬이 되었다. 지금은 상록성 난대림이 울창하게 자라 삼매봉 방향에서 바라보면 외돌개 너머에 아름다운 배경으로 조망된다.

또한 외돌개에서 남서쪽으로 약 3km 떨어진 바다 위에는 납

작하게 떠 있는 범섬이 보인다. 거리 때문에 조금 작아 보이지만 실제로는 문섬보다 크다. 범섬은 약 80m 높이의 깎아지른 절벽으로 둘러쳐져 있으며, 섬의 정상부는 평지를 이루고 남쪽에는 우물이 있다. 지금은 무인도지만 과거에는 몇몇 사람이 들어와 살기도 했다. 범섬은 바다에 접한 해안선이 수직 절벽을 이루어 천혜의 요새 같은 지형을 갖추고 있다. 풍수지리상으로는 서귀포를 지키는 범의 형상을 하고 있다고 말하기도 한다. 범섬은 외돌개에서 서쪽 방향으로 치우쳐 있어 석양의 아름다움을 만끽할 수 있는 곳이다. 특히 이곳으로 떨어지는 낙조의 풍광은 황우지 해안 풍경의 압권이라 해도 좋을 것이다.

걷기 열풍을 불러일으킨 제주올레 코스는 세계자연유산으로 등재된 제주의 아름다움을 한껏 즐길 수 있는 전통 옛길이다. 제주올레는 성산일출봉 방향에서 시작해 제주 섬을 한 바퀴 돌 수 있도록 구성했다. 올레길은 쇠소깍부터 외돌개까지를 6코스라 하고, 외돌개에서 월평마을까지를 7코스라고 한다. 특히 6코스와 7코스는 해안 경관이 아름다워 올레길을 걷는 사람들이 매우 좋아한다. 그중에서도 6코스와 7코스의 중간에 위치한 외돌개는 모든 사람이 발길을 멈추고 경관을 감상하며 쉬어 가는 장소기도 하다. 제주도 서귀포의 아름다운 해안에 자리한 외돌개는 비록 홀로 바닷가에 외롭게 서 있지만, 신비로운 선경을 간직한 명승이다. 어둠을 걷어내고 시뻘건 태양이 솟아오르는 여명의 시각에, 혹은 바다를 온통 빨갛게 물들이며 붉은 해가 낙조를 드리우는 저녁에 올레길에서 외돌개의 장관을 감상해보는 일은 대단히 감동적인 경험이 될 것이다.

제4장

하천과 폭포

한반도는 산고수장山高水長이라 일컫는다. 백두대간을 중추로 수없이 갈라진 산맥들은 깊은 골짜기와 긴 물줄기를 만들었다. 한강, 낙동강, 금강과 더불어 여러 강과 시내는 굽이굽이 산줄기를 감돌아 흐르면서 곳곳에 신비로운 풍광을 연출한다. 최근 문화재청은 강줄기가 시작되는 발원지부터 바다에 이르는 하구까지 곡류와 폭포, 못과 호소 등의 경승지를 자연 명승으로 지정하고 있다.

동강의 물굽이, 영월 어라연 일원

▶ 어라연 전경
심하게 굽이져 흐르는
곡류의 모습이다.

눈이 올려나 비가 올려나 억수장마 지려나
만수산 검은 구름이 막 모여든다
아리랑 아리랑 아라리요
아리랑 고개로 나를 넘겨주소

〈정선아리랑〉은 정선부터 영월 동강 지역 일대에서 많이 불려온 우리 민요다. 험한 산골에 살던 민초들의 깊은 한이 녹아 있는 가락으로, 듣는 이의 심금을 적시는 이 지방 고유의 아리랑이다. 짙푸른 물결을 타고 흐르는 동강은 남한강의 원류이다. 그 옛날 정선의 깊은 산속에서 베어낸 아름드리 소나무로 엮어 만든 뗏목이 아우라지에서 시작해 급물살을 타고 흘러가던 강으로, 사공들의 애환이 짙게 서려 있는 물길이기도 하다.

　동강은 오대산 서대西臺의 우통수에서 발원해 흘러내리는 오대천과 태백시 금대봉의 검룡소에서 시작해 정선군 여량으로 흐르는 송천이 어우러져, 아우라지를 지나면서 조양강이 되었다가 다시 정선읍 기수리에서 동남천과 합류해 흐르는 물줄기를 일컫는다. 이처럼 여러 갈래의 복잡한 물줄기가 합류해 만드는 동강은 심하게 굽이치는 곡류와 쏜살같이 내리치는 급류가 어우러진 강이다. 물줄기는 아름다운 어라연의 협곡지대를

지나 영월읍에 이르러 서쪽에 흐르는 서강과 합류해 남한강이
된다.

영월 어라연 일원은 영월읍의 동쪽을 북에서 남으로 흘러오
는 동강의 문산리 나루터와 거운리 나루터 사이의 구간을 가리
킨다. 동강의 일부인 어라연 지역은 하천 지형이 다양하게 나타
나는 천혜의 지역으로서 한반도의 지질학적 구조 운동, 즉 융기
의 증거인 감입곡류의 사행천이 전형적으로 나타난다. 어라연
일대의 수직 절벽은 강물의 흐름에 의해 형성된 하식애로, 오
랜 세월 지속된 강물의 침식과 풍화작용은 어라연 계곡의 모습

을 오늘날의 아름다운 협곡으로 만들었다. 삼선암 지역의 구하도와 함께 소, 여울, 급류 같은 특별한 지형 또한 이렇게 형성되었다. 어라연 계곡은 하천이 크게 굽이져 있고, 하상과 강 가장자리에 위치한 기암괴석이 주변 산야의 울창한 수림과 어울려 빼어난 절경을 이룬다.

어라연 지역의 식생은 매우 다양하고 복잡하게 구성되어 있다. 하천 주변의 식물 중에서는 달뿌리풀이 가장 많은 면적을 차지해 우점종을 이루며, 그 외에 엉겅퀴, 갈대, 패랭이, 쇠별꽃 등이 군락을 형성하고 있다. 또 강가 경계부에는 이곳에서 잘 자라는 원추리, 홑왕원추리, 덩굴딸기가 대군락을 이루고, 목본으로서는 갯버들, 키버들, 왕버들 같은 물가에서 잘 자라는 버드나무 종류와 시무나무, 비술나무 등이 군락을 이룬다. 특히 어라연 주변의 산림은 소나무가 주종을 이뤄 창송의 푸르름이 동강 지역의 운치를 한결 돋보이게 한다. 어라연 계곡은 동강의 맑고 차가운 물이 흐르는 곳이다. 깨끗한 강물 덕분에 천연기념물 제259호인 어름치를 비롯해 수달과 황조롱이, 원앙, 비오리 같은 야생동물이 집단으로 서식하고 있다.

어라연魚羅淵은 '물고기가 비단결같이 떠오르는 연못'이라는 뜻이다. 이 지역에는 '물 반 고기 반'이라 할 정도로 물고기가 많아 물 밖에서 보면 물고기의 비늘이 비단결처럼 반짝인다고 하여 이러한 명칭이 붙었다. 본래 지명은 어라연於羅淵이었으나 후에 지금처럼 고쳐 부르게 되었다고 한다. 옛날 이곳에 어라사於羅寺라는 절이 있었는데, 이 절의 이름에서 어라연이란 명칭이 유래했다는 이야기가 전해진다. 또 《신증동국여지승람》에는 어라연에 대해 다음과 같은 전설이 기록되어 있다. "어라연은 영월군의 동쪽 거산리에 있다. 세종 13년 이곳에 큰 뱀이 있었는데, 어떤 때는 연못에서 뛰어놀기도 하고 물가를 꿈틀거리며 기어 다니기도 했다. 하루는 물가의 돌무더기 위에 허물을 벗어놓았는데, 길이 수십 척에 비늘은 동전만 하고 두 귀가 있었다. 이곳 사람들이 비늘을 주워 조정에 보고해 나라에서는 권극화權克和를 보내 알아보게 했다. 권극화가 연못 한가운데에 배를 띄우니 갑자기 폭풍이 일어나면서 자취를 감추었다. 그 후부터는 뱀 또한 보이지 않았다고 한다."

어라연은 삼선암三仙巖으로도 불린다. 경치가 빼어나게 아름다운 이곳에 그 옛날 하늘에서 세 명의 신선이 내려와 놀았다고 한다. 신선이 내려와 놀던 바위는 상선암, 중선암, 하선암이 되어 어라연의 못 속에 위치하고 있다. 어라연의 푸른 강물 속에 자리한 작은 바위섬과 그 위에 위태롭게 뿌리를 내려 자라고 있는 소나무의 모습은 아름다운 한 폭의 그림을 연출해 보는 이로 하여금 감탄을 불러일으킨다.

어라연에는 지역 문화가 깊게 배어 있다. 〈정선아리랑〉을 비롯해 2,000여 수의 토속 민요뿐만 아니라 설화와 민담, 그리고 전설이 다수 전해지고 있다. 이처럼 다양한 문화경관적 요소를 지닌 어라연 지역은 뗏목이 지나가던 시절 수운의 길목으로 많은 사람이 왕래하던 곳이었다. 그러나 1957년 태백선 열차가 개통하면서 동강의 수운 기능은 무용지물이 되었고, 이후 어라연 지역은 산간 오지가 되었다.

이렇게 아무도 찾지 않는 심산유곡이었던 어라연은 1990년대 들어 큰 관심을 받는 지역으로 바뀌었다. 1993년 여름 영월 일대에는 대홍수가 있었다. 이때 영월읍 일대는 시가지의 절반 이상이 불어난 강물에 잠겨 큰 피해를 입었다. 이 재해를 계기로 동강에 동강댐(영월댐) 건설 계획을 수립해 시행해야 하는 상황에 놓였다. 당시 정부는 1996년부터 2002년까지로 사업 기간을 정하고 댐을 막는 건설 공사를 시작하려 했다. 하지만 지역 주민과 환경 단체가 이를 맹렬히 반대해 결국 2000년 6월 동강댐 건설 계획은 취소되었다. 이 일로 동강은 전국적으로 알려져 많은 사람이 찾아오는 명소가 되었으나, 이 때문에 환경오염이 심해지고 생태계의 훼손이 심각해지는 부작용이 발생하기도 했다. 2002년 영월군, 정선군, 평창군 일대의 동강 지역은 생태계 보전 지역으로 지정되었다.

동강이 품은 빼어난 비경의 어라연을 감상하기 가장 좋은 장소는 근처에 자리한 잣봉에서 바라보는 전경이다. 본래 이름이 없는 무명봉이었으나 어라연에 탐방로를 개설하면서 잣봉이라 불리기 시작했다. 537m의 높이로 능선을 따라 울창한 숲을 오르면 어라연을 한눈에 내려다볼 수 있는 시원한 조망이 열린다. 깎아지른 듯한 절벽 아래로 펼쳐지는 어라연은 천혜의 비경을 자랑한다. 단연 물굽이의 명소라 할 만하다.

모래사장을 감싼 물돌이의 으뜸, 예천 회룡포

한반도의 깊은 내륙 지방인 예천에는 용이 살고 있다. 더구나 바닷속에나 있다는 용궁도 존재한다. 용이 사는 대표적인 곳은 강굽이가 휘돌아가는 회룡포며 용궁은 회룡포가 속해 있는 용궁면의 명칭이다. 용궁이란 지명은 조선시대에도 사용한 것으로, 이곳은 과거 용궁현 또는 용궁군이었다. 용은 십이지에 속하는 상상의 동물이다. 풍수지리의 관점에서는 산줄기나 강줄기를 의미하기도 한다. 회룡포의 용은 굽이치는 강줄기를 상징한다. 내성천의 용이 비상하기 위해 힘차게 몸을 휘감고 꿈틀거리며 땅을 박차고 하늘로 오를 듯한 기세를 보이는 곳이다.

용이 휘감고 있는 듯한 물돌이는 특별한 하천 지형이다. 마치 뱀이 똬리를 튼 것과 비슷한 모습을 하고 있다. 이러한 물돌이의 굽이가 커지면 그 안에 위치한 땅은 육지 속의 섬이 된다. 회룡포 마을은 강굽이가 감싸 안은 전형적인 육지 속 섬마을이다. 물굽이가 심하게 감도는 강줄기는 용이 휘돌아가는 형태와 비슷하다고 해서 회룡回龍이라 이름 지은 것이다. 회룡은 강물이 감돌아 나간다는 뜻의 지명인 하회河回와도 크게 다르지 않다.

우리나라에는 회룡이 곳곳에 분포해 있다. 산지가 많아 오랜 세월 강물이 흐르면서 지형을 파고들어 사행천, 즉 물돌이를 만든 것이다. 이것을 지리학 용어로는 감입곡류라 한다. 회룡포 주변에도 여러 곳의 물돌이가 있다. 내성천 유역에 위치한 무섬마을을 비롯해 낙동강 상류에 자리한 안동의 하회, 상주의 경천대가 모두 감입곡류 지형이다.

물돌이의 하천 지형은 매우 아름답다. 회룡대에서 부감하는 회룡포의 풍광을 비롯해 부용대에서 내려다보는 하회마을, 경천대에서 조망하는 낙동강, 탄산리 방향에서 바라보는 무섬마을의 모습은 모두 물돌이 경관의 백미라고 할 만하다. 그러나 그중에서도 가장 아름다운 강굽이 경치를 꼽는다면 단연 회룡포의 풍광이다. 회룡포마을 뒤 동쪽 산 너머에서 흘러내린 내성천의 파란 물길은, 마을 오른쪽에서 휘어져 동그랗게 마을을 휘감아 돌고는 다시 거꾸로 흘러 마을 뒤 잘록한 지형을 끊어낼 것처럼 달려간다. 저 멀리 봉화에서 흘러온 물은 모래 하천이라는 내성천의 흰 모래를 실어와 회룡포마을 앞으로 커다란 백사장을 이루고, 회룡포마을의 곡식을 잘 자라게 하여 너른 들을 풍성하게 만든다. 이렇게 아름다운 회룡포의 모습은 봄부터 가을까지 철마다 고운 옷으로 갈아입고, 시시때때로 다양한 자태를 뽐낸다.

이처럼 아름다운 회룡포의 풍광을 감상하기에 가장 좋은 장소는 회룡대 정자다. 회룡대에 올라 바라보는 회룡포의 모습은 절경 중의 절경이다. 회룡포마을의 서쪽 강 건너에는 회룡포를 감싸고 있는 산줄기가 형성되었다. 이를 비룡산이라 하는데, 비룡산은 산 너머에서 장안사를 거쳐 오른다. 신라시대에 초창했다는 장안사長安寺를 지나 산등성이를 따라 오르면, 산마루턱을 넘어 조금 아래로 내려간 위치에 회룡대 정자가 자리하고 있다.

◀ 회룡포
신록으로 물든 아름다운
풍광이다. 예천군 제공.

▼ 회룡대
회룡포를 조망하기 위해
비룡산 위에 세운 정자다.

회룡대는 아주 탁월한 조망 지점이다. 명승은 명승 자체가 지닌 아름다움이 가장 중요하지만, 그렇게 아름다운 풍광을 바라볼 수 있는 곳이 확보되었을 때 명승의 가치는 더욱 높아진다. 회룡대는 다른 어느 명승의 조망 지점과 비교하더라도 아주 빼어난 전망 위치라는 것을 알 수 있다.

회룡대가 위치한 비룡산은 해발 240m로 그다지 높지 않다. 회룡포를 향하고 있는 비룡산의 사면은 내성천이 굽이치며 산자락을 깎아 급한 경사를 이룬다. 이 지역은 지질학적으로 볼 때, 선캄브리아기에 형성된 편암 혹은 편마암이 분포하는 곳이라고 한다. 이러한 지질 지역에서는 하천이 발달하고 물길이 크게 감돈다. 하천이 크게 회류하면 침식과 퇴적 지형이 함께 발달해 회룡포처럼 물돌이 지형의 특유한 하천 경관을 형성하는 것이다. 회룡포는 물돌이 지형에서 대표적으로 나타나는 지질학적 특징을 관찰하기에도 매우 좋은 곳이다. 하천 바닥의 높이가 현

재보다 높은 하천 양쪽 계단형 지형을 의미하는 하성단구, 곡류
하는 하천의 유로가 바뀌면서 하천 가운데 생긴 퇴적 지형인 하
중도, 물돌이 하도에서 공격사면 맞은편에 위치한 활주사면의
중앙 부분에 모래나 자갈이 쌓여 형성된 퇴적 지형을 지칭하는
포인트바point bar 등을 잘 보여주는 곳이기도 하다.

회룡포는 굽이쳐 감돌아 흐르는 하천과 함께 하천 가까이에
있는 가파른 산악 지형, 퇴적 지형을 따라 쌓인 흰 모래밭, 충적
토에 형성된 농경지와 마을 등이 조화를 이뤄 신비스러운 비경
을 연출한다. 회룡포는 과거에 의성포義城浦라는 지명으로 불리

던 곳이다. 의성포는 이곳의 하천이 성처럼 쌓여 있다고 해서 붙은 이름이다. 그런데 이 명칭은 외지 사람들이 처음 들으면 의성군에 속해 있는 마을로 착각하기 쉬워 예천군에서 이름을 바꿔야 한다는 여론이 거세게 일었다고 한다. 이 때문에 의성포를 관할하고 있는 예천군에서는 의성포를 '회룡포'라는 명칭으로 변경했다.

회룡포는 조선 후기까지 사람이 살지 않고 자연 그대로 존재해온 곳이다. 그런 이곳에 처음으로 사람이 들어와 마을을 형성한 것은 150여 년 전의 일이다. 풍양면 청운리 사막마을에 살던 경주김씨 조상들이 이주해 집성촌을 형성했다고 전해진다. 또 다른 주장으로는 이 마을에 들어온 경주김씨가 100리 밖의 의성에서 건너와 정착했기 때문에 이곳을 의성포라 불렀다고 한다.

회룡포의 물돌이는 아름답다. 그 비경은 회룡포를 바라볼 수 있는 빼어난 조망 지점이 비룡산 줄기를 따라 여러 곳에 존재해 있어 물돌이의 풍광을 한층 돋보이게 한다. 회룡대와 같은 조망 지점에서 바라보는 회룡포 물돌이의 경관을 유지하는 것은 회룡포를 찾는 많은 사람들의 감동을 후대에까지 전할 수 있는 중요한 일이라 할 수 있다.

바다로 떨어지는 현폭의 비경,
서귀포 정방폭포

제주 남쪽 바닷가의 풍경은 신비하다. 짙푸른 바닷가에 빼곡히 줄지어 긴 석벽을 이루는 거대한 돌기둥은 마치 병풍을 길게 두른 듯한 모습을 하고 있다. 수직으로 곧추선 검정색 석주는 옆에서 보면 잘 엮어 세운 발 같기도 하고, 위에서 내려다보면 큰 다발로 묶어놓은 각진 연필 같기도 하다. 제주 남쪽 해안의 주상절리대는 육지에서 볼 수 없는 매우 독특한 모습을 지니고 있다. 이처럼 아름다운 풍경은 동쪽으로는 검은여부터 서쪽으로는 중문에 이르기까지 길고 긴 해안선을 따라 곳곳에 형성되어 있다. 바로 이 바닷가 석벽에 해안의 절경을 한층 더 신비롭게 만드는 정방폭포가 위치하고 있다.

제주의 비경 중 하나인 수려한 정방폭포에는 신비한 전설이 전해진다. 천하 통일의 대업을 완성한 진시황은 영원히 죽지 않고 현세에 살기를 바랐다. 그는 신하 서불에게 신비의 영약 불로초를 구해오라고 명했다. 진시황의 명을 받은 서불은 동남동녀童男童女 500명을 거느리고 황해를 건너 신선이 산다는 영주산(한라산)을 찾아왔다. 그러나 결국 불로초를 구하지 못하고 돌아가게 되었다. 진나라로 돌아가는 길에 서불은 한라산 남쪽 기슭에서 바다로 떨어지는 폭포의 경치를 보고 감탄을 금치 못했다. 그는 아쉬움에 폭포 절벽에 '서불이 이곳을 지나가다(서불과차)'

▶ 각석과 석불
정방폭포의 전설에 따라
폭포 옆 바위에 암각된
'서불과차' 각자와 석굴
안에 조각된 석불이다.

라고 새기고 돌아갔다. 서귀포라는 지명도 서불이 서쪽으로 돌아간 포구라는 의미에서 생겼다고 한다.

정방폭포는 바다에 맞닿아 있다. 하얀 물줄기를 바다에서 직접 볼 수 있는 우리나라에서 유일한 폭포다. 하얀 포말을 일으키며 떨어지는 폭포는 매우 아름답다. 정방폭포는 육지에서 바라보는 것도 비경이지만, 폭포 앞바다에 배를 띄워 바다로 떨어지는 물줄기를 감상하면 더욱더 신비롭다. 배 위에서 바라보면 정방폭포는 마치 하늘에서 하얀 비단을 바다로 드리운 듯한 선경이다. 우리 선조들도 이러한 선경에 마냥 취한 것 같다. 옛사람들은 바다에서 바라보는 정방폭포의 비경을 일컬어 정방관폭正房觀瀑 또는 정방하폭正房夏瀑이라 했다. 이는 모두 제주의 빼어난 비경을 의미하는 영주십경과 영주십이경의 하나에 해당한다.

1702년(숙종 28) 제주목사로 부임한 이형상李衡祥(1653~1733)은 제주 관내 각 고을을 돌며 제주의 아름다운 경치에 감탄했다. 그러고는 이토록 신비한 제주의 풍광을 41폭의 채색 화첩으로 남겼는데, 이 화첩이 바로 보물 제652-6호인 《탐라순력도耽羅巡歷圖》다. 이형상은 배를 타고 정방폭포 앞바다에서 풍류를 즐기는 모습을 〈정방탐승正方探勝〉이란 이름으로 화첩에 담았다.

정방폭포는 한라산 남쪽 사면에서 발원해 남쪽 방향으로 흐르는 동홍천 하구에 형성된 폭포다. 주상절리가 잘 발달해 마치 거대한 돌기둥을 겹겹이 세워놓은 듯한 해안절벽 한가운데에 수직으로 떨어지는 약 20m의 물줄기는 제주 남쪽 바다의 푸른 해안 절경과 어우러져 장관을 이룬다. 정방폭포는 천지연폭포, 천제연폭포와 함께 제주도를 대표하는 3대 폭포 중의 하나다.

제주 남쪽 해안은 주상절리로 이루어진 석벽의 연속이다. 검은 돌기둥의 영향으로 형성된 수직의 단애는 마치 하늘을 떠받치는 듯한 모습을 하기도 하고, 어느 곳에서는 다른 곳보다 낮은 지형을 이뤄 폭포를 만들기도 한다. 병풍처럼 두른 절벽 한가운데 언덕 위에서 바다를 향해 곧바로 낙하하는 정방폭포의 물줄기는 하얀 명주 실타래처럼 하늘에서 바다로 눈이 부시게 쏟아져 내리고 있다.

정방폭포의 뒤로 이어지는 배경은 그 모습을 더욱 돋보이게 한다. 폭포 뒤로는 지형이 완만하게 경사를 이루며 점점 높아져 멀리 한라산 정상으로 이어진다. 바다에서 바라보면 마치 거대한 돌기둥들이 한라산을 머리에 이고 있는 듯한 모습이다. 정방폭포의 배경이 되는 한라산의 산록은 언제나 푸르름으로 가득 차 있고, 고원은 안개가 자욱하며, 때로는 흰 구름이 걸치기도 한다. 또 늦은 봄까지 하얀 눈을 머리에 이고 있기도 하여 한라산의 절경은 멀리 원경을 이뤄 정방폭포의 비경을 한층 더 신비롭게 만든다.

제주는 한반도에서도 아주 특별한, 육지에서는 볼 수 없는 매우 이색적인 풍광을 보여주는 신비의 섬이다. 해안 대부분은 용암이 분출하면서 일정한 높이의 수직 절리가 형성되었는데, 정방폭포는 수직 절리 정상부의 낮은 지형을 따라 형성된 수계에 발달한 폭포다. 조면암질에 잘 발달하는 주상절리에 형성된 수직형 해안 폭포라 할 수 있다. 정방폭포의 폭포수가 떨어지는 곳에는 깊은 소가 형성되어 있는데, 검푸른 소의 물빛은 깊이를 가늠할 수 없어 공포를 자아낸다. 《탐라록耽羅錄》에는 "정방연못에서 북을 치면서 노래를 부르면 거북들이 수면 위로 떠올라 함께 춤을 추었다"는 설화가 전해온다. 조선 후기 제주목사를 지낸 이익태의 《지영록知瀛錄》에서는 정방폭포를 경노연鷲鷺淵이라 기록하고 있다. 아마도 이익태는 백로 같은 흰 새의 무리가 못에 가득한 풍광을 본 것이 아닌가 하는 생각이 든다.

정방폭포를 지나 바윗돌이 깔려 있는 해변을 넘어가면 폭포에서 서쪽으로 약 300m 떨어진 바닷가 석벽에 위치한 큰 동굴을 발견할 수 있다. 오랜 세월 바닷물의 침식작용으로 형성된 해식동굴 안에는 규모가 큰 석불좌상이 자리하고 있다. 또 정방폭포의 동쪽으로 선단부 지형이 낮게 내려간 지점에는 소정방폭포가 위치해 있다. 정방폭포보다 규모가 작고 높이도 낮지만 주변의 석벽과 암반이 폭포수와 조화를 이뤄 매우 아름답다. 이곳에서 동쪽으로는 주상절리대의 모습이 검은여에 이르기까지 병풍처럼 계속 이어진다. 주상절리대는 일정한 높이로 가로의

선단부를 이루며, 그 위쪽에는 따뜻한 제주 지역에서 잘 자라는 난대림이 울창하게 형성되어 있다. 서귀포 정방폭포는 위로는 검은여부터 소정방폭포와 정방폭포 그리고 동굴을 지나 주상절리대가 아름답게 형성된 지역까지, 해안절벽을 중심으로 약 1만㎡에 이르는 지역이 현재 명승으로 지정되었다.

오늘날 제주의 남해안에는 바닷가의 아름다운 경치를 감상할 수 있는 올레길이 잘 조성되어 있다. 그중에서도 주상절리가 발달한 남제주의 해안 구간은 정방폭포, 천지연, 천제연, 외돌개, 중문·대포 해안 주상절리대 등과 같은 명소가 많아 매우 인기가 높다. 이러한 명소들을 활용하는 방법에는 여러 가지가 있다. 하지만 아직 제주에는 바다 위에서 남해안의 비경을 감상할 수 있는 프로그램이 없는 형편이다. 제주 남쪽 바다의 절경을 감상하는 방법으로는 바다 위에서 배를 타고 바라보는 것이 가장 좋으리라는 생각이 든다. 오죽하면 옛사람들이 정방관폭이라 했겠는가. 바다에서 감상할 수 있는 방안이 서둘러 마련되길 기대해본다.

명승
제73호

검은 용이 사는 한강의 발원지,
태백 검룡소

백두대간의 중추에 자리 잡은 태백시에서는 동해, 서해, 남해로 흘러가는 세 개의 물줄기가 시작된다. 영남 지방을 휘돌아 남해로 흘러가는 낙동강이 시작되는 황지연못이 있고, 삼척을 지나 동해로 흐르는 오십천의 기점이 되는 곳이기도 하다. 그리고 한반도의 중부 내륙 지방을 굽이돌아 여러 갈래의 물줄기와 합쳐져 서해로 흐르는 한강 또한 태백시에서 발원한다. 태백시를 기점으로 시작하는 한강, 그 발원지가 바로 검룡소다. 검룡소에서 솟아오른 물은 태백을 지나 정선의 골지천과 조양강, 영월의 동강을 거쳐 단양, 충주, 여주를 지나면서 남한강의 큰물을 이루고, 양수리에서 북한강과 합류해 서울과 김포를 지나 서해로 흘러간다.

  태백시의 북쪽, 백두대간 줄기에 솟아 있는 대덕산과 금대봉의 동쪽 기슭에는 제당굼샘, 고목나무샘, 물골의 물구녕 석간수와 예터굼에서 물이 솟아오른다. 이 샘물은 지하로 스며들어 이곳 검룡소에서 다시 솟아나 석회암 암반으로 이루어진 계곡을 따라 흘러간다. 검룡소는 측량을 거쳐 지도를 작성한 후, 한강의 수많은 지천 중에서 하구로부터 가장 긴 발원지로 인정받은 곳이다. 검룡소는 연못처럼 생긴 소에서 사계절 내내 9°C 정도의 지하수가 하루 2,000~3,000톤씩 석회 암반을 뚫고 솟아나오

는 샘이다. 본래는 둘레가 20m에 깊이를 알 수 없는 못이었다고 한다. 옛날에 이곳에 이무기가 살았는데, 주변에서 풀을 뜯던 소가 물을 먹으러 오면 소를 잡아먹었다고 한다. 그래서 동네 사람들이 못을 메워버렸다는 전설이 서려 있다. 주변 지형의 붕괴로 검룡소가 메워지면서 이러한 설화가 생겨난 것으로 보인다. 검룡소는 1986년 태백시와 태백문화원에서 메워진 못을 복원해 오늘의 모습을 갖췄다.

검룡소의 석간수는 오랜 세월 암반의 경사를 타고 흘러내려 석회암의 사면에 깊이 1~1.5m, 너비 1~2m의 물구멍을 여러 개 만들어놓았다. 포트홀이라는 이 물구멍을 따라 검룡소의 물줄기가 구불구불 흘러내리는데, 그 모습은 마치 용이 꿈틀거리는 형상을 하고 있다. 이처럼 신비스러운 발원지의 모습을 보여주는 암반의 물줄기에는 "서해의 이무기가 용이 되려고 한강의 가장 먼 곳을 거슬러 올라와 이 소에 들어가기 위해 몸부림친 자국이다"라는 전설이 서려 있다.

검룡소儉龍沼란 물이 솟아나오는 굴속에 검룡이 살고 있다고 해서 붙은 이름이다. 검룡은 신룡神龍이라 해서 신성한 용이라 부르기도 한다. 오늘날 고생물학이 발전하면서 검룡은 쥐라기 후기의 공룡 스테고사우루스를 지칭하는 용어가 되었지만, 검룡소의 검룡과는 거리가 멀다. 또 다른 해석으로는 검룡의 검은 '검다'는 우리말을 소리 그대로 한자로 바꿔 쓴 것이라는 견해이다. 우리나라의 거의 모든 지명은 조선 후기까지 순수한 우리말로 불리다가 한자 지명으로 바뀌었다. 이러한 한자 지명은 대부분 한글 지명이 뜻하는 한자음으로 바꿔 불렀지만, 한글을 그대로 한자로 바꾼 경우도 많다. 따라서 검룡소의 명칭은 '검은 용이 사는 못' 또는 '검은 용소' 등으로 풀이할 수 있을 것이다. 못이 깊어 소의 물빛이 검다는 것을 뜻하는 '검은 못'이라는 의미의 이름이 가장 근접한 해석이라고 생각된다.

조선시대에 한강의 발원지로는 여러 곳이 지목되고 있다.《동국여지승람》에서는 "우통수于筒水는 오대산 서대에서 솟아나는 샘물인데, 곧 한강의 근원이다"라고 기록하고 있다. 또《증보문헌비고》에서는 "한강의 근원은 셋인데 하나는 오대산의 우통수고, 하나는 금강산의 만폭동萬瀑洞이며, 다른 하나는 속리산의 문장대다"라며 한강의 근원을 다르게 전하고 있다. 오늘날에도 지리학자 사이에서는 한강의 발원지를 하구에서 가장 거리가 먼 곳으로 볼지, 아니면 예부터 문헌에 전해내려 오는 장소를 그대로 인정해야 할지를 두고 의견이 분분하다. 측량을 토대로 가장 먼 곳을 발원지로 주장하는 것도 당연한 일이며, 역사적 사실에 근거해 고문헌에 기록된 장소를 발원지로 주장하는 것도 일리가 있다. 그러나 조선시대에 거리를 정확히 측량할 수 있는 방법이 있었다면 당시에도 아마 다른 어느 곳보다 검룡소를 한강의 발원지로 기록했을 것이다. 검룡소는 한강 하구를 기점으로 길이가 514km로, 오대천과 창죽천의 합수 지점인 정선군 북면 나전리에서 재어본 결과 우통수보다 32km 더 긴 것으로 밝혀졌다.

검룡소는 태백시에서 북쪽으로 난 35번 국도를 따라 삼수령을 넘어 왼쪽으로 산자락이 끝나는 지점에서 서쪽의 금대봉 방향으로 난 계곡을 거슬러 올라야 한다. 이 계곡을 따라 이어지는 길을 3km 정도 올라가면 명승으로 지정된 검룡소 입구가 나타난다. 입구에는 검룡소란 이름이 새겨진 높이가 4m쯤 되는 큰 입석이 서 있다. 여기서부터는 도보로 걸어서 가야 검룡소에 다다른다. 계곡을 흐르는 물길을 따라 옆으로 난 보행로는 우거진 숲 사이로 계속된다. 활엽수림으로 형성된 천연의 임상은 낙엽송 숲으로 바뀌어 마치 러시아 극동에 있는 반도 캄차카의 한대림처럼 수직으로 곧게 뻗은 수림의 터널을 이루기도 한다. 검룡소로 오르는 길은 기나긴 한강의 발원지에 걸맞게 신비스러운 분위기를 풍긴다. 태백시에서 시작하는 낙동강의 발원지인 황지연못과 비교하면 발원지의 순수성과 자연성을 그대로 지닌 곳이다. 황지연못은 시내 한가운데 자리해 인공물로 가득 차 있

어 발원지의 시원始原적 풍경을 전혀 느낄 수 없지만 검룡소는 발원지 경관을 잘 보존하고 있다.

검룡소가 위치한 대덕산과 금대봉 일대는 자연환경이 뛰어나 현재 생태 경관 보전 지역으로 지정되었다. 금대봉은 주목朱木을 비롯해 각종 원시림이 빽빽히 차 있는 창죽마을의 진산이다. 하늘다람쥐를 비롯해 꼬리치레도롱뇽의 서식지가 있으며, 모데미풀이나 한계령풀 같은 희귀 식물이 많이 생육하고 있는 지역이다. 따라서 자연환경을 보존하기 위해 물놀이나 취사, 야영을 금지하고 있다. 검룡소에서는 매년 음력 6월 15일 유두절에 한강대제를 거행한다. 1997년 한강의 발원지인 검룡소의 위상을 널리 알리기 위해 태백문화원이 주최해 열기 시작했으며, 2003년부터는 태백상록회에서 주관해 해마다 서해 용왕에게 올리는 제의로 개최하고 있다.

검룡소 주변에는 자연유산이 아주 많다. 민족의 영산이라 일컫는 태백산에는 중요민속자료 제228호로 지정된 태백산천제단이 위치하고, 태백시 화전동에는 강원도기념물로 지정된 용연굴이 있으며, 원동에는 월둔동굴이 자리하고 있다. 이 밖에도 태백시에는 천연기념물로 지정된 지질 자원이 풍부하다. 태백 장성의 전기고생대 화석 산지는 천연기념물 제416호로, 태백 구문소의 전기고생대 지층 및 하식 지형은 천연기념물 제417호로 지정된 귀중한 자연유산이다. 이렇듯 소중한 자원은 물론 학술적 가치가 높기 때문에 국가 유산으로 지정된 것이지만, 명승으로 지정된 태백 검룡소와 함께 문화재의 활용을 강조하는 요즈음의 문화재 정책에 맞춰 서로 연계해 이용을 활성화해야 할

자원이다.

　검룡소가 위치한 태백시는 고원에 자리 잡은 도시다. 석탄 산업이 황금기를 이루던 30여 년 전만 해도 인구가 12만 명 가까이 되는 활기찬 도시였다. 그러나 1980년대 들어 연료가 석탄에서 석유와 가스로 바뀌면서 태백시는 급격히 위축되었다. 경제 규모가 축소되는 것은 물론 일자리를 잃은 많은 사람이 이곳을 떠나면서 지금은 인구가 5만 명 이하로 대폭 줄어들었다. 버려진 탄광은 대부분 폐쇄되었으며, 여기에서 발생한 검은 분진은 아직도 도시의 색깔을 우중충하게 만들고 있다. 하지만 2012년부터는 유가가 크게 오르면서 조금씩 석탄 소비가 증가하여 태백의 몇몇 탄광에서 석탄을 다시 채굴하고 있다. 과거와 같은 호황을 누리기는 어렵겠지만 태백 사람들은 조금씩 도시가 활성화되기를 간절히 바라고 있다. 명승으로 지정된 태백 검룡소를 비롯해 동굴, 지질 등 특별한 천연기념물을 연계해 이용을 증대한다면 태백시는 분명 활기를 되찾을 수 있을 것이다.

나라를 닮은 땅, 영월 한반도지형

전국 방방곡곡에 무궁화가 화려하게 피어 있는 삼천리 금수강산, 단군 할아버지가 나라를 세운 후 반만년 역사를 이어온 한민족의 나라, 바로 자랑스런 대한민국의 터전 한반도다. 한반도는 아침의 나라다. 저 넓은 유라시아 대륙을 밝히는 찬란한 태양이 떠오르는 땅, 어둠에 휩싸인 지구의 아침을 여는 여명의 대지, 시뻘건 불덩어리가 망망대해를 가르고 힘차게 솟아오르는 생명의 옥토가 곧 한반도다.

한반도는 아시아 대륙의 동북쪽에서 남쪽으로 뻗어 나온 지형을 이르는 명칭이다. 동쪽, 서쪽, 남쪽 삼면은 바다에 접해 있고 북쪽은 대륙으로 연결된 반도半島다. 한반도의 지형은 약간 휘어져 마치 S자 같은 형상을 하고 있다. 이처럼 한반도를 닮은 S자 모양의 지형은 우리나라의 큰 강줄기마다 여러 개소가 형성되어 있다. 강원도 영월군 한반도면의 한반도지형을 비롯해 경상북도 성주군 금수면 성주댐 안의 지형, 전라남도 무안군 몽탄면의 영산강변 지형, 충청북도 옥천군 안남면의 둔주봉 지형, 전라남도 해남군 송지면의 땅끝 지형, 강원도 정선군 정선읍의 귤암리 지형 등은 모두 한반도를 닮아 있다. 그중에서도 한반도의 모양과 가장 흡사한 곳은 단연 영월의 한반도지형이라 할 수 있다.

강원도 평창군의 북쪽에 위치한 오대산에서 발원한 평창강과 태기산에서 발원한 주천강은 영월군 서면에서 합류해 서강을 이룬다. 이는 영월읍의 서쪽으로 흘러내려 남쪽에서 다시 동강과 합류해 남한강이 된다. 서강은 영월읍 옹정리와 하송리를 거쳐 흘러가면서 아름다운 절경을 이루는데, 이 서강의 구간에는 비경으로 이름난 단종의 유배지인 청령포와 영월 선돌이 자리해 있다. 또 서강으로 합류하는 지점에는 아름다운 한반도지형이 위치하고 있다. 서강 권역에 위치한 이 세 곳은 모두 국가 지정 문화재인 명승으로 지정되었다.

영월 서부 지역 지형의 형성 과정을 주도한 서강은 물굽이가 유난히 많다. 서강은 엄청나게 긴 뱀이 몸을 웅크리고 구불구불 지나가는 듯 곡류하는 사행천이다. 그중에서도 한반도지형이 위치한 구간은 강굽이가 크게 휘어 만곡된 지형을 이루는데, 이 만곡부의 모습이 우리나라를 빼닮았다고 해서 한반도지형이라는 이름이 붙은 것이다. 대체로 곡류 하천이 발달된 강변 풍경은 매우 아름다워 사람들이 즐겨 찾는 관광지로 활용되기도 한다. 최근 들어 많은 탐방객이 찾아오는 한반도지형은 영월군에서 특별한 의미를 부여한 경승지다. 영월군은 선암마을에 위치한 한반도지형의 가치를 높게 평가해 2009년 10월 서면의 지명을 한반도면으로 바꾸기도 했다.

영월의 한반도지형은 평창강 끝 부분에 자리하고 있다. 선암마을 방향의 오간재 전망대에 올라서서 바라보면 강물에 휘감겨 있는 한반도지형을 조망할 수 있다. 특히 동고서저東高西低의 형태로 실제 한반도의 지형과 매우 유사한 모습을 보이고 있다.

▶ 한반도지형

계절에 따라 다양한 옷을
갈아입는 한반도지형의
풍광이다. 영월군 제공.

강물로 둘러싸인 삼면은 바다를 연상시킨다. 백두대간과 같은 산줄기는 동쪽에 치우쳐 북에서 남으로 이어져 내려오고 있으며, 강물과 접한 동쪽 강변의 지형은 실제 동해안처럼 절벽을 이뤄 우리 국토의 모습과 아주 유사한 모습을 보여준다. 또 서쪽과 남쪽이 맞닿는 부분에는 서남해안의 갯벌처럼 모래사장이 형성되어 있고, 동쪽으로는 울릉도와 독도를 닮은 지형도 존재한다. 이처럼 영월의 한반도지형은 우리나라의 모습을 빼닮았다.

이렇게 신비한 모습을 지닌 한반도지형 안으로 들어가려면 통나무와 솔가지로 만든 섶다리를 건너야 한다. 강물의 깊이가 낮고 흐름이 느린 지형에 놓는 전통 다리로, 장마가 져 큰물이 지나가면 간혹 떠내려가기도 한다. 홍수로 섶다리가 없어지면 그 옛날 강을 건너던 수단인 줄배를 이용하기도 한다. 섶다리가 놓인 평창강은 수질이 아주 좋다. 강물과 주변 자연환경 또한 매우 잘 보존되어 백로, 비오리, 수달 같은 희귀 조류와 야생동물이 서식하기 좋은 조건을 갖췄다. 또 강물 속에는 천연기념물인 어름치를 비롯해 다수의 어류와 조개류가 서식하고 있다. 한반도지형은 이처럼 아주 맑고 청정한 자연환경을 갖춘 경승이다.

우리 국토의 모습을 빼닮은 한반도지형을 바라보면 한반도의 역사와 지리에 관한 여러 가지 단상을 떠올리게 된다. 그중에서도 한반도지형에 얽힌 사건을 알아보는 것은 매우 흥미롭다. 한반도는 1900년대에 들어 그 지형이 다양한 사물에 비교되어 그림으로 표현된 사례가 많았다. 첫 번째는 한반도를 토끼에 비유한 그림이다. 1903년 일본의 지질학자 고토 분지로小藤文次郎는 한반도의 지형이 중국을 향해 네 발을 모으고 일어선 토끼의 형상이라고 말했다. 일본이 침략하려는 조선의 국토를 유약한 동물인 토끼에 비유한 것이다. 이것은 일제가 그들의 내심을 드러낸 만행이었다고 생각한다. 1908년 〈소년〉지를 창간하면서 육당 최남선은 한반도의 형상을 호랑이로 그렸다. 한반도를 얕보는 일본의 주장에 대응한 그림이다.

그 후로도 한반도는 다양한 모습으로 표현되었다. 1921년 12월 〈동아일보〉에서는 우리나라 지도의 윤곽선 안에 사물을 그리는 것을 공모한 적이 있다. 여기서 당선된 그림 중에는 꽃이 핀 무궁화나무로 한반도를 표현한 작품이 있으며, 누에가 뽕잎을 갉아 먹는 모습에 비유한 작품도 있었다. 일제는 이 누에 그림을 교과서에 실었다고 한다. 민족주의 지식인 남궁억은 누에가 잠식하고 있는 한반도 그림에 격분해 여학생들에게 자수로 무궁화 지도를 만들도록 했고, 우리나라 지도를 거꾸로 웅크린 맹호로 그려 일본을 향해 포효하는 형상으로 나타내기도 했다. 이처럼 한반도의 지형은 어떤 사물로 표현하느냐에 따라 다양한 의미를 갖는다.

그러면 과연 오늘을 살고 있는 우리는 한반도의 지형에 어떠한 의미를 부여할 수 있을까? 한반도는 작은 땅이지만 반만년의 유구한 역사와 우리 선조들의 숨결이 곳곳에 배어 있는 강토다. 또 그 안에는 무려 7,000만이 넘는 인구가 살고 있고, 인구밀도로는 세계 12위에 해당한다. 특히 한반도의 남쪽에 위치하고 있는 대한민국은 G20에 속한 경제 강국이다. 비록 한반도는 작지만 그 위상은 결코 작지 않다. 영월군 한반도면에 소재한 한반도지형을 바라보면서, 한반도에 자리 잡은 우리나라, 자랑스러운 대한민국을 생각해본다.

누운 소를 닮은 못, 서귀포 쇠소깍

제주 방언은 참 어렵다. 1980년대 초만 해도 제주 어촌이나 산간 마을에 가면 촌로들이 쓰는 말을 전혀 알아들을 수 없었다. 마치 남의 나라에 와서 이국의 언어를 접하는 것이나 다름없었다. 물론 요즘에는 제주 도민도 거의 표준어를 구사하고 있어 언어 소통에 전혀 문제가 없다. 오히려 제주 사람들이 제주 말을 정확히 쓸 줄 모르게 되었다고 한다. 제주 전통 방언을 보존하는 일이 위기에 처한 상황이다.

제주 방언 중에 오늘날에도 정확하게 사용하고 있는 것은 지명이다. 제주의 지명은 앞으로도 변하지 않고 계속 유지될 전통 명칭이다. 그런데 이러한 제주의 지명은 발음하기 쉽지 않은 경우가 많다. 그중에서도 쇠소깍이란 지명은 투박하여 발음하기도 어렵고, 지명이 뜻하는 바도 설명 없이는 전혀 이해할 수 없는 제주의 고유명사다. 쇠소깍이란 효돈이라는 마을 이름의 옛말인 쇠돈의 '쇠牛'와 웅덩이를 나타내는 '소沼', 그리고 '끝'을 의미하는 접미사 '깍'을 조합한 지명이다. 즉 '소 모양으로 생긴 하천 웅덩이의 끝' 정도로 해석할 수 있다. 하효마을에서는 이곳을 소가 누워 있는 형상이라고 한다. 따라서 쇠소깍은 '누운 소를 닮은 못'이라고도 할 수 있다.

제주 섬 한가운데에 우뚝 솟은 한라산의 남쪽 기슭에서 발원

한 물줄기는 영천과 합류한 후, 돈내코를 지나 서귀포 시가지의 동쪽 방향으로 흘러내리는 효돈천을 이룬다. 효돈천은 제주 남쪽 바다와 만나는 끝 지점에 이르러 깊은 소를 형성하는데, 이 소가 위치하고 있는 지역 일대가 쇠소깍이다. 쇠소깍은 효돈천의 담수와 바다에서 올라오는 해수가 서로 만나는 하구 지형으로, 깊은 수심의 못과 용암으로 형성된 하구 가장자리의 기암괴석, 울창한 송림, 침식으로 만들어진 하천 지형이 어우러져 절경을 이루는 아름다운 경승이다.

쇠소깍의 하천 지형은 화산활동으로 형성된 제주 지질의 특징을 잘 나타낸다. 조면암질의 현무암으로 구성된 쇠소깍의 암벽은 암석 내부에서 빠져 나가지 못한 가스 때문에 수없이 많은 기공이 형성되어 있다. 이렇게 기공이 많은 암석을 다공질 암석이라 하는데, 쇠소깍의 다공질 현무암은 바닷물이 암석의 기공 속에 오래 머물기 때문에 침식과 풍화가 빠르게 진행된다. 바닷물에 포함된 염분은 발달된 암석의 절리와 광물 입자의 경계를 따라 축적되고 결정을 이루며 계속 성장한다. 그러면 압력이 커지므로 암석의 절리면이 점점 벌어지고, 결국 암석이 붕괴하는 것이다. 이러한 과정을 거쳐 쇠소깍은 기암괴석의 형태를 띠고 매우 아름다운 암벽 경관을 이루게 되었다.

화산활동으로 형성된 제주도는 이처럼 기반암이 다공질 암석으로 이루어졌기 때문에 물이 땅속으로 스며든다. 따라서 대부분의 하천은 평상시에 건천의 모습을 하고 있다. 하지만 건천의 경우라 해도 표면으로 물이 흐르지 않을 뿐이지, 스며든 물이 지하로 흘러와 하구에 이르면 용천수가 되어 다시 솟구쳐 오르는 경우가 많다. 효돈천의 물줄기도 마찬가지여서 하천 바닥으로 스며든 물은 효돈천을 따라 땅속으로 흘러와 쇠소깍에 이르러 맑은 물을 토해낸다. 하천의 끝자락에서 힘차게 솟아오른 용천수가 쇠소깍의 깊은 못을 형성하고 있는 것이다. 이곳의 물은 흐르는 담수의 양에 따라, 바닷물의 높이에 따라, 담수가 하구 아래로 내려가기도 하고 반대로 해수가 상류로 올라와 뒤섞이기도 한다. 이처럼 민물과 바닷물이 만나는 하구 지역을 학술용어로 '기수'라 한다.

효돈천의 하구에서 기수호를 이루고 있는 쇠소깍에는 슬픈 전설이 전해온다. 쇠소깍이 위치한 하효마을은 사람들이 정착해 농경과 어로활동을 하며 살던 곳이다. 이 마을에서 농사를 많이 짓는 한 부잣집에 외동딸과 그 집 머슴의 동갑내기 아들이 있었다. 어린 시절부터 사이좋게 자란 그들은 서로 사랑하는 사이가 되었다. 장성한 외동딸이 부모가 정해준 곳으로 시집을 가게 되자, 두 사람은 연인 사이라는 사실을 밝혔다. 그러나 주인 내외는 이를 허락하지 않았고 머슴 가족을 멀리 내쫓아버렸다. 사랑하는 여인을 만날 수 없게 되자 머슴의 아들은 그만 효돈천 남쪽에 있는 남내소에 몸을 던져 자살하고 말았다. 남내소는 사람이 물에 빠지면 시체조차 찾을 수 없는 깊은 곳이었다. 슬픔에 젖은 주인집 딸은 매일 밤 이곳을 찾아 울며 기도할 수밖에 없었다. 100일이 되는 어느 날 밤 갑자기 사방이 어두워지며 큰비가 쏟아지기 시작했다. 남내소에 물이 넘치자 사랑하는 총각의 시체가 떠올랐고, 연인의 시신을 부둥켜안고 슬피 울던 처녀 또한 물에 몸을 던져 죽고 말았다. 처녀의 순수한 사랑과 정절

을 기리기 위해 하효마을에서는 마을 동쪽의 용지동산에 '할망
당'을 지어 죽은 영혼을 모시고 하효마을의 무사 안녕을 기원하
고 있다.

쇠소깍의 기암괴석 사이로 형성된 소는 에메랄드빛 물결이
대단히 매혹적인 느낌을 주는 곳이다. 깊은 물이 짙푸른 빛을
띠기도 하는 이 못은 양쪽 가장자리에 병풍처럼 이어져 있는 기
암석벽 덕분에 더욱 수려한 풍광을 연출한다. 이 못의 아래쪽
하구 부분에서는 제주의 전통 배인 테우를 탈 수 있다. 테우는
'떼'의 제주 방언으로, 통나무를 엮어 만든 뗏목과 같은 원시적
형태의 배다. 제주 연안은 험한 암반으로 형성되어 배를 띄우는
일이 쉽지 않았다. 구상나무로 만드는 테우는 부력이 좋고 이용
이 자유로워 100여 년 전까지만 해도 집집마다 보유했던 고유
의 조각배다. 옛날 제주 사람들은 테우를 타고 근처 바다로 나
가 주로 미역 같은 해초를 채취하거나 자리돔 같은 연안 어종을
잡았다고 한다. 그러나 지금은 단지 관광객의 뗏목 체험을 하는
데만 이용하고 있다.

쇠소깍에서 타는 테우는 매우 특별한 경험을 선사한다. 별도
의 동력 없이도 사람의 힘과 바람으로 나아가는 조각배라서 다
소 느리기는 하지만 쇠소깍의 전설을 들으며 빼어난 비경과 함
께하면 이 조그마한 전통 배의 체험은 더욱 깊은 맛을 느낄 수
있을 것이다. 쇠소깍의 가장자리 기암절벽은 다양한 형태를 띤
다. 하구에서 테우를 타고 올라가면 왼쪽으로 장군바위, 사랑바
위, 독수리바위가 차례로 나타난다. 소의 맨 끝 부분에 다다르
면 바위가 솟아올라 단애를 이루는 절벽 지형이 위치한다. 비가

내려 물이 많아지면 힘찬 폭포수가 쏟아지는 곳이기도 하다. 이 절벽 바로 앞의 물속에서 용천수가 솟구쳐 오르는데, 테우를 타고 보면 물이 솟아오르는 모습을 관찰할 수 있다. 이곳에서 오른쪽으로 돌아 다시 하구 방향으로 내려오면 사자바위, 기원바위, 전망대, 부엉이바위, 코끼리바위가 차례로 나타난다. 비록 30분 정도의 짧은 체험이지만 전통 방식의 제주 배를 타보는 것은 매우 흥미로운 경험이 될 것이다.

최근 제주를 찾는 사람들에게 각광받는 제주올레길 21개 코스 중에서 쇠소깍은 6코스가 시작되는 기점이다. 올레길 6코스는 쇠소깍부터 정방폭포와 천지연을 지나 외돌개까지 이어진다. 이 구간은 올레길 중에서도 가장 아름다운 코스로 알려져 있으며, 많은 올레꾼이 즐겨 순례하는 탐방로다. 올레길이 유명해지면서, 바로 이 코스의 시작점에 숨어 있던 쇠소깍은 찾는 이들의 탄성을 자아내게 하는 장소가 되었다. 특히 2011년 6월에 이토록 아름다운 쇠소깍의 비경이 명승 제78호로 지정되면서 더욱더 많은 사람이 이곳을 찾고 있다. 제주의 명소이자 명승 쇠소깍은 그 이름만큼이나 매우 특별한 경관을 자랑한다. 우뚝 솟은 절벽과 속이 훤히 비치는 물속, 창송의 비경은 제주도를 대표하는 아름다움이라 노래할 만하다.

▶ 테우 체험
쇠소깍에서 체험용으로
사용되는 전통 배다.

상고대 피는 하늘 호수, 사라오름

제주는 오름의 왕국이다. 제주 사람들은 오름에서 태어나 오름으로 돌아간다는 말이 있을 만큼 오름과 관련이 매우 깊다. 하나하나의 오름에는 모두 다 제주 사람들의 혼과 얼이 서려 있다. 오름은 제주를 만들고, 마을을 품으며, 제주 창조의 전설을 잉태하고, 제주 역사를 길러온 모태다. 제주 섬 안에는 368개에 이르는 오름이 솟아 있다. 그중에서 가장 높은 곳에 위치한 사라오름은 한라산 동쪽 능선부에 자리하고 있다. 해발 1,324m로 정상의 분화구에는 물이 고여 호수를 이룬다. 백록담 아래에서 가장 높은 곳에 위치한 사라오름의 분화구를 '작은 백록담'이라 부르기도 한다.

한라산 정상에서 동쪽으로 뻗어 내린 능선에 자리한 사라오름은 아주 비밀스러운 호수의 모습을 간직하고 있다. 한라산 1,300m 고지의 능선에서 살짝 빗겨 앉아 있어 등산객조차 잘 알지 못하며, 어렵사리 숲을 헤치고 찾아가지 않으면 볼 수 없는 곳이다. 목구멍까지 차올라 터질 듯한 가슴으로 둔덕을 넘어야 비로소 잔잔하고 자그마한 사라오름의 호수는 그 내밀한 비경을 드러낸다. 마치 하늘나라에 있는 듯한 기분이 들게 하는 천상의 호수, 곧 하늘 호수다.

사라오름은 기온이 낮은 고지에 위치해 있다. 그래서 가을에

▲ 사라오름
화구호를 이룬 사라오름의
모습을 잘 보여준다.

서 봄까지 하늘 호수에는 얼음이 언다. 강우가 많은 제주에서도 특히 눈비가 많이 내리는 사라오름은 차가운 기온 탓에 나무에 얼음꽃이 피는 일이 아주 많다. 나무와 풀, 대지에 물방울이 얼어붙은 모습을 상고대라고 하는데, 습한 공기나 짙은 안개에 자주 휩싸이는 사라오름의 숲은 하얗게 핀 상고대로 뒤덮여 그야말로 황홀한 얼음 나라의 풍광을 연출한다. 호숫가를 따라 빙 둘러서 있는 겨울 숲의 나뭇가지에 온통 은빛 상고대가 만발해 있는 사라오름의 풍경은 어떤 말로도 형언할 수 없는 비경 중의 비경이다.

대기 중에 함유된 수증기가 승화하거나 지나치게 냉각된 안개 속의 미세한 물방울은 빙점 이하로 기온이 내려가면 수목이나 지표에 부착 동결되어 얼음을 형성한다. 사라오름은 습기가 많은 지역이면서도 기온이 낮아 이러한 상고대의 아름다운 모습을 자주 볼 수 있다. 이처럼 신비스러운 비경을 감추고 있는 사라오름은 2010년 일반인에게 개방되었다. 한라산 정상을 중심으로 고지대에 지정되어 있는 국립공원에 위치한 40여 개의 오름 중에서 처음으로 개방한 것이다. 성판악 코스에서 사라오름으로 오르는 길은 이미 개설해놓은 상황이다. 성판악에서 등산로를 따라 5.9km 정도 오르면 사라악샘터를 지나 사라오름 입구에서 등산로가 갈라진다. 이곳에서 남쪽 방향으로 난 길을 따라 산을 오르면 사라오름에 도달한다. 오랜 세월 사람들의 발길이 닿지 않은 사라오름 호수의 풍광은 태고의 자연을 그대로 간직하고 있어 탐방객의 감탄을 자아낸다.

사라오름은 서귀포시 남원읍 하례리에 위치한 한라산의 측화산側火山이다. 측화산이란 대형 화산체의 산등성이나 산기슭에 생긴 측화구에서 분출된 물질에 의해 형성된 소형 화산체를 뜻하며, 기생화산寄生火山이라고도 부른다. 사라오름의 호수는 산꼭대기의 화구에 생겼다고 해서 산정화구호山頂火口湖라 한다. 제주도 내의 오름 가운데 가장 높은 곳에 위치한 타원형의 사라오름 호수는 수심이 얕아서 가뭄이 심하면 바닥을 드러내기도 한다.

사라오름의 명칭은 옛 문헌과 고지도에 몇 가지로 나타난다. 조선 숙종 때 제주목사로 부임한 이형상이 저술한《탐라순력도》에서는 '사라악舍羅岳'이라 표기하고,《제주읍지》에서는 '사라봉紗羅峰'으로,《조선지형도》에는 '사라악沙羅岳'으로 기록하고 있다. 이러한 명칭은 모두 사라오름이란 제주 고유의 지명을 한자로 옮기는 과정에서 만든 것으로 보인다. 그러나 사라오름의

'사라'에 관한 의미나 유래는 현재 명확히 알려져 있지 않다. 사라오름은 높은 곳에 위치한 신성한 지역이어서 예로부터 제주 사람들이 성스러운 장소로 여겨왔으며, 특히 풍수지리상으로는 제주 제일의 명혈明穴, 최상의 묏자리로 인식한 곳이다. 그래서 과거에는 명당으로 소문난 이곳에 묘를 쓰려고 오르는 사람이 많았다고 한다.

오름은 시각적으로 뚜렷하게 인지할 수 있는 표지물이다. 그러므로 아름다운 조망 대상이 되기도 하고, 오름 아래 펼쳐진 파노라마 같은 풍광을 바라보는 좋은 전망 지점이 되기도 한다. 이처럼 제주의 경관 중에서 조망의 주요 대상이 되는 오름은 제주의 역사에서 중요한 무대가 되어온 곳이기도 하다. 1273년(원종 14) 삼별초의 대몽 항쟁이 마지막으로 패한 장소가 붉은오름이다. 이 오름에서 전투가 끝난 후, 제주는 최영이 목호의 난을 진압할 때까지 200여 년 동안 몽골의 가혹한 수탈에 시달리게 된다. 그 이후에도 제주의 오름은 말을 생산하는 터전이 되었고, 공마제가 지속된 조선시대에도 제주는 수탈의 근원지가 되었다. 또 우뚝 솟아 전망이 빼어난 오름은 조선시대를 비롯해 일제강점기까지 군사적 요충지로 활용되기도 했다. 아울러 오름은 4·3사건 등의 현대사에서도 중요한 의미를 지닌 장소가 되었다. 이처럼 제주의 역사는 곧 오름의 역사라 할 수 있다.

제주 사람들은 옛날부터 오름 주변에 거주지를 만들어 오름을 삶의 터전으로 삼았다. 그리고 죽음과 함께 오름에 묘지를 만들기도 했다. 제주의 삶은 이렇게 오름으로 시작해서 오름으로 끝을 장식한다. 따라서 제주의 오름에는 많은 전설과 민간신앙이 깃들어 있다. 오름에는 마을의 제사를 거행하는 신당이 있거나, 당오름처럼 오름 자체가 민속신앙의 대상이 된 경우도 있다. 이처럼 오름은 제주 사람들이 삶의 터전으로 일생을 함께한 장소이자 성스러운 대상이었다.

제주를 상징하는 오름은 제주의 자연을 대표한다. 다양한 자생식물은 물론 수많은 야생동물을 생육하는 자연의 보고다. 특히 오름은 지하수를 함양하는 중요한 수리 기능을 담당하기도 한다. 사라오름 같은 호수를 지닌 오름은 제주의 수원水源을 함양하는 천연 습지로서 중요한 기능을 한다. 습지는 다량의 수분을 포함하는 땅으로서 물이 영구적으로 혹은 일시적으로 표면을 덮고 있는 지역을 말한다. 외부에서 유입되는 오염 물질을 정화하는 자연의 콩팥 같은 역할을 하는 곳으로, 풍부한 생물종을 품고 있는 요람이다.

최근 들어 환경문제가 대두되면서 습지의 가치는 더욱 커지고 있는 상황이다. 제주가 옛날부터 목축업이 발달한 것은 곳곳에 위치한 습지 덕분이라 할 수 있다. 말이나 소의 방목에 습지는 필수 요소다. 제주의 중산간 지역에 대규모 목초지가 형성된 것은 이러한 습지가 있어 가능한 일이다. 한라산 천연보호구역(천연기념물 제182호) 내에는 많은 습지가 자리하고 있다. 그중에서도 물장오리, 어승생악, 사라오름 등은 모두 산정의 화구호인데, 이들은 강수로 물을 공급받는 고층습원으로 한라산의 중요한 습지 자원이다.

사라오름 분화구에서는 한라산에 살고 있는 노루가 떼를 지어 호숫가로 와서 물을 먹거나 한가롭게 주변의 풀을 뜯는 모습

을 자주 볼 수 있다. 야생의 자연이 그대로 살아 숨 쉬는 광경이
다. 또 사라오름은 한라산 정상과 다양한 경관을 한눈에 살펴볼
수 있는 아주 빼어난 조망 지점이기도 하다. 작은 백록담, 천상
의 호수, 하늘의 못 등 다양한 이름으로 불리는 사라오름은 신
비스러운 비경을 간직한, 하늘이 내린 한라의 아름다운 명승이
다. 오랫동안 감춰졌던 사라오름은 한반도 삼신산의 하나인 영
주산의 내밀한 원시적 풍광을 보여주는 비밀의 화구호로서, 성
판악 코스로 한라산을 오르면 꼭 들러봐야 할 경승이다.

안의삼동 유람의 끝,
심진동 용추폭포

▶ 용추폭포
단풍으로 빨갛게 물든
용추의 가을 풍경이다.
함양군 제공.

영남 제일의 동천이라 불리는 안의삼동安義三洞에는 경승이 많다. 화림동, 원학동, 심진동에는 골짜기마다 아름다운 비경이 곳곳에 숨어 있다. 화림동에는 남계천 계류를 따라 여덟 곳의 굽이 굽이에 정자를 지어 팔담팔정八潭八亭이 있었다고 하며, 원학동에는 덕유산에서 발원해 흘러내리는 위천을 따라 용암정과 수승대 같은 절경이 자리하고 있다. 심진동은 금원산에서 기백산으로 이어지는 산줄기와 거망산에서 황석산으로 연결되는 산줄기 사이의 골짜기를 일컫는데, 이곳에 유명한 용추계곡이 자리하고 있다. 하얀 물줄기가 기암절벽을 타고 쏟아져 내리는 용추폭포가 절정을 이루는 심진동 용추계곡은 안의삼동의 경승중에서도 그 유람의 끝이라고 평가받는다.

함양은 남부 지방의 명산으로 이름난 지리산의 한 자락을 차지하고 있는 고을이지만, 여름철이 되면 함양 사람들은 유명한 지리산보다도 심진동의 용추계곡을 더 많이 찾는다고 한다. 깊은 계곡의 청량한 아름다움 때문에 저절로 진리의 삼매경에 들게 하는 곳이라는 심진동尋眞洞, 그 한가운데 자리한 용추계곡은 여름철 피서지로 으뜸가는 곳이다. 해발 1,353m의 금원산을 비롯해 1,000m를 초과하는 여러 산봉우리 사이에 위치한 용추계곡은 한여름에도 서늘한 한기가 느껴질 정도로 심산유곡에 자

리하고 있다.

3번 국도를 따라 함양에서 거창 방향으로 가다가 용추교차로에서 왼쪽으로 갈라지는 용추계곡로를 따라 올라가면 심원정에이른다. 지우천 계류가에 들어선 심원정을 지나 계류를 따라 매바위 옆에 위치한 매산나소를 거슬러 오르면 요강소가 나오고계속해서 꺽지소, 용소처럼 수심이 깊은 담으로 이어진다. 골짜기를 따라 더 깊이 올라가면 우거진 숲 사이로 언뜻언뜻 드러나는 깊은 소와 돌무더기의 여울로 연결되는 용추계곡은 마침내웅장한 모습의 용추폭포를 드러낸다.

용추폭포는 용추계곡의 제일가는 풍광으로 꼽히는 절경이다.상류에서 계곡을 감돌아 내려온 계류는 너른 반석 위로 흘러와기암절벽의 단애로 미끄러진다. 20m 높이에서 떨어지는 폭포의 물줄기는 대단히 아름다운 장관을 연출한다. 덕유산 줄기에위치한 폭포 중에서는 규모가 가장 큰 용추폭포는 수량이 풍부해 항상 큰 물줄기를 쏟아낸다. 폭포 아래에는 직경이 약 25m에 깊이도 10m가 넘는 소가 형성되어 있는데, 짙푸른 빛깔만으로도 수심이 매우 깊다는 것을 짐작할 수 있다. 우기에 찾아가면 물줄기는 더욱 커진다. 소의 깊은 물속을 헤집으며 떨어지는폭포수는 마치 우레와 같은 굉음을 토해낸다.

용추폭포 기암절벽 위에는 용추사龍湫寺라는 소박한 절이 자리해 있다. 용추폭포는 절 마당 아래로 난 길을 따라 계곡으로내려가면 만날 수 있다. 용추폭포에는 용추라는 이름에 걸맞게이무기에 관한 설화가 전해지고 있다. 폭포 아래 소에 살고 있던 이무기가 용이 되기 위해 108일 동안 기도를 드렸는데, 실수

로 하루 전에 승천하려다 천둥과 함께 떨어져 죽었다는 전설이
다. 오랫동안 폭포수가 떨어지면서 암반을 깎은 자국이 마치 용
이 하늘로 타고 오르며 만들어놓은 것 같은 형상이어서 생겨난
설화인 듯하다.

용추계곡의 중간 부분에는 아름다운 계곡 경관을 조망하기
좋은 위치에 정자가 하나 서 있다. 심원정心源亭이라는 정자인데
마치 누각 같은 느낌을 준다. 심진동 입구에 있기 때문에 과거
에는 '심진동 심원정'이라 불렸다. 본래 1558년(명종 13) 거제부
사를 지낸 정지영鄭芝榮이 현재 위치보다 조금 더 위쪽에 세운 초

가였다. 그러나 임진왜란 때 불이 나 소실되었고, 그 후 다시 지은 정자도 홍수로 훼손되었다. 심원정은 1845년(헌종 11) 현재 위치에 다시 지어져 중수를 거듭해 오늘에 이르고 있다.

심원정은 평평한 자연 암반을 바탕으로 그 위에 지은 건물이다. 전면이 3칸, 측면이 2칸으로 사방이 트여 주변의 경치를 감상하기에 알맞은 구조로 되어 있다. 심원정의 천장 한가운데에는 양 측면에서 안쪽으로 용 두 마리를 조각해 지붕을 지탱하는 부재로 얹어놓았다. 아마도 용추계곡에 지은 건물이기 때문에 용을 상징적으로 정자에 도입한 것으로 보인다. 심원정 아래 계류가에는 농암籠巖이라 부르는 바위가 있다. 농암의 맨 윗부분 바위 정면에는 '심원정'이란 글자가 횡서로 음각되어 있고, 왼쪽에는 '정둔암장수지소鄭遯庵藏修之所'라는 글이 새겨 있다. '심연정은 정지영이 즐겨 찾아 머무르며 수양하던 곳'이라는 뜻이다.

주자학이 주류를 이루던 조선시대에 가학家學인 양명학을 계승한 이건창李建昌(1852~1898)은 심진동을 돌아본 후 저술한 《유심진동기遊尋眞洞記》에서 용추계곡과 심원정의 경관을 이렇게 적고 있다. "용추계곡의 물은 심원정을 지나 굽이돌아 흐른다. 마을 입구에 이르면 두 개의 바위가 있으니 탄금彈琴과 취적吹笛이다. 예로부터 여러 선비가 이 바위에서 풍류를 즐겼으며, 그 아래로 바위에 물이 부딪히는 소리가 마치 종소리 같은데, 물의 깊이는 알 수 없으며 물과 돌이 한 빛깔이 되어 햇빛을 받아 무지개를 이루고, 또 몇 리를 내려가면 암벽들이 마치 서적을 수만 권 쌓아놓은 형상을 하고 있다." 심진동을 대표하는 아름다운 용추계곡이 많은 선비가 찾은 경승지였다는 사실을 알려주는 기록이다.

심원정을 지나 3km 정도 더 올라가면 외롭게 서 있는 장수사 長水寺 일주문에 다다른다. 장수사는 신라 소지왕 9년에 각연대 사가 창건한 고찰이다. 현재 용추폭포 위에 자리한 용추사를 암 자로 거느릴 정도로 규모가 큰 가람이었으나, 한국전쟁 당시 화 재로 소실되어 현재는 일주문만 남아 있다.

심원정을 조금 지난 곳에는 2013년 12월 물레방아공원을 조 성해놓았다. 용추계곡이 지닌 문화적 상징성을 재현하고자 만 든 것이다. 용추계곡은 조선 후기 소설가이자 실학자인 연암 박 지원朴趾源(1737~1805)이 국내 처음으로 물레방아를 제작해 설치 한 곳이다. 1780년 사신의 일행으로 청나라에 다녀온 박지원은 1792년 안의현감으로 부임하면서 용추계곡의 물을 동력으로 이용해 방아를 찧는 물레방아를 이 계곡에 설치했다. 이것은 당 시 대단히 획기적 사건이었다. 이를 시초로 조선에서는 각 고을 에 물레방아가 퍼져 나가기 시작했다. 새로운 기계문명이 전파 된 기점이 바로 용추계곡인 것이다. 박지원은 또한 중국 여행을 통해 본 문물에 관해 기록한《열하일기熱河日記》도 이곳 안의에서 저술했다. 용추계곡은 연암이 평생을 연마한 학문과 중국에서 습득한 지식을 활용해 그의 실학 정신을 실천한 장소라 할 수 있다.

이처럼 심진동의 용추계곡은 경관이 아름다울 뿐 아니라 역 사적·문화적 의미도 매우 깊은 곳이다. 그러나 아쉬운 점은 지 난날 대부분의 경승지가 그러하듯, 이렇게 아름다운 장소를 유 원지로 개발해 여러 이용 시설을 설치하고 과도하게 이용해 훼

손이 발생할 수밖에 없었다는 사실이다. 이것은 용추계곡도 마찬가지였다. 이제 심진동 용추계곡은 명승으로서 가치를 잃지 않도록 보존과 정비, 그리고 적정한 이용을 통해 효과적으로 관리해야 한다. 그것이 싱그럽고 맑은 숲의 향기와 어우러져 자연의 아름다운 운치를 자아내는 용추계곡의 가치를 높이는 일일 것이다.

명승
제93호

볏가리 바위를 두른 못, 포천 화적연

▼ 화적연
물굽이 모서리에는 신룡에
비유되는 화적연 바위와
큰 못이 형성되어 있다.
포천시 제공.

신룡이 돌이 되어 깊은 못으로 들어가니　　　神龍幻石走深淵

볏가리 높이 쌓아 별천지가 되었구나　　　　禾積輪囷別有天

푸른 절벽 아래로 천천히 걸어가서　　　　　緩步經由蒼壁下

벽옥 같은 여울에 앉아 낭랑히 노래하네　　　朗吟坐久碧灘前

_최익현,〈화적연禾積淵〉

대한제국 말기의 애국지사 면암 최익현崔益鉉(1833~1906)은 화적
연을 찾아 기이한 형상의 화적연 바위를 보고 신룡에 비유해 이
렇게 노래했다. 화적이란 추수한 벼를 쌓아놓은 노적가리를 일
컫는다. 한탄강 강물이 모여 깊은 못을 이루는 곳에 산에서 뻗
어 나온 바위가 크게 뭉쳐 올라 마치 볏가리를 쌓아놓은 듯하다
해서 화적이라 하고, 이 바위를 감싸고 있는 못과 함께 이곳 지

명을 화적연이라 지은 것이다.

농경사회에서 식량 자원인 벼는 매우 귀중한 작물이었다. 배고픔이 크던 시절, 추수를 한 후 볏단을 쌓아놓은 모습은 그 자체만으로도 사람들을 행복하게 만들었다. 따라서 우리나라 방방곡곡에는 벼를 쌓아놓은 모습에 비유한 지명이 아주 많다. 노적봉이란 산 이름과 볏가리를 상징하는 노적가리 같은 지명은 지금도 곳곳에 남아 있다. 한탄강 강변에 솟아난 바위 경관에 화적연이라는 볏가리의 의미를 부여해 상징화한 것도 당시 사람들의 이러한 의식 구조를 보여주는 예다.

화적연은 포천시에 속하지만 철원군에 더 가깝게 위치해 있다. 포천시 행정구역으로 보면 북쪽의 가장 끝 부분이다. 포천시의 대부분은 포천천의 수계에 자리하고 있다. 그러나 화적연은 포천천과 한탄강이 만나는 합류 지점에서도 한참을 상류로 더 올라간 한탄강의 중간 지점에 위치한다. 포천에서 철원으로 뻗은 43번 국도로 올라가다가, 포천시의 가장 북쪽에 위치한 운천을 지나 서북 방향으로 분지되는 387번 지방도를 따라 3km 정도 가면 한탄강에 이른다. 여기서 다시 강을 끼고 500m 정도

남쪽으로 내려가면 화적연에 다다른다.

한탄강은 강원도 철원의 너른 평야를 깊게 가르며 흘러내린
다. 평평한 농경지가 넓게 조성된 평야지대의 한가운데를 수직
으로 깊게 깎아 좁은 협곡을 이루고는 그 사이로 흘러간다. 한
탄강은 철원을 지나 경기도 포천 땅에 이르자마자 크게 휘돌아
물굽이를 만든다. 오늘날 화적연은 포천시 영북면에 속하지만
조선시대에는 영평현에 속한 곳이다. 조선시대 지리지인 《여
지도서》에서는 "화적연은 영평현 관아 북쪽 25리에 있다. 강원
도 철원부의 경계에서 흘러나와 남쪽으로 흐른다"고 기록하고
있다.

한탄강은 포천시 영북면을 지나면서 S자형으로 크게 감돌아
감입곡류 지형을 이룬다. 화적연은 강물이 휘돌며 깎아 만든 이
아름다운 하천 지형에 자리 잡고 있다. 한탄강의 물줄기가 철원
평야를 가로지르며 지형을 수직으로 깎아내린 것처럼, 한탄강
의 하천 침식으로 형성된 화적연은 짙푸른 강물과 무채색의 검
은 석벽, 그리고 주변의 자연 식생이 함께 어우러져 한 폭의 그
림 같은 비경을 연출한다.

한탄강이 만들어놓은 여러 곳의 절경 중에서도 화적연은 특
히 빼어나다. 굽이치는 강물이 강바닥을 파내어 만든 못은 깊이
를 헤아릴 수 없을 정도며 물빛은 검푸른 색을 띠고 있다. 게다
가 수면 위로 솟아 있는 커다란 바윗덩어리는 마치 하늘을 향
해 머리를 치켜세운 용처럼 당당히 그 위용을 뽐낸다. 오랜 세
월 휘돌아 흐른 강물은 바위를 깎아 마치 유연한 용의 몸통처
럼 바위의 형상을 유장하게 조각해놓았다. 못의 가장자리에는

상류에서 강물에 실려온 흰 모래가 쌓여 백사장을 이루고, 그 아래로는 자갈밭으로 이어지는 여울과 강 주변의 석벽, 그리고 나무가 우거진 산 지형이 화적연의 아름다움을 한층 더해주고 있다.

한탄강은 매우 특별한 지질 형성 과정을 겪은 하천이다. 본래 한탄강 유역은 주변의 산과 토지의 기반을 이루는 지층이 중생대에 형성된 화강암 지질로 이루어진 곳이다. 그러나 화산활동으로 철원 북쪽 지역에서 많은 양의 용암이 분출되어 흘러내려 철원 평야의 평지를 만들고, 더 나아가 이곳 화적연 지역까지 뒤덮었다. 그 후 다시 오랜 세월이 흐르면서 한탄강 수계를 따라 침식 지형이 형성되어 오늘날의 경관이 나타난 것이다. 이로써 한탄강은 철원 평야 아래로 깊은 협곡이 생기는 특이한 지형을 띠게 되었고, 이러한 모습은 하류로 계속 이어지며 곳곳에 아름다운 절경을 품게 되었다. 신비스러운 비경으로 이름난 화적연의 경관도 이러한 지형 형성 과정을 거쳐 생겨난 것이다. 침식에 강한 암석인 화강암, 현무암층, 현무암주상절리, 퇴적된 모래와 자갈 등 다양한 지형 요소가 화적연에 존재하는 것은 바로 이러한 연유 때문이다.

아름다운 절경의 화적연은 예로부터 많은 사람의 사랑을 받아온 경승이다. 지난날 옛사람들이 화적연을 찾은 흔적은 지금까지 남아 전해오고 있다. 첫째는 많은 문사가 이곳을 탐방하고 지은 시가 다수의 문집 속에 남아 있다. 화적연을 주제로 한 시는 박순朴淳(1523~1589)의 《사암집思菴集》, 박세당朴世堂(1629~1703)의 《서계집西溪集》, 박제가朴齊家(1750~1805)의 《정유각집貞蕤閣集》,

▶ 정선의 〈화적연〉
겸재 정선의 그림으로
바위의 끝 부분이 높게
솟아올라 마치 볏단을
쌓아놓은 듯한 모습이 잘
나타나 있다.

이항로李恒老(1792~1868)의 《화서집華西集》을 비롯해 현재 20여 종
의 시집에 수록되어 있다. 이러한 옛 시문은 하나같이 화적연의
풍광을 보고 느낀 감상을 노래하고 있다.

둘째는 화적연을 찾은 묵객들이 아름다운 화적연의 비경을
화폭에 담아 전하고 있는 그림이다. 조선 후기에 들어서면서
화단에는 실경산수 화법이 새롭게 정립되었다. 진경산수라고
도 하는 이 화법은 자연을 화제畵題의 대상으로 삼아 그림을 그
리는 한국 고유의 풍경화라 할 수 있다. 진경산수화가 등장하기
전까지 조선 화단의 화제는 군왕이나 대신들의 인물화를 그리
는 것이 전부였다고 해도 과언이 아니다. 그러나 진경산수는
새로운 그림의 세계를 열어준 그야말로 획기적인 화풍이었다.

겸재 정선鄭敾(1676~1759), 단원 김홍도金弘道(1745~1806) 등으로 대표되는 진경산수화는 조선 화단에 중요한 변혁을 가져온 일대 사건이었다. 화적연을 주제로 한 그림은 겸재 정선을 비롯해 이윤영李胤永(1714~1759), 정수영鄭遂榮(1743~1831) 등이 그린 실경도가 전해지고 있어 화적연의 옛 모습을 엿볼 수 있다.

화적연에서는 비가 오지 않아 가뭄이 극심할 때 기우제를 지내기도 했다. 기우제에 관한 기록은 여러 시문을 비롯해 화적연을 기록한 문헌에도 잘 나타난다. 이병연李秉淵(1671~1751)은《사천시초槎川詩抄》에서 "벼슬살이로 이곳에 와 기우제를 지내네"라고 읊고 있다. 이외에도 다수의 시와 글 중에 기우제의 내용이 수록된 것을 볼 때, 화적연에서 기우제가 많이 행해졌다는 사실을 알 수 있다.

이처럼 포천의 화적연은 자연 풍광이 아름답고 신비로운 곳이다. 그래서일까 이곳을 찾은 수많은 시인과 묵객은 그 풍광에 취해 시를 읊고 그림을 그렸다. 이렇듯 화적연은 빼어난 자연 풍광과 함께 장소에 깃든 문화적 의미가 매우 깊은 곳이라 할 수 있다. 지금은 주변에 콘크리트와 석축으로 된 군부대 시설을 설치해 예전의 경관이 다소 훼손된 상황이다. 하지만 다행히 군 시설이 곧 철거되어 과거 화적연의 경관을 회복할 수 있을 것이라고 한다. 최근 들어 포천시는 천연기념물과 명승을 지정하는 것과 지정 후 이를 보존하고 활용하는 문제에 많은 노력을 기울이고 있다. 아름다운 우리나라 금수강산의 가치를 밝히고 기리는 데 중요한 역할을 수행하고 있는 것이다.

명승
제95호
제96호

토왕골계곡의 선경,
비룡폭포와 토왕성폭포

▶ 비룡폭포
오랜 세월 흘러내린 물이
석벽을 깎아내 마치 용이
하늘로 승천하며
만들어놓은 듯하다.
이광춘 교수 제공.

향로봉에 해 비치니 붉은 안개 피어오르고

日照香爐生紫煙

아득히 폭포수 바라보니 긴 강이 하늘에 걸려 있네

遙看瀑布掛長川

날아오르다 곧게 떨어지는 물줄기 삼천 척에 달하는데

飛流直下三千尺

혹여 이것은 은하수가 하늘에서 쏟아지는 건 아닐까

疑是銀河落九天

_ 이백, 〈망여산폭포望廬山瀑布〉

천길 단애의 절벽으로 쏟아지는 폭포의 풍광은 정말 아름답다.
중국 당나라의 시선詩仙으로 불린 이백李白(701~762)은 여산폭포
의 비경에 취해 이렇게 노래하고 있다. 후대 송나라의 소동파는
이 시를 두고 "예로부터 상제가 드리운 은하 한 줄기를 제대로
전한 것은 고금을 막론하고 오로지 이백의 이 시 한 수뿐이다"
라고 칭송했다. 여산폭포의 선경을 절창으로 읊은 이백의 시는
매우 유명하여 이를 소재로 한 작품도 많이 생겨났다. 여산폭포
는 중국 화가들이 그린 그림의 화제가 되기도 했으며, 특히 조선
의 실경산수화로 유명한 화가 겸재 정선의 산수화〈여산폭廬山瀑〉

에 담기기도 했다.

폭포는 계류나 강물이 수직의 절벽이나 급한 경사의 지형을 만나 높은 곳에서 아래로 떨어지는 물줄기를 말한다. 이처럼 낙차가 있는 곳에서 떨어지는 물줄기는 순백의 색채를 이루며 청정한 모습을 드러낸다. 높고 깊은 산간계곡에 위치한 폭포일수록 물줄기는 더욱 흰색을 띤다. 맑고 청량한 계곡의 폭포수는 마치 하얀 명주실을 뭉쳐 늘어뜨린 실타래처럼 순결한 자태를 뽐낸다. 낭떠러지 절벽을 날아 내리는 하얀 물줄기가 거대한 암

▶ **육담폭포**
여섯 개의 담이 자리한
곳에 있어 육담폭포라
불린다. 비룡폭폭에 가는
길에 위치해 있다.

벽, 울창한 숲, 파란 하늘과 어울려 아름다운 비경을 만드는 것
이 심산계곡에 자리한 폭포들이다.

  설악은 험준하기로 이름난 바위산으로, 거대한 화강암 덩어
리가 바탕이 되어 암산이 우뚝우뚝 솟아오르고 골골이 깊이 파
여 낙차가 큰 심산유곡의 지형을 이룬다. 그 때문에 다른 어느

산보다 폭포가 많다. 내설악, 외설악, 남설악 곳곳에 자리한 폭포의 수는 헤아릴 수 없을 정도다. 이처럼 폭포가 많은 설악에서도 외설악의 남쪽에 위치한 토왕골계곡은 그 비경이 설악의 으뜸이라 할 만하다.

토왕골계곡은 신흥사 아래에 자리한 집단시설지구 남쪽을 흘러가는 쌍천에 놓인 비룡교를 건너 개울을 따라 1km쯤 아래로 내려간 곳에서 발원한다. 완만한 경사로 시작하는 토왕골계곡은 높은 절벽을 만나 곧바로 급한 지형으로 바뀌어 곳곳에 소와 담을 이룬다. 가파른 계곡에 놓인 돌계단을 힘들게 오르면 토왕골계곡에서 가장 먼저 만날 수 있는 육담폭포가 자리해 있다. 담이 여섯 개라고 해서 붙은 이름인데, 실제로 담이 여섯 개인지는 알 수 없다. 육담폭포에 이르면 이 계곡을 오르는 길 방향으로 철제 다리가 놓여 있는데, 이곳에서 바라보는 육담폭포는 주변의 경치와 어울려 매우 아름다운 절경을 보여준다.

육담폭포 옆에 있는 경사가 급한 계곡 길을 따라 1km 정도 등에 땀이 흥건해질 만큼 오르고 나면, 절벽의 바위를 깎아 물길을 만들고 하얀 물줄기를 쏟아내는 비룡폭포가 나타난다. 이 폭포는 20m의 높이의 암벽에서 떨어지는데 그다지 높지도 우람하지도 않다. 그러나 거대한 바위로 둥그렇게 감싸인 비룡폭포의 모습은 산속 깊이 감춰진 청량하고도 신비로운 자태를 뿜어낸다. 특히 폭포 맞은편 바위에 걸터앉아 조용히 바라보면 힘찬 물줄기가 바위에 부딪히며 깊은 담 속으로 내리꽂히는 물소리가 골짜기를 울리는데, 청정한 이 소리는 가슴 깊은 곳으로 파고들어 보는 이의 마음을 깨끗이 정화해준다.

비룡폭포의 깊은 담 속에는 승천하지 못한 이무기가 살았다고 한다. 어느 해 심한 가뭄이 들었는데 아랫마을에서는 이 물 속에 처녀를 바쳐야 비를 불러올 수 있다고 하여 젊은 처녀를 바치고 제를 올렸다고 한다. 그러자 이무기는 용이 되어 승천하고 비가 내려 가뭄에서 벗어났다고 한다. 이 설화는 오랫동안 흘러내린 물줄기가 바위 표면을 깎아 길게 부채꼴 모양의 홈을 이룬 모습이 마치 용이 승천하며 파놓은 자국과 비슷하여 생긴 이야기로 여겨진다.

설악산을 찾는 일반인의 접근은 비룡폭포에서 끝이 나지만 토왕골이 감추고 있는 비경은 이제부터 시작된다. 비룡폭포 바로 아래에는 왼쪽 산비탈로 좁은 길이 나 있다. 겨울철 빙벽 등산을 허용하는 시기를 제외하고는 계곡의 자연을 보호할 목적으로 일반인의 출입을 제한하는 휴식년제를 시행하는 곳이다. 산길을 따라 비룡폭포의 머리 부분을 돌아 오르면 먼 곳까지 시야가 길게 열리는 지형이 펼쳐진다. 그 끝에 높이 솟은 봉우리 사이로 천 길 낭떠러지가 보이고 높은 절벽에 한 줄기 긴 실타래를 풀어 늘어뜨린 모습의 폭포가 장관을 이루고 있다. 바로 우리나라에서 가장 높다는 토왕성폭포다.

토왕성폭포는 내설악 장수대의 대승폭포, 한계령 너머 오색 방향의 독주폭포와 함께 설악산 3대 폭포로 불린다. 대청봉에서 북동 방향으로 이어지는 화채 능선의 끝에 우뚝 솟아 있는 화채봉 북쪽에 위치한 토왕골계곡에서 가장 위쪽에 자리해 있다. 3단으로 이루어진 토왕성폭포는 상단이 150m, 중단이 80m, 하단이 90m로 총 높이가 320m에 이르는 연폭連瀑이다.

폭포수가 워낙 높은 곳에서 떨어지기 때문에 마치 물줄기가 하늘에서 비류하는 것 같은 착각을 불러일으킨다. 힘겨운 산행으로 비룡폭포를 거슬러 오른 후 만나는 토왕성폭포의 비경은 그야말로 천상의 풍경으로, 하늘나라의 선녀가 흰 비단을 바위에 널어놓은 듯한 선경을 보여준다. 특히 겨울철에는 폭포가 하얗게 얼어붙어 거대한 백색의 얼음 기둥을 만드는데, 온 산을 뒤덮은 흰 눈과 함께 토왕성폭포 주변은 하얀 설국이 된다. 특히 토왕성폭포가 얼어 빙벽이 생기면 이곳은 산악인이 즐겨 찾는 빙벽 훈련장이 된다.

토왕성폭포는 신광폭포神光瀑布라고도 한다. 토왕성폭포의 이름은 토기土氣가 왕성하지 않으면 기암괴봉이 발생하지 않는다는 오행설에서 유래한 것이다. 폭포의 이름인 토왕성과 관련해 《여지도서》와 《양양도호부》 고적조에서는 이렇게 기록하고 있다. "토왕성은 부 북쪽 50리 설악산 동쪽에 있으며 돌로 쌓은 성인데 그 흔적이 아직도 남아 있다. 세상에 전해오기를 옛날에 토성왕이 성을 쌓았다고 하며, 이곳에는 폭포가 있는데 석벽 사이로 천 길이나 날아 떨어진다." 《양양부읍지》에도 같은 글이 실려 있고, 《조선지지자료》에도 토왕성이 도문면 토왕성리에 있는 것으로 수록되어 있다. 따라서 토왕성이라는 이름은 인위적으로 축조한 성에서 유래한 것으로 보인다.

아름다운 비경을 품은 토왕성폭포는 여러 문헌에 나타난다. 조선 후기의 문신으로 《동국명산기東國名山記》를 지은 성해응成海應(1760~1839)은 〈기관동산수記關東山水〉에서 토왕성폭포의 모습을 기이하며 웅장하다고 묘사했고, 김창흡은 《설악일기》에서 토왕

성폭포를 중국의 '여산폭포'보다 낫다고 표현했다. 토왕성폭포는 일반인이 접근하기 어려운 곳에 있어 많은 사람에게 잘 알려지지 않았지만, 고금을 막론하고 비경을 본 사람은 누구나 극찬을 아끼지 않는다고 한다.

외설악의 초입에서 시작되는 토왕골계곡에는 이처럼 아름다운 폭포가 나란히 자리하고 있다. 육담폭포, 비룡폭포, 토왕성폭포의 비경이 이어진 연계 경관을 이루는 계곡인 것이다. 토왕골계곡의 진가는 토왕성폭포를 봐야 진정으로 느낄 수 있다. 앞으로 토왕골계곡의 진수를 국민이 향유할 수 있도록 자연의 훼손을 최소화하는 것은 물론, 조망 위치를 확보해 토왕성폭포를 감상할 수 있는 방안을 마련해야 할 것이다.

구천 하늘 끝에 걸린 은하수, 대승폭포

▶ 대승폭포
높은 암벽에서 떨어지는
흰 물줄기가 짙은 오색
단풍과 만나 신선의
세계를 연상시킨다.
국립공원관리공단 제공.

사람은 누구나 굴곡 있는 삶을 산다. 높은 곳을 향해 열심히 올라 꼭대기에 서고 나면 다시 저 아래 낮은 곳으로 내려온다. 그리고 내려온 후엔 또다시 무언가를 성취하기 위해 산을 오른다. 인생이란 한 곳에 머무는 것이 아니기 때문에 산 정상을 목표로 온 힘을 다 바친 사람이라 할지라도 어쩔 수 없이 다시 산 아래로 내려가야 한다. 오르는 길이 가파를수록 하산하는 길은 더욱 힘들고 허무할 것이다. 하지만 나이가 들어 인생을 관조하는 눈이 생기면 내려가는 길이 그리 허전하지만은 않다. 가수 양희은이 부른 〈한계령〉의 노랫말처럼 "저 산은 내게 내려가라, 내려가라 하네. 지친 내 어깨를 떠미네" 하는 산의 소리가 그토록 처연하게 들리지는 않으리라.

한계령은 인제에서 양양을 잇는 국도가 설악산 남쪽의 산등성이를 넘는 곳에 자리한 고갯길이다. 높이가 1,004m로 영동과 영서 지방을 연결하는 백두대간의 차도 중에서는 가장 높은 고갯길이다. 인제에서 양양 방향으로 한계령을 넘어가는 길은 한계리 마을을 지나 옥녀탕계곡으로 접어들어야 비로소 설악산의 정취를 느낄 수 있다. 옥녀탕계곡을 지나 1.5km 정도 올라가면 장수대에 다다른다. 장수대는 옛날 한계사가 있던 자리에 붙은 지명이다. 1959년 인제군에 주둔한 국군 제3군단 군단장이 한

국전쟁 중 설악산 전투에서 전사한 병사들의 명복을 빌고 넋을
달래기 위해 지은 산장을 장수대산장으로 명명한다. 그 후 세월
이 흐르면서 산장의 이름이던 장수대는 이 지역을 가리키는 지
명이 되었다. 장수대 지역은 내설악에서도 기암절벽이 매우 아
름답게 펼쳐지는 곳이다.

장수대가 바로 대승폭포로 오르는 산길이 분지되는 곳이다.
장수대에서 대승폭포까지는 거리상으로 1km 정도 떨어져 있는
데, 경사가 가파른 지형을 올라야 하기 때문에 1시간쯤 걸린다.
지금은 목재로 만든 계단을 설치해놓아 오르기가 훨씬 쉬워졌
다. 대승폭포는 수직의 절벽으로 90m에 달하는 긴 물줄기가 떨
어지는 비폭飛瀑으로 금강산의 구룡폭포, 개성의 박연폭포와 함
께 한국 3대 폭포 중 하나로 꼽는다.

대승폭포는 거대한 수직 절벽으로 떨어지는 폭포수의 물보라
와 운무에 어린 무지개가 영롱한 아름다움을 자아내 신비스러
운 비경을 연출한다. 대승폭포의 경관이 가장 절정에 이르는 시
기는 7월 하순이다. 장마가 끝난 후 폭포의 물줄기는 웅장한 모
습으로 변한다. 풍부해진 수량은 시원한 순백의 거대한 물기둥
을 이뤄 폭포 아래로 내리꽂히며 굉음을 토해낸다. 대승폭포에
는 아래쪽에 중간 폭포가 있는데, 이는 대승폭포의 경관을 한층
더 아름답게 만든다.

설악산에는 아름다운 경치를 볼 수 있는 곳이 수없이 많다.
그중에서도 특별히 빼어난 여덟 개소를 선정해 설악팔경으로
부른다. 설악팔경 중에서 대승폭포의 아름다운 경치에 비유할
수 있는 것은 용비승천龍飛昇天과 칠색유홍七色有虹이다. 용비승천

이란 폭포수가 떨어지는 것이 아니라 마치 용이 올라가는 듯한 모습을 표현한 것으로 대승폭포의 경관에 아주 잘 어울리는 묘사라 할 수 있다. 또 칠색유홍은 폭포에서 생기는 물방울이 햇빛에 반사되어 영롱한 일곱 빛깔 무지개가 펼쳐진 모습으로, 무지개가 피어난 대승폭포의 풍광을 뜻한다고 해도 과언이 아니다.

설악의 비경을 대표하는 대승폭포에는 애절한 전설이 전해진다. 옛날 한계리에는 대승이라는 총각이 살고 있었다. 부모를 일찍 여의고 홀로 살아가던 그는 설악산에서 버섯을 따다 팔며 생계를 이어갔다. 그러던 어느 날, 폭포 절벽에 밧줄을 매고 버섯을 따던 총각은 세상을 떠난 어머니가 절벽 위에서 다급하게 부르는 소리를 들었다. "대승아, 대승아" 하는 소리에 놀라 정신없이 올라가 보니 어머니는 간데없고 커다란 지네가 동아줄을 갉아 먹고 있었다. 어머니의 목소리 덕분에 총각은 가까스로 목숨을 구할 수 있었다고 한다. 그 후 사람들은 죽어서도 아들의 생명을 구해준 어머니의 외침이 폭포에서 들리는 것 같다고 하여 대승폭포라 부르기 시작했다는 전설이다. 대승폭포는 신라시대 말엽에 경순왕이 피서를 다녀간 곳으로도 전해진다.

장수대에서 출발하는 등산로를 따라 오르면 대승폭포를 바라볼 수 있는 전망대에 다다른다. 대승폭포 맞은편 언덕에 자리한 전망대에는 넓은 반석이 놓여 있다. 이곳에는 조선 선조 때 양사언이 쓴 '구천은하九天銀河'라는 글씨가 세로로 새겨 있다. 대승폭포의 풍광에 매료되어 크게 감탄한 양사언은 구천 하늘 끝에 걸린 은하수로 대승폭포의 선경을 비유하고 있다. 대승폭포

의 아름다움에 한껏 취한 문사의 감동이 고스란히 느껴지는 문
구라 할 수 있다. 이외에도 양사언은 금강산 만폭동, 묘향산 상
원암에도 글씨를 남긴 서예가다.

대승폭포에 오르면 건너편으로 멀리 높은 봉우리들이 보인

다. 한국의 마터호른이라는 별명을 가진 가리봉, 주걱봉, 삼형제봉이 만들어내는 풍광이 눈앞에 전개된다. 산 아래로 길게 형성된 장수대계곡은 한계령을 분수령으로 하여 북한강 수계로 흘러가는 물줄기가 발원하는 곳이다. 이 계곡은 소승폭포에서 흘러내린 물이 대승폭포에서 쏟아져 내린 물과 장수대에서 하나가 된 후 옥녀탕계곡을 지나 인제의 소양강으로 합류한다.

폭포는 지형의 침식윤회浸蝕輪廻에 따라 유년기의 계곡에서 가장 많이 볼 수 있는데, 대승폭포 같은 낙차가 큰 폭포는 장년기 계곡에서 절정에 이르렀을 때 나타난다. 이러한 폭포는 오랜 세월 침식이 진행됨에 따라 점차 쇠퇴하다가 노년기의 지형이 되면 더욱 퇴화해 높이가 점점 낮아져 결국 사멸한다.

폭포는 지반의 형태와 지질에 따라 모양이 바뀌기도 한다. 단애를 따라 하상河床에서 떨어지는 폭포, 급류 또는 급단急湍과 구별하기 어려울 정도로 느린 경사 위에서 미끄러지듯 떨어지는 폭포, 1단부터 몇 단으로 나뉜 폭포까지 여러 종류의 폭포가 있다. 폭포는 그 아름다움과 신비스러운 모습 덕분에 관광자원으로 활용되는 경관 요소다. 폭포가 지닌 지질학적 가치도 중요하지만 폭포는 경승적 가치가 더 많은 자원이다. 지질학적 관점에서 학술적 가치에 무게를 두어 천연기념물로 지정할 수도 있고, 그 아름다움과 신비스러움에 중점을 두어 명승으로도 지정할 수 있는 자연유산인 것이다.

우리나라 곳곳에 자리해 신비로운 자태를 뽐내는 폭포들. 그중에서도 은하수가 쏟아져 내리는 듯한 비경을 품은 대승폭포는 내설악 폭포의 대표라 부를 만한 아름다운 명승이다.

물안개 피는 버드나무 못,
청송 주산지

늦가을 먼동이 터 오르는 어스름의 새벽. 차가운 공기를 마시며 찾은 깊은 산중의 호수. 단풍으로 곱게 물든 잔잔한 호수의 수면 위로 물안개가 연기처럼 하얗게 피어오른다. 물안개가 자욱한 비밀스러운 호수 안에는 신기하게도 늙은 버드나무들이 물속에 서 있다. 오래된 버드나무들이 굵은 밑둥치를 물속에 담그고 물안개에 휩싸여 있는 모습은 숨이 막힐 듯한 비경이자 감탄이 절로 나오는 신비한 풍광이다. 이것이 바로 청송 주왕산 아래 깊은 산골에 자리한 주산지의 모습이다.

주산지는 사계절의 변화에 따라 다양한 풍광을 보여준다. 이러한 모습은 김기덕 감독이 만든 영화 〈봄 여름 가을 겨울 그리고 봄〉에서 더욱 신비롭게 연출되었다. 영화는 인생을 사계로 구분해 이를 주산지의 사계절 풍광으로 묘사하고 있다. 즉 동자승의 천진한 소년기를 봄, 청년기를 여름, 중년기를 가을, 장년기를 겨울로 이야기한다. 봄은 장난에 빠진 아이가 살생의 업을 짓기 시작하는 과정으로, 여름은 사랑에 눈을 뜬 소년이 욕망에 집착하는 시절로 묘사하고 있으며, 가을은 고통에 빠진 남자가 살의를 품고 있는 분노의 계절로, 겨울은 인생의 무상함을 느낀 장년의 남자가 내면의 평화를 구하게 되는 비움의 시기로 그려냈다. 그리고 또다시 찾아온 봄은 노인이 된 남자가 새로운 인생의 사계를 시작하는 동자승과 함께 평화로운 시간을 보내는 것이 이 영화의 줄거리다. 국내외에서 많은 관심을 받은 이 영화는 주산지의 아름다운 풍경이 철 따라 계절별로 이어진다. 그러나 무엇보다도 단풍이 든 산을 배경으로 수면 위에 물안개가 자욱하게 퍼지는 새벽 시간 주산지의 모습은 어느 장면보다도 압권이다.

주산지는 경북 청송군 부동면 이전리에 자리하고 있다. 청송읍에서 914번 도로를 따라 주왕산 입구를 지나 부동면소재지에서 절골계곡으로 방향을 바꾼 다음 다시 오른쪽으로 난 골짜기로 오르면 산자락에 감춰진 주산지가 그 비밀스러운 모습을 드러낸다. 주산지는 경상북도 내륙의 명산으로 불리는 주왕산 자락에 위치한 오래된 호수다. 1720년(숙종 46)에 처음 쌓기 시작해 이듬해인 1721년(경종 1)에 완공했다. 주산지는 길이가 불과 100m, 너비는 약 50m, 수심이 8m 정도의 농업용 저수지로 규모가 아주 작다. 조성된 후 300여 년이 흐르는 동안 주산지는 단 한 번도 바닥을 드러낸 적이 없다고 한다. 이는 주왕산 절골 계곡의 수원이 풍부하기 때문이다. 주산지는 작은 저수지지만 다른 한편으로는 긴 세월 이전리에 풍요를 가져다준 소중한 자원이다. 오랜 기간 마을의 농토를 적셔준 주산지에서 이전리 사람들은 매년 동제를 지내고 있으며, 해마다 호수 주변을 정화하기도 한다.

깊고 깊은 산간 오지에 위치한 주산지는 최근 들어 사람들이 많이 찾는 관광 명소가 되었다. 명승으로 이름난 주왕산 가까이에 있는데다 영화를 통해 대중에게 많이 알려졌기 때문이다. 하

▲ 주산지
산간 내륙 오지에
자리하고 있는 주산지의
신비스러운 전경이다.
청송군 제공.

지만 무엇보다 가장 큰 이유는 주산지 자체가 매우 아름다운 호수기 때문이다. 신비스러운 비경을 자랑하는 주산지의 풍광을 가장 비밀스럽게 하는 것은 호수 가장자리의 물속에서 자라고 있는 버드나무다. 저수지 속에 자생하는 20여 그루의 버드나무는 주위를 감싸고 있는 울창한 수림과 함께 주산지의 독특한 분위기를 만들어내고 있다. 이처럼 신비로운 모습을 지닌 주산지는 오랜 역사적·문화적 의미와 함께 그 가치를 인정받아 명승으로 지정되었다.

주산지의 물속에서 자라는 버드나무는 왕버들이다. 왕버들은 우리 고유의 버드나무로 수명이 매우 길다. 물과 친한 습성이 있어 대부분 물가에서 잘 자란다. 왕버들은 오래 살기 때문에 줄기가 매우 굵은 노거수가 많고, 밑둥치가 큰 그루터기를 형성하기도 한다. 주산지에서 자라는 왕버들은 하나같이 수명이 오래된 노거수다. 나이가 많아 그루터기가 노후화된 왕버들은 이미 수명이 다해 뼈대만 앙상하게 드러난 죽은 나무와 함께 오랜

역사를 간직한 주산지의 풍광을 한층 고풍스럽게 만든다.

주산지의 왕버들은 물속 땅에 뿌리를 내리고 바닥에서 수면까지는 굵은 줄기를 형성하고 있는데, 물에 잠기는 줄기 부분에서는 잔뿌리가 자라나 마치 얼굴에 난 수염 같은 모습을 하고 있다. 수염이 난 왕버들의 모습은 바라볼수록 정말 신비하고 독특하다. 주산지의 수위가 낮아지면 왕버들은 줄기에 난 하얀 수염뿌리를 밖으로 드러낸다. 주산지를 찾는 사람들은 물속에서 자라는 이 특별한 버드나무를 보고 매우 신기하게 생각한다. 그러나 자세히 관찰해보면 한 가지 특별한 점을 발견할 수 있다. 그것은 바로 주산지 물속에서 자라는 왕버들은 하나같이 늙은 나무뿐이라는 사실이다.

새로이 자라는 유목幼木들은 물속에는 한 그루도 없고 물 가장자리에만 자라고 있다는 사실을 알 수 있다. 이것은 저수지의 수위가 언젠가 갑자기 높아진 것을 의미한다. 물속에서는 새로운 버드나무의 개체가 발생하지 못하기 때문이다. 버드나무가 물을 좋아한다고는 하지만 새로운 개체의 발생은 물 가장자리에서 주로 이루어진다. 따라서 물속에 잠긴 버드나무가 처음 발생한 시기에는 그곳이 호수의 가장자리였다. 이 나무들은 어느 정도 자란 후에 물에 잠기게 되었으며, 물속에서 나무가 적응하기 위해 줄기에서 뿌리를 내리고 지금과 같은 모습을 만들게 된 것으로 보인다. 그러나 묘하게도 이렇게 물속에 잠긴 버드나무의 모습은 아주 신비스러운 호수의 풍광을 연출해 주산지를 많은 사람이 찾도록 만드는 중요한 요소가 되고 있다.

이 왕버들은 주산지를 처음 축조할 당시에 심은 것이다. 마을 사람들은 왕버들을 수령이 150~300년 된 나무라고 말하고 있다. 하지만 나무의 크기나 줄기의 굵기를 보면 300년의 수령에는 미치지 못하는 것으로 보인다. 아무래도 축조 당시에 심은 나무의 후계목이 이어져 자라고 있는 것이 아닌가 하는 생각이 든다.

오늘날 주산지 풍광의 중요한 요소가 되고 있는 왕버들의 가장 큰 문제는 이미 언급한 바와 같이 물속에서 자라는 유목이 전혀 없다는 것이다. 왕버들은 나날이 쇠약해져가고 있으며, 해가 지나면서 계속 고사목이 발생해 그 수가 현격히 줄어들고 있다. 청송군에서는 주산지의 풍광을 유지하기 위해 주산지의 물속에 버드나무를 심는 것을 고려한 적이 있다. 그러나 이렇게 새로운 나무를 옮겨 심는 것은 그리 쉽지 않다. 과거 자라기 좋은 환경에서 성목으로 자리 잡은 왕버들이 물에 잠긴 다음에 적응하는 것은 가능한 일이지만, 뿌리를 절단한 후 옮겨 심은 나무가 물속에서 활착에 성공하는 확률은 매우 낮기 때문이다.

언젠가 주산지의 물속 왕버들은 모두 죽어 더는 지금과 같은 경관을 볼 수 없게 될 것이다. 안타깝지만 어쩔 수 없는 일이다. 만일 현재의 주산지 풍광을 잃지 않으려면 제방의 높이를 옛날 수준으로 낮춰 왕버들이 자라게 한 후, 다시 제방을 높여 물속에 잠기게 한다면 가능할 것이다. 주산지의 물속에서 왕버들이 사라지면 과연 어떤 모습이 될까? 그런 후에도 많은 사람이 명승으로서의 가치를 계속 인정할까? 머지않아 주산지의 버드나무가 모두 사라진다는 것은 자명한 일이다. 따라서 이러한 변화를 고려해 명승으로서 가치를 잃지 않도록 주산지의 경관을 잘 관리해 나가야 한다.

물안개로 가득한 신비스럽기 그지없는 주산지의 풍광. 이토록 아름다운 주산지의 비경이 사라지기 전에, 물안개 피는 계절 이곳을 한 번쯤 찾아가보면 어떨까. 신선이 거니는 선경을 바로 눈앞에서 마주하는 듯한 황홀한 풍광에 매료될 것이다.

지도로 보는 명승

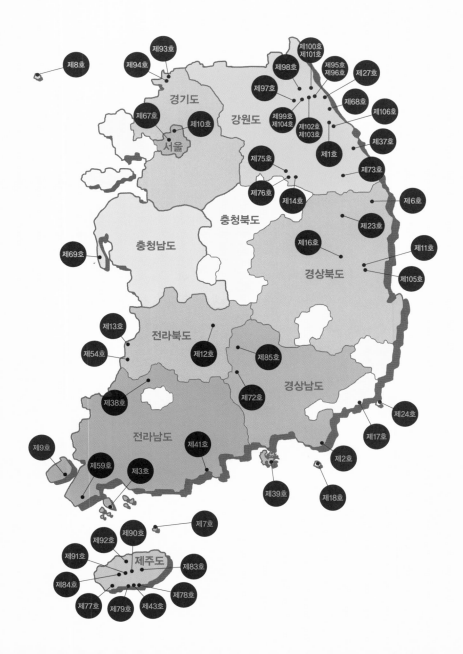

서울특별시

제10호 삼각산
제67호 백악산 일원

경기도

제8호 웅진 백령도 두무진
제93호 포천 화적연
제94호 포천 한탄강 멍우리협곡

충청남도

제69호 안면도 꽃지 할미·할아비바위

강원도

제1호 명주 청학동 소금강
제14호 영월 어라연 일원
제27호 양양 낙산사 의상대와 홍련암
제37호 동해 무릉계곡
제68호 양양 하조대
제73호 태백 검룡소
제75호 영월 한반도지형
제76호 영월 선돌
제95호 설악산 비룡폭포 계곡 일원
제96호 설악산 토왕성폭포
제97호 설악산 대승폭포
제98호 설악산 십이선녀탕 일원
제99호 설악산 수렴동·구곡담계곡 일원
제100호 설악산 울산바위
제101호 설악산 비선대와 천불동계곡 일원
제102호 설악산 용아장성
제103호 설악산 공룡능선
제104호 설악산 내설악 만경대
제106호 강릉 용연계곡 일원

전라북도

제12호 진안 마이산
제13호 부안 채석강·적벽강 일원
제54호 고창 선운산 도솔계곡 일원

전라남도

제3호 완도 정도리 구계등
제7호 여수 상백도·하백도 일원
제9호 진도의 바닷길
제38호 장성 백양사 백학봉
제41호 순천만
제59호 해남 달마산 미황사 일원

경상북도

제6호 울진 불영사계곡 일원
제11호 청송 주왕산 주왕계곡 일원
제16호 예천 회룡포
제23호 봉화 청량산
제105호 청송 주산지 일원

경상남도

제2호 거제 해금강
제17호 부산 영도 태종대
제18호 소매물도 등대섬
제24호 부산 오륙도
제39호 남해 금산
제72호 지리산 한신계곡 일원
제85호 함양 심진동 용추폭포

제주도

제43호 서귀포 정방폭포
제77호 서귀포 산방산
제78호 서귀포 쇠소깍
제79호 서귀포 외돌개
제83호 사라오름
제84호 영실기암과 오백나한
제90호 한라산 백록담
제91호 한라산 선작지왓
제92호 방선문

* 이 책에서 설명한 명승에 한하여 표기함.

명승목록

제2호

지정번호	명칭	소재지	관리자(단체)
제1호	명주 청학동 소금강	강원 강릉시	강릉시장
제2호	거제 해금강	경남 거제시	거제시장
제3호	완도 정도리 구계등	전남 완도군	완도군수
	해남 대둔산 일원	명승 제4호에서 해제되어 사적 및 명승 제9호로 재분류되었으나 이 종목이 또다시 해제되면서 사적 제508호 해남 대흥사, 명승 제66호 두륜산 대흥사 일원으로 나뉘어 지정됨	
	승주 송광사·선암사 일원	명승 제5호에서 해제되어 사적 및 명승 제8호로 재분류되었으나 또다시 해제되어 사적 제506호 순천 송광사, 제507호 순천 선암사, 명승 제65호 조계산 송광사·선암사 일원으로 나뉘어 지정됨	
제6호	울진 불영사계곡 일원	경북 울진군	울진군수
제7호	여수 상백도·하백도 일원	전남 여수시	여수시장
제8호	옹진 백령도 두무진	인천 옹진군	옹진군수
제9호	진도의 바닷길	전남 진도군	진도군수
제10호	삼각산	경기 고양시	고양시장, 서울 강북구청장
제11호	청송 주왕산 주왕계곡 일원	경북 청송군	청송군수
제12호	진안 마이산	전북 진안군	진안군수
제13호	부안 채석강·적벽강 일원	전북 부안군	부안군수
제14호	영월 어라연 일원	강원 영월군	영월군수
제15호	남해 가천마을 다랑이논	경남 남해군	남해군수
제16호	예천 회룡포	경북 예천군	예천군수

제18호

제38호

지정번호	명칭	소재지	관리자(단체)
제17호	부산 영도 태종대	부산 영도구	영도구청장
제18호	소매물도 등대섬	경남 통영시	통영시장
제19호	예천 선몽대 일원	경북 예천군	예천군수, 진성이씨 백송파종중
제20호	제천 의림지와 제림	충북 제천시	제천시장
제21호	공주 고마나루	충남 공주시	공주시장
제22호	영광 법성진 숲쟁이	전남 영광군	영광군수
제23호	봉화 청량산	경북 봉화군	봉화군수, 진성이씨 상계파종중
제24호	부산 오륙도	부산 남구	남구청장
제25호	순천 초연정 원림	전남 순천시	순천시장
제26호	안동 백운정 및 개호송숲 일원	경북 안동시	안동시장
제27호	양양 낙산사 의상대와 홍련암	강원 양양군	낙산사
제28호	삼척 죽서루와 오십천	강원 삼척시	삼척시장
제29호	구룡령 옛길	강원 양양군	양양군수
제30호	죽령 옛길	경북 영주시	영주시장
제31호	문경 토끼비리	경북 문경시	문경시장
제32호	문경새재	경북 문경시	문경시장
제33호	광한루원	전북 남원시	남원시장
제34호	보길도 윤선도 원림	전남 완도군	완도군수
제35호	성락원	서울 성북구	성북구청장
제36호	서울 부암동 백석동천	서울 종로구	종로구청장
제37호	동해 무릉계곡	강원 동해시	동해시장
제38호	장성 백양사 백학봉	전남 장성군	장성군수, 백양사
제39호	남해 금산	경남 남해군	남해군수
제40호	담양 소쇄원	전남 담양군	담양군수
제41호	순천만	전남 순천시	순천시장
제42호	충주 탄금대	충북 충주시	충주시장

제43호

제59호

지정번호	명칭	소재지	관리자(단체)
제43호	제주 서귀포 정방폭포	제주 서귀포시	제주특별자치도지사
제44호	단양 도담삼봉	충북 단양군	단양군수
제45호	단양 석문	충북 단양군	단양군수
제46호	단양 구담봉	충북 단양군	단양군수
제47호	단양 사인암	충북 단양군	단양군수
제48호	제천 옥순봉	충북 제천시	제천시장
제49호	충주 계립령로 하늘재	충북 충주시	충주시장
제50호	영월 청령포	강원 영월군	영월군수
제51호	예천 초간정 원림	경북 예천군	예천군수
제52호	구미 채미정	경북 구미시	구미시장
제53호	거창 수승대	경남 거창군	거창군수
제54호	고창 선운산 도솔계곡 일원	전북 고창군	고창군수
제55호	무주구천동 일사대 일원	전북 무주군	무주군수
제56호	무주구천동 파회·수심대 일원	전북 무주군	무주군수
제57호	담양 식영정 일원	전남 담양군	담양군수
제58호	담양 명옥헌 원림	전남 담양군	담양군수
제59호	해남 달마산 미황사 일원	전남 해남군	해남군수
제60호	봉화 청암정과 석천계곡	경북 봉화군	봉화군수
제61호	속리산 법주사 일원	충북 보은군	보은군수, 법주사
제62호	가야산 해인사 일원	경남 합천군	합천군수, 해인사
제63호	부여 구드래 일원	충남 부여군	부여군수
제64호	지리산 화엄사 일원	전남 구례군	구례군수, 화엄사
제65호	조계산 송광사·선암사 일원	전남 순천시	순천시장, 송광사
제66호	두륜산 대흥사 일원	전남 해남군	해남군수, 대흥사
제67호	서울 백악산 일원	서울 종로구	서울특별시장
제68호	양양 하조대	강원 양양군	양양군수

지정번호	명칭	소재지	관리자(단체)
제69호	안면도 꽃지 할미 · 할아비바위	충남 태안군	태안군수
제70호	춘천 청평사 고려선원	강원 춘천시	청평사
제71호	남해 지족해협 죽방렴	경남 남해군	남해군수
제72호	지리산 한신계곡 일원	경남 함양군	함양군수
제73호	태백 검룡소	강원 태백시	태백시장
제74호	대관령 옛길	강원 강릉시	강릉시장
제75호	영월 한반도지형	강원 영월군	영월군수
제76호	영월 선돌	강원 영월군	영월군수
제77호	제주 서귀포 산방산	제주 서귀포시	서귀포시장
제78호	제주 서귀포 쇠소깍	제주 서귀포시	서귀포시장
제79호	제주 서귀포 외돌개	제주 서귀포시	서귀포시장
제80호	진도 운림산방	전남 진도군	진도군수
제81호	포항 용계정과 덕동숲	경북 포항시	포항시장
제82호	안동 만휴정 원림	경북 안동시	안동시장
제83호	사라오름	제주 서귀포시	제주특별자치도지사
제84호	영실기암과 오백나한	제주 서귀포시	제주특별자치도지사
제85호	함양 심진동 용추폭포	경남 함양군	함양군수
제86호	함양 화림동 거연정 일원	경남 함양군	함양군수
제87호	밀양 월연대 일원	경남 밀양시	밀양시장
제88호	거창 용암정 일원	경남 거창군	거창군수
제89호	화순 임대정 원림	전남 화순군	화순군수
제90호	한라산 백록담	제주 서귀포시	제주특별자치도지사
제91호	한라산 선작지왓	제주 서귀포시	제주특별자치도지사
제92호	제주 방선문	제주 제주시	제주시
제93호	포천 화적연	경기 포천시	포천시
제94호	포천 한탄강 멍우리협곡	경기 포천시	포천시

제78호

제85호

제102호

지정번호	명칭	소재지	관리자(단체)
제95호	설악산 비룡폭포 계곡 일원	강원 속초시	속초시
제96호	설악산 토왕성폭포	강원 속초시	속초시
제97호	설악산 대승폭포	강원 인제군	인제군
제98호	설악산 십이선녀탕 일원	강원 인제군	인제군
제99호	설악산 수렴동·구곡담 계곡 일원	강원 인제군	인제군
제100호	설악산 울산바위	강원도 일원	강원도
제101호	설악산 비선대와 천불동계곡 일원	강원 속초시	속초시
제102호	설악산 용아장성	강원 인제군	인제군
제103호	설악산 공룡능선	강원도 일원	강원도
제104호	설악산 내설악 만경대	강원 인제군	인제군
제105호	청송 주산지 일원	경북 청송군	청송군
제106호	강릉 용연계곡 일원	강원 강릉시	강릉시
제107호	광주 환벽당 일원	광주 북구	광주광역시 북구청
제108호	강릉 경포대와 경포호	강원 강릉시	강릉시
제109호	남양주 운길산 수종사 일원	경기 남양주시	남양주시